# 운명이라는 힘

**일러두기**

· 이 책은 2011년 발간된 『64개의 통찰력』의 개정판입니다.

위기를 기회로 바꾸는 주역의 64가지 비밀

# 운명이라는 힘

임선영 지음

상상출판

행실의 결과가 하늘에 달려 있다고 해서
사람의 힘이 하찮은 것은 아니다.
자신의 운명은 분명 예측을 뛰어넘는 부분이 있지만,
그 결과를 어떻게 받아들이고 행동하느냐에 따라
앞날의 판도가 달라지기 때문이다.

# 나와 삶을 이해하는 주역과의 만남

원망도 안 했다면 운명이 아니었을 것이다. 오늘껏 살아오는 동안 내 삶에는 많은 한계가 있었다. 다행히 앞으로도 살아갈 날들이 남아 있기에 오늘의 한계는 내일의 숙제로 남겨둔다.

인생을 흔들어 놓는 사건이 생기면 일단 외톨이가 된 것처럼 두렵다. 실패가 남긴 상처와 통증보다는 몸과 마음이 나약해졌다는 두려움이 스스로를 사정없이 흔들기 때문이다. 그런데 이럴 때 동양인과 서양인이 대처하는 방식은 사뭇 다르다. 서양 사람들은 전문의나 심리학 전문가를 찾아가 정신과 치료나 상담을 받지만, 동양 사람들은 동네에서 용하다는 철학관이나 점집을 찾아간다. 서양인들이 문제의 탈출구를 자신의 내부에서 찾아내려 하는 반면, 우리는 우주의 흐름과 운명의 변화에서 위안을 받으려 한다.

하늘과 땅 그리고 사람에 대한 원리를 담은 『주역周易』은 최초의 고전이자 현존하는 최고의 고전이다. 그 기원에 대해서는 지금으로부터 7천 년 전이라는 설과 5천 년 전이라는 설이 있는데 처음 책으로 엮인 것은 주나라 초기이다. 인류의 문명이 막 시작되었을 무렵, 황하 지역에는 전설의 용마와 거북이가 살았는데 그 등에 신비로운 문자를 지니고 있었다. 천체의 원리를 탐구하던 복희伏羲는 이 문양을 응용하여 팔괘八卦의 기초를 정리했다. 그 후 상나라 말기에 주문왕이 감옥에 갇혔을 때 자신에게 닥친 불행의 원인을 살피는 과정에서 복희의 팔괘를 기초로 64괘를 완성한다.

이로써 주역이 세상에 탄생하지만, 이를 경전으로 완성도 있게 마무리한 것은 춘추시대의 공자이다. 공자는 주문왕의 64괘를 상세히 설명하여 사람들이 길흉화복을 다스리고 군왕의 통치에 응용할 수 있도록 『역전易傳』을 저술한다. 따라서 오늘날 우리가 말하는 주역은 고대 삼대의 시기에 걸쳐 세 명의 성인이 합작해 낸 인류의 걸작이라고 할 수 있다.

이렇게 만들어진 주역은 『시경』, 『서경』, 『춘추』, 『예기』와 함께 유교 경전의 오경으로 꼽히는가 하면 『황제내경』을 비롯한 전통 의학, 건축의 풍수지리, 가깝게는 우리나라 국기인 태극기에 이르기까지 생활의 근간이 되는 철학으로 동양의 문화와 정신사에 커다란 부분을 차지하고 있다. 첫 단추를 바로 채우지 못하면 마지막 단추까지 제자리를 찾지 못하듯이 주역을 빼놓고는 동양의 고전을 이해한다 한들 미혹되는 부분이 있을 것이다.

최초의 주역은 막대기 하나로 시작했다. 그 위에 하나씩 보태며 세상의 최소 단위를 연구해 나갔고 변화[易]와 통함[通]의 원리로 64괘를 만들어 냈다. 주역의 주요 내용을 이루는 64괘 안에는 우리가 살면서 겪을 수 있는 성공과 실패, 사랑과 이별, 부와 가난, 신뢰와 배반의 이야기가 압축되어 있다.

따라서 고대의 성인들은 나라와 백성을 다스리는 사명을 지닌 군왕들로 하여금 주역을 반드시 숙지하도록 했다. 그중에서도 '주역의 3법칙'을 강조하였으니 군자에게 가장 우선되는 제1법칙은 덕성德性이요, 제2법칙이 능력能力, 제3법칙으로 지혜智慧를 들었다. 덕행을 실천하면 그 사람 안에 기쁨이 넘쳐나니 주변에 사람이 모여들게 된다. 사람이 많이 모여들면 그들과 더불어 성과를 만들어 낼 능력이 필요하다. 그다음에는 사람들의 물질적인 욕망뿐만 아니라 정신적인 갈증까지 달래고 큰 세상을 이끌어 갈 지혜가 절실한 법이다. 반대로 군자가 가장 경계할 것은 소유욕과 정복욕이다. 군자가 욕심으로 가득 차면 찾아오던 길함도 도망간다고 가르친다. 어떤 성과를 이루더라도 기뻐하지 않기 때문이다.

나에게 있어 주역과의 만남은 예정된 것이었다. 때마침 세상의 판도가 바뀌었고 과거에 애써 배워왔던 것들이 하루아침에 무용지물이 되었다. 마음의 결핍과 불편함에 힘들어하며 좀 더 믿음직한 가치를 찾고자 서점에 들렀는데 눈앞에 다가온 책이 바로 주역이었다. 그날 이후로 이 특별한 고전을 하루에 한 페이지씩 읽기 시작했는데, 어느 순간부터 내가 주역을 이해하는 것이 아니라 주역을 통해 나의 하루를 이해하게 되었다.

이 책은 주역의 학술서도 입문서도 아니다. 한 권의 고전을 통해서 삶의 배후를 이해하게 되고 그로 인해 하루하루 변화되는 사연을 기록한 글이다. 더불어 고전 원문의 아름다움을 고스란히 전하고자 원문의 핵심을 간추려 인용하고 해석해 두었다. 여기에는 인생에 대한 다양한 이야기가 있으나 특히 아버지와 어머니의 인생이 나에게 얼마나 든든한 기반이 되었는지에 대한 고마움이 담겨 있다. 부모님은 나에게 당신의 미래라 하셨지만 돌이켜 보니 자식들을 위해 울고 웃으셨던 당신들의 삶이야말로 나에게 다가올 미래였다.

주역을 읽다 보면 위대한 철학도 있지만 유치한 논리도 있다. 그러나 지극히 인간적이고 친근해서 한번 맛을 보면 깊이 빠져드는 막걸리 같은 고전이다. 일상에서의 효용가치가 높기에 공자, 맹자, 장자 같은 성인들도 주역을 참고서로 삼고 우리가 '수학의 정석'이나 '성문 영어'를 달고 다니듯 배우고 익혔나 보다.

겹겹의 세월을 살아온 조상들의 초절정 인생 노하우가 담겨 있는 주역. 이 책을 통해 한때 세상에 홀로 던져진 듯한 아픔을 회복하고 이제 누군가에게 빛이 될 수 있는 내일을 준비해 본다. 과거를 고치기보다는 미래를 내 뜻대로 만드는 편이 훨씬 현실적이다. 내가 그러했듯 주역을 만나는 당신의 오늘에도 내일에 대한 좋은 예감이 찾아오리라 믿는다.

# 개론 당신이 맞게 될 64개의 하루

# 제1장 성공의 시운時運

# 제2장 처세의 근본根本

## 제3장 **리더의 자격**資格

## 제4장 **실패의 내공**內功

## 제5장 재물의 덕성德性

## 제6장 도전의 정도正道

## 제7장 선택의 함정 陷穽

## 제8장 사랑의 인연 因緣

# 周易 上經 ● 下經

중천건
重天乾

중지곤
重地坤

수뢰둔
水雷屯

산수몽
山水蒙

수천수
水天需

천수송
天水訟

지수사
地水師

수지비
水地比

풍천소축
風天小畜

천택리
天澤履

지천태
地天泰

천지비
天地否

천화동인
天火同人

화천대유
火天大有

지산겸
地山謙

뇌지예
雷地豫

택뢰수
澤雷隨

산풍고
山風蠱

지택림
地澤臨

풍지관
風地觀

화뢰서합
火雷噬嗑

산화비
山火賁

산지박
山地剝

지뢰복
地雷復

천뢰무망
天雷无妄

산천대축
山天大畜

산뢰이
山雷頤

택풍대과
澤風大過

중수감
重水坎

중화리
重火離

택산함
澤山咸

뇌풍항
雷風恒

천산돈
天山遯

뇌천대장
雷天大壯

화지진
火地晉

지화명이
地火明夷

풍화가인
風火家人

화택규
火澤睽

수산건
水山蹇

뇌수해
雷水解

산택손
山澤損

풍뢰익
風雷益

택천쾌
澤天夬

천풍구
天風姤

택지췌
澤地萃

지풍승
地風升

택수곤
澤水困

수풍정
水風井

택화혁
澤火革

화풍정
火風鼎

중뢰진
重雷震

중산간
重山艮

풍산점
風山漸

뇌택귀매
雷澤歸妹

뇌화풍
雷火豐

화산려
火山旅

중풍손
重風巽

중택태
重澤兌

풍수환
風水渙

수택절
水澤節

풍택중부
風澤中孚

뇌산소과
雷山小過

수화기제
水火旣濟

화수미제
火水未濟

개론

# 당신이 맞게 될
# 64개의 하루

괘를 통해 읽을 수 있는 64가지 현상은

오늘 우리가 닥친 상황을 보여주는데,

이는 꾸준히 지나온 과거의 결과이자

동시에 앞으로 다가올 미래의 이유가 된다.

# 매우 약하고도
# 매우 강한 궁극의 에너지

## 태극의 음과 양 그리고 사상에 대하여

주역에 대한 이야기의 처음은 신농시대神農時代의 복희씨가 만들어 낸 아주 기본적인 탄생 스토리로 시작한다. 이 세상을 최대한 편안하고 풍요롭고 발전적인 모습으로 다스리기 위하여 조상들은 우주의 원리, 즉 주역에 대하여 공부해 왔다. 주역은 우주의 완벽한 상태를 태극太極으로 본다. 태극의 가운데에는 양과 음이라는 두 종류의 보이지 않는 힘이 있는데 이 두 에너지가 상호작용하며 만들어 내는 최초의 특성이자 개성이 바로 사상四象이다.

세상은 양과 음의 에너지로 꿈틀거린다. 양과 음의 지위는 평등하며 건전지의 플러스극에서 나간 전기를 마이너스극에서 받아들이듯이 서로 에너지를 교환하며 움직인다. 양이란 강하고 능동적이며 변화하고자 하는 힘이고 음은 편안함과 안락함을 추구하며 수용하고자 하는 힘이다. 이 상반된 힘들이 밀고 당기며 한 몸으로 섞이는 순간 비로소 조금씩 다른 성격을 지니는 사상이 생겨난다. 양이 두 개 겹쳐지면 태양太陽, 양 위에 음이 겹쳐지면 소양少陽, 음이 두 개 겹쳐지면 태음太陰, 음 위에 양이 겹쳐지면 소음少陰이다.

서로 다른 개성을 지니며 꿈틀거리던 사상은 비로소 하늘과 땅, 사람들의 세상에 몸뚱이를 지닌 생명체를 잉태한다. 하늘에는 태양과 달, 별자리[일월성신日月星辰]를 창조하고 땅에서는 물과 불, 나무와 금속[수화목금水火木金], 사람 사는 세상에서는 아버지, 어머니, 아들과 딸[부모자녀父母子女]의 모습으로 분화하게 되었다. 사상이 역동적으로 움직이는 순간 세상에는 시간과 공간의 의미가 깃들여진다. 시時는 생명이 거처하는 시기이며 공空은 거처하는 공간이다. 사상의 힘은 세상의 만물을 평화롭게 하고 서로 섞어 화합하고자 하는 방향으로 움직인다. 만약 한쪽으로 치우친 불균형의 상태가 생기면 안정을 되찾으려 애쓰며 그 변화의 힘이 다시 스스로를 강하게 한다. 이 생명의 원리는 우주를 이루는 하늘, 생명이 거처하는 땅의 구석구석까지 적용되지 않는 부분이 없다.

이렇듯 만물은 깊게 얽혀 서로 의지해서 살아가도록 만들어져 있다. 사람도 하늘과 땅 사이에 탄생한 자연계의 일원으로, 다른 동물 및 식물과 어우러져야 본모습 그대로 살아갈 수 있다. 그런데 특별하게도 사람에게는 태어날 때부터 인의仁義라는 성품과 성명性命이라는 도리가 선물처럼 주어진다. 다른 동식물처럼 대지에 발붙여 살아가지만, 하늘의 뜻을 이해하는 특별한 사명을 지닌 것이다. 이로부터 사람이라는 자연물에는 덕성德性이라는 향기가 깃들여진다. 따라서 우리가 흔히 말하는 덕성은 하늘의 뜻을 이어받아 생명을 키우고 보듬는 일을 기본으로 삼는다. 깊은숨을 들이쉬고 육체를 살찌울 수 있는 환경에 감사하며, 천지간의 생명의 원리를 체득하여 어리고 약한 생명을 안아 키우는 소중한 역할이다. 사람은 자연을 소유하고 마음껏 소비하는 만물의 영장이 아니라, 지구상의 생명을 대표하여 하늘의 맑은 성정을 자연에 이어주는 중간자이다. 예로부터 동양의 성인들은 덕성의 핵심을 '생명을 키우는 힘'이라는 데 공감하며 장자는 "도가도비상도道可道非常道"라 하였고 공자는 "지천명知天命"의 경지를 높이 샀다. 도는 말로 떠드는 것이 아니라 실천하는 것이며, 하늘의 뜻을 바로 이해하여 이를 제대로 운용하는 것이 도리라는 가르침이다.

**사람의 마음과 성품은 하늘과 땅 사이를 가득 채우는 생명의 원리로, 이를 제대로 체현해 낼 줄 아는가에 따라 자신의 운명이 결정된다.** 나 자신의 마음과 육체가 소중한 것처럼 하늘 아래 숨 쉬는 생명은 어느 하나 소중하지 않은 것이 없다.

하늘과 땅의 뜻을 품어 하늘과 땅이 조화롭게 성장하는 데 힘을 보탠다.

裁成天地之道, 輔相天地之宜.

# 세상을 요리하는
# 여덟 가지 기본 재료

하늘, 땅, 천둥, 바람, 물, 불, 산, 연못

앞서 눈에 보이지 않는 무형의 것을 이야기했다면 이번에는 가장 기본적인 형체들을 말하고자 한다. 새까만 하늘처럼 아무것도 없었던 우주에 가장 먼저 생겨난 몸뚱이는 무엇일까.

　세상에 존재하는 가장 기본적인 형상을 8괘라 한다. 복희씨는 사상을 만들면서 순양純陽이나 순음純陰보다는 무엇 하나가 부족한 소양少陽과 소음少陰이 많다는 사실을 깨달았다. 이것이 바로 우주가 끊임없이 움직여야 하는 이유이다. 사상을 기반으로 음과 양이 하나씩 덧붙여지며 비로소 눈에 보이고 손으로 만져지는 형상을 낳았는데, 이를 바로 8괘라 하는 것이다. 하늘과 땅, 천둥과 바람, 물과 불, 산과 연못. 우리가 흔히 보는 자연현상이다.

우선 하늘[건乾]은 세상에서 가장 강력한 에너지로 생명을 창조하고 건강하게 키우는 원초적인 힘이다. 둘째로 땅[곤坤]은 하늘에 순응하며 세상의 모든 에너지를 흡수하여 생명을 안아 키우는 모태이다. 셋째인 천둥·번개[진震]는 생명이 싹트는 시기나 격렬한 태동으로 일의 초기에 나타나는 진취적인 힘을 의미한다. 넷째인 바람[손巽]은 어느 정도 성장하면 다음 단계로 이동하는 전환기, 즉 힘의 이동기를 의미한다. 다섯째로 물[감坎]은 위험이나 함정이 도사리는 시기를 뜻하고, 여섯째인 불[이離]은 찬란한 아름다움과 세상의 모든 만물을 비추고도 남는 절정의 빛을 의미한다. 일곱째인 산[간艮]은 열매를 맺은 정지 상태이니 사물의 성장이나 발전이 최정상에 도달하며 성실하고 진실한 성품을 뜻한다. 마지막으로 연못[태兌]은 역량이 모자라지만 마음이 바르고 알차서 다른 사람과 소통할 수 있음을 뜻한다. 서로가 도우며 기쁨을 누리는 형상이다.

아마 그때만 해도 하늘과 땅, 천둥과 바람, 물과 불, 산과 연못이 세상을 이루는 1순위였을 것이다. 사람도 이들 여덟 가지 재료의 성질과 특성을 살려 분량대로 섞고 반죽해서 만들어진 셈이다. 거대하고 복잡한 우주도 근본적으로는 이 여덟 가지 재료로 생겨났으니, 숨 쉬고 호흡하는 것들은 이 재료들을 공통적으로 가지고 있다. 형상이 생겨난 뒤에도 다시 서로 반응하면서 변화하고 새로워진다.

**변화의 과정은 오늘도 끝나지 않은 채 그 끝이 열려 있다.** 세상은 생명을 지키기 위하여 질서를 갖추어 간다. 높은 것이 약한 것을 끌어울리고 풍요로움이 부족함을 채우며 강함이 약한 것의 버팀목 역할을 하는 데서 우리가 말하는 '예의'와 '도덕' 그리고 '덕성'이 생겨났다.

**부족하면 변하고 변하면 통하니 통하면 오래간다.** 복희씨는 우주의 만물이 변화하는 과정에 있으며 우주에서 어느 한 가지 변하지 않는 것은 없다고 말했다. 이것이 수천 년 전부터 지금까지 우주를 살리는 거대한 에너지로 작용하고 있다.

> 천지가 있고 난 뒤에 만물이 생겨나고 만물이 생긴 뒤에 남녀노소가 있다. 남녀노소가 있고 난 뒤에 장부와 부인이 있으니, 그다음에야 아들과 아버지가 있다. 부자간의 관계가 있어야 임금과 신하의 관계가 존재하며, 군신이 있어야 상하의 질서가 존재한다. 질서가 존재한 연후에야 예의와 범절이 생겨났다.
>
> 有天地然後有萬物, 有萬物然後有男女, 有男女然後有夫婦, 有夫婦然後有父子, 有父子然後有君臣, 有君臣然後有上下, 有上下然後禮儀有所錯.

# 당신이 맞게 될
# 64개의 하루

주역 64괘에는 인생의 모든 것이 담겨 있다

현명하고 깊이 있는 통찰력의 소유자들은 눈앞의 현상을 통해서 원리를 읽는다. 그들은 주변에서 일어나는 시시콜콜한 일들도 주의 깊게 살펴보면 모두 그럴 만한 이유가 있다고 믿는다.

태극과 음양에 대한 복희씨의 아이디어를 이어받은 주문왕은 이 세상에 발생하는 모든 현상을 64개의 기호로 집대성했다. 64괘는 우주라는 큰 테두리 안에서 사람들이 다양하게 살아가는 현재의 모습뿐만 아니라 앞으로 변해갈 원리 원칙까지 담고 있다. 이 부호를 두고 공자를 비롯한 많은 성인과 학자들이 각자 창의적으로 해석하여 주석을 달기 시작했는데, 이 주석까지 포함한 모든 부분을 바로 주역이라 이른다. 다시 말하면 주역은 고대 성인의 지혜와 경험, 노하우가 집대성되어 시대를 거치며 새롭게 탄생한 불멸의 고전이라 할 수 있다.

앞에서 말한 기본 8괘가 쌍으로 겹쳐지면 64개의 가짓수로 나타나며, 이 조합을 64괘라 한다. 64괘는 하나하나 단독으로 존재하는 정지된 형상이 아니라 지속해서 변화하는 과정이다. 괘를 통해 읽을 수 있는 64가지 현상은 오늘 우리가 닥친 상황을 보여주는데, 이는 꾸준히 지나온 과거의 결과이자 동시에 앞으로 다가올 미래의 이유가 된다.

64괘의 카드 중에서 자신이 지금 처한 상황에 맞아떨어지는 패를 찾아내면, 그럴 수밖에 없었던 과거의 이유와 앞으로 다가올 미래의 흐름까지 속속들이 알 수 있다. 예를 들어, 오늘 아주 좋은 일들이 연달아 일어난다면 이는 과거에 고생하며 뿌린 씨앗에 대한 결실이다. 반대로 어디에 발을 디뎌도 사건이나 사고가 터지고 악재가 산적해 있으면, 지난날을 너무 흥청망청 보냈거나 아무런 준비를 하지 않았던 자신의 모습이 그 괘 속에 드러나는 것이다.

이제부터 소개할 64괘를 이해하면 생전 처음 보는 사람들과 만나도 그들이 말 못하는 속사정이나 인품까지 읽어낼 수 있다. 이제 막 소개받은 상대가 깊은 인연을 맺을 만한 사람인지 아닌지는 그 사람이 내민 명함만으로 판단하기 어려운 법이다. 조금 여유를 두고 차 한잔 함께하면서 그가 과거에 어떤 일을 했는지 묻고, 대답하는 어투에 귀 기울이며 현재의 위치와 결합하면 64괘 중 대략의 그림이 나온다. 특히 과거와 현재에 일관성이 있고 미래를 말하는 데 긍정적인 단어를 선택한다면, 그 사람은 놓쳐서는 안 될 운명의 조력자가 될 것이다.

당신과 나의 하루는 하늘이 내린 시간과 땅이 준비한 공간에서 만나 서로 이끌리며 다양한 이야기를 만들어 낸다. 그 파란만장한 이야기 속에 어떤 사람과 함께하는가에 따라 해피 엔딩이 될 수도 있고 처절한 비극으로 끝을 맺을 수도 있다. 똑같은 일이 어제 하면 선행이 되지만 오늘 하면 악행이 되고, 똑같은 일이 김 씨와 함께하면 성공하지만 이 씨와 하면 처참한 실패로 끝날 수도 있다. 우리가 열심히 해야 하는 각오를 다지기에 앞서, 언제 어디서 누구와 함께할지를 우선하여 고민해 봐야 하는 이유가 바로 이 때문이다.

64괘 안에 놓인 음과 양은 서로 다른 위치에 자리하여 서로 다른 작용을 하는데, 바로 그 위치가 자신이 처한 시간과 공간을 의미한다. 태양이 뜨면 달이 지고 달이 지면 태양이 뜬다. 대부분의 날씨는 맑음이지만 비와 눈이 내리거나 바람이 몰아치는 날도 적지 않다. 그날의 날씨를 바꾸지 않는 이상 우리는 미리 하늘을 예상하고 그대로 하루를 맞는다.

독해지고 강해지기보다는 힘을 빼고 유연하게 세상을 바라보는 것이 오히려 더 좋은 결과를 낳는다. 어떤 꿈을 가졌다면 우선은 조용히 준비하는 시기를 거쳐 내력을 모아야 한다. 그리고서 목표를 향해 적시적기에 단계적으로 나아가는 법을 배워야 할 것이다. 바로 이 순간, 그저 흘러가는 대로 따라가는 이들에게는 찾아왔던 길함도 흉함으로 변하고 이미 생겨난 악재는 더 커다란 악재를 불러온다. 반면 지금은 비록 누추하고 어려운 상황일지라도 가슴에 좋은 뜻을 품고 꿈의 씨앗을 뿌리는 이에게 미래는 풍요로운 결실의 순간을 준비할 것이다.

**주역의 64괘는 우리 생활에서 가능성을 상징한다. 우리에게 곧 다가올 시간과 공간의 흐름인 것이다.** 괘의 형상을 가만히 살피면 시간과 공간의 관계를 파악할 수 있는데, 이 둘은 긴밀히 연결되어 있으며 시시각각 그 모습을 변화시켜 간다. 사람이 일을 할 때 시간과 공간의 변화를 살펴야 하는 이유이다. 시시각각으로 주의 깊게 살펴야 한다. 위험은 편안한 가운데 도사리고 있다. 밖과 안의 두려움을 살펴라. 사람은 언제나 생길 수 있는 문제들에 대비해야 한다.

하늘의 이치를 알고 실천하면 애쓰지 않아도 빨라지고 달리지 않아도 어느새 도달해 있다.

不疾而速 不行而至.

# 30대 이후에 필요한 탄력적 사고

## 상(象), 수(數), 이(理)

개와 고양이가 다르고 목련과 철쭉이 다르듯이 사람은 식물과 다르고 동물과도 다르다. 어른과 아이가 다르듯이 남자와 여자도 다르다. 사람들은 각자의 개성과 성향을 지니고 태어났으며 이러한 개성과 성향을 인정하고 하나로 합하는 힘을 탄력적인 사고라고 말한다.

이 세상 만물에는 상象, 수數, 이理가 존재한다. 여기서 상象은 생긴 모습, 즉 형상이며 수數는 데이터, 이理는 이치와 원리를 뜻한다. 하늘과 땅은 모두 형상을 가지고 있고 사람들에게도 얼굴과 신체 등의 상이 있다. 사람들이 살아가는 모든 현상은 일시적이거나 반복적인 수치, 즉 데이터를 남기는데 이 두 가지를 연관 지어 살펴보면 그 속에 담겨 있는 원리를 알아낼 수 있다.

탄력적인 사고는 살아온 연륜에 따라 개발되고 발전된다. 학교에서 대부분의 시간을 보내는 10대에는 일분법적인 사고가 대부분이다. 즉 눈으로 보고 귀로 듣는 그대로 학습하고 믿고 받아들인다. 학교를 졸업하고 더 넓은 세상으로 나아가는 20대에서 30대에는 이분법적인 사고가 가능하다. 즉 눈으로 보고 귀로 들은 후 시비를 가리고 정의와 불의를 판단한다. 연륜이 쌓이는 40대로 접어들면서는 삼분법적인 사고가 필요하다. 눈과 귀를 통해 들어오는 오늘의 현상이 지금 변해가는 과정임을 파악하고 차분히 관망하며 적시적기에 효과적으로 대응하는 삶의 태도를 말한다.

독선으로 똘똘 뭉쳐 있고 자신이 언제나 옳다고 말하는 사람은 아무리 나이가 많아도 일분법적인 사고를 벗어나지 못한 20대 미만의 정신연령 소유자이다. 그리고 문제 풀이에서 '예 또는 아니오'의 흑백논리에 따라 두 쪽을 내는 사람들도 아직 이분법적인 사고의 틀에 갇혀 있는 것이다. '나는 이런 사람이다'라고 세상에 떠벌리고 다니는 것도 30대 이전에 졸업해야 할 단편적인 사고방식이다. 이들은 현상의 일부밖에 보지 못한다.

지혜롭게 해결해야 할 문제가 생긴다면 탄력적인 사고의 삼분법을 떠올리자. 설사 일이 앞으로 어떻게 될 것이라고 가늠이 되더라도, 내가 생각하지 못하는 또 다른 가능성이 파고들 수 있음을 항상 염두에 두어야 한다. 당장은 주변으로부터 우유부단하다는 소리를 들을지라도, 간혹 직선 코스를 두고 빙빙 돌아가는 것처럼 보일지라도 연연할 필요는 없다. 전면적으로 상황을 파악하고 탄력적으로 생각한 후 대응하면 최종에는 최선의 결과가 따라온다.

　주역의 64괘에도 순전히 양으로만 이루어진 괘는 하늘을 나타내는 건乾뿐이며 순전히 음으로만 이루어진 괘는 땅을 의미하는 곤坤뿐이다. 이 둘을 제외한 62가지 괘는 그 안에 양의 성질과 음의 성질을 모두 포함하고 있다. 양 안에 음이 있고 음이 다시 양을 안고 있어서 상象, 수數, 이理는 서로 연결되어 있고 상호 작용하며 변화하는 모습으로 서로 다시 통함을 상징한다.

　**주역은 어제까지 풀리지 않았던 수수께끼의 답안이다.** 지금 조금 힘들다고 해서 까닭도 모르고 함부로 실패라 말하면 못쓴다. 아직 화창한 햇살 아래 조그마한 징조를 눈여겨보고 메마른 부분에 물을 주고 상처 난 곳에 반창고를 붙여주다 보면, 나쁜 징조는 갸웃거리다 제 자리가 아님을 알고 멀리 달아나버린다. **주역에 담긴 답안을 앞에 두고 그 이유나 원인을 찾아나가는 과정에서 맞게 될 미래는 달라져 있을 것이다.**

> 사람이 일을 시작할 때 그 행실이 작을지라도 길함과 흉함을 예견할 수 있다. 그 행동이 선하면 앞날에 흉함이 있어도 복됨으로 뒤바뀌나 그 행동이 악하면 찾아오는 복도 재앙으로 변한다. 군자는 일의 시작됨을 보고 길흉을 판단하고 적절한 행동을 취할 수 있으니 하루가 다 가기를 기다릴 필요가 없다.
>
> 幾者, 動之微, 吉兇之先見者也. 君子見幾而作, 不俟終日.

# 오늘 우리가
# 놓치지 말아야 할 것들

현재는 과거와 미래의 연결고리

지금 이 페이지에 머무는 순간, 다시 말해 앞뒤로 시간이 흐르고 이 글에 눈이 맞추어진 접점이 바로 현재이다. 과거는 이미 지나간 사건으로, 변하지 않는다. 그런데 앞으로 다가올 미래에는 무수한 변화가 기다리고 있다.

과거에서 미래로 바뀌는 과정이 바로 현재이다. 이미 지나간 과거는 우리에게 경험이라는 기반을 마련해 주고, 미래는 꿈이 있어 현재를 살게 하는 원동력이 된다. 과거와 현재, 미래가 모두 중요한 이유이다. 그중에서도 과거와 미래의 가운데에서 숨 쉬는 지금 이 순간, 지금 이 자리가 당신을 있게 하는 가장 중요한 요소가 된다.

**현재의 순간을 가장 잘 이용하기 위해서는 외부환경은 물론 자신**

의 내적인 상태에도 관심을 두어야 한다. 세상이 어떻게 변화해 가는가를 살피고 내적으로는 스스로 어떤 마음 상태이며 무엇을 원하는지를 동시에 살핀 후 합리적으로 조정하는 전체적인 사고가 필요하다. 이것이 주역에서 말하는 변역變易이다. 전체적인 사유를 통해 큰 그림을 그린 후 자신의 필요나 욕구에 귀 기울여 세상과 자신에 부합하는 욕구들을 만족시키는 과정이다.

변역에는 적당한 시기에 적절한 위치를 찾아 알맞은 힘을 내어 임해야 한다. 적절할 때 나아가고 적절할 때 멈추어 서야 하는데, 여기서 시時와 중中이라는 두 가지 개념이 강조된다.

우선 시時란, 시기의 흐름을 유심히 살피고 자신에게 찾아온 기회를 놓치지 않음을 의미한다. 적당한 시기가 찾아왔다고 판단되면 기회에 올라타는 방법도 미리 준비해야 한다. 더 나아가 시기의 변화와 흐름에 따라 자신의 행동을 조정하는 것도 필요하다.

그리고 중中이란, 공자가 말하는 중용中庸이다. 너무 앞서거나 너무 뒤처지지도 말고, 너무 빨리 끝내거나 너무 지연시키지도 말며, 적절한 시기에 시작하고 알맞은 시기에 마무리하면 거침없이 순탄하다.

물론 변화 중에는 흔들려서는 안 될 원칙이 있으니, 바른 인생관과 덕성이다. 이 두 가지는 변치 않되 목표를 이루는 방법은 절절한 조정과 변화 속에서 찾아내야 한다는 것이다.


하루 일과를 마치고 습관처럼 날씨 예보를 챙겨 본다. 내일에 대한 준비가 그저 날씨뿐이라면 이 세상을 혼수상태로 여기는 것이 아닐까. 오늘의 사건 및 사고를 그대로 받아들일 뿐 원칙적인 철학에 관심을 두지 않는다면, 이 세상을 장기가 활성화되어 있지만 이성도 없고 영혼도 없는 뇌사상태로 사는 것과 다를 바 없다.

가끔은 텔레비전을 보면서 9시 뉴스 막바지에 '내일의 뉴스'라는 코너가 생기는 상상을 해본다. 기상캐스터가 경쾌한 음악과 함께 잘 풀릴 운과 꼬일 운의 이동 방향, 행운 지수, 불운 시 대처 방법 등을 알려주면 아마도 뉴스 시청률이 급상승하리라.

과거의 상처를 긁적대다가 오늘 내 몸에 피 흘리지 말 것, 미래의 욕망에 이끌려 현재의 행복을 소외시키지 말 것. 오늘 이 시간을 고스란히 인정하고 행복한 웃음을 지으면 어제가 치유되고 내일이 기대된다.

내 안의 흔들리지 않는 법칙, 인생관과 덕성으로 세상의 모든 변화에 대응한다.

以不變應萬變.

# 변화를 주도하는 힘

길함과 흉함의 포인트는 자기 안에 있다

변화란 앞으로 나서야 할 때 강해지는 것이며 뒤로 물러서야 할 때 부드러워지는 것이다. 새벽에는 태양이 두둥실 떠오르니 달이 소리 없이 물러나며, 밤에는 태양이 달에게 자리를 내어준다.

우리의 하루에 찾아오는 변화는 크게 두 종류가 있다. 하나는 길함 이고 하나는 흉함이다. 무엇을 얻었다는 기쁨은 길함이며 잃었다는 상실감이 흉함이다. 바꿔 말하면 길함과 흉함은 이미 고정된 사실이 아니라, 하루 동안 일어나는 변화가 사람의 마음을 통해 해석되는 과정이라고 할 수 있다.

사람의 운명에서 길함과 흉함의 정도는 9단계로 나누어진다. 얻음 을 말하는 길吉, 형亨, 이利, 얻는 것도 잃는 것도 없음인 무구無咎 그리고 잃음을 말하는 해悔, 린吝, 여厲, 구咎, 흉凶이 그것이다.

우선 길吉은 종합적으로 유리한 상황으로 머지않아 큰 성공을 얻게 되는 것이고, 형亨은 하는 일이 순조롭게 발전하고 주변 사람들과 좋은 관계를 맺어가는 것이다. 이利는 돈이나 이익이 생겨남을 의미한다.

무구無咎는 실수가 없으니 특별히 좋은 일도 그렇다고 걱정할 것도 없는 평탄한 일상이다.

해悔는 작은 실수가 있으나 후회하고 반성하는 과정에 교훈을 얻어 앞날의 화를 미리 예방하는 것이고, 린吝은 부끄러움과 치욕의 순간이다. 비록 당장은 손해가 없으나 수치스러움을 모르면 앞날에 큰 화로 번질 수 있다. 여厲는 위험이 도사리는 상황이다. 아직 사고가 생기지는 않았지만 위험한 재앙이 눈앞에 다가와 있음이다. 구咎는 이미 사고가 발생한 직후이다. 이때 책임을 다하고 일 처리에 힘쓰면 손해가 커지는 것을 막을 수 있다. 그리고 가장 나쁜 상황을 흉凶이라 한다. 크게 잃고 다치는 시기이다. 상황이 여기까지 치달으면 그동안 애써 모아온 재물을 한순간에 빼앗기고 상심하는 나머지 건강마저 잃는다.

그렇다면 어떠한 상황에 놓였을 때 길함과 흉함의 포인트는 어디 있을까?

바로 자기 안이다. 속마음이 성실함의 씨실과 덕성의 날실로 짜여 있다면 어떤 사건이 터져도 그 안의 착하고 복된 영양분만 흡수된다.

반면 속마음이 휴지통처럼 시커멓고 질투와 욕심으로 가득 차 있으면 똑같이 복스러울 일들이 홀러덩 분리수거되어 버리고 썩은 악취와 얼룩만 고스란히 남게 된다.

악의를 갖지 않을지라도 흉함을 불러오는 마음들이 몇 가지가 더 있다. 이미 한 일에 대해 넋 놓고 후회만 하는 것, 실수를 해놓고 자기가 무엇을 잘못했는지 알지 못해서 후회도 부끄러움도 모르는 것 그리고 너무 걱정만 하는 것도 문제지만 맹목적으로 긍정적이어서 앞날을 예방조차 하지 못하는 것이 바로 그것이다. 자신의 속마음이 이런 것들로 차 있을 때 흉함은 이 틈을 놓치지 않고 가까운 미래에 찾아 들어온다. 같은 쌀 한 부대를 주어도 성실하고 따뜻한 마음은 돌멩이를 걸어내고 김이 모락모락 나는 흰밥을 짓는 반면, 휴지통 같은 마음은 흰쌀을 하수구로 죄다 흘려보내고 남은 돌멩이로만 밥을 짓는 격이다.

주역의 근본은 강함과 부드러움의 원리로 만들어졌다. **강함이 부드러움에 발을 딛고 단단하게 일어서면 길함이 되고 유약함이 강함을 함몰시키면 흉함이 된다. 살아가면서 길한 일이 있으면 흉한 일도 있는 것은 지극히 정상이지만, 자신의 의지로 변화시킬 수도 있다.**

살아가면서 맞게 되는 길흉은 어디서 오는가. 상황의 좋고 나쁨은 어디서 기원하는가. 이 모든 것은 다름 아닌 자신의 행동과 말투에서 비롯된다. 스스로의 부족함을 보태고 흉함을 길함으로 바꾸기 위해서 더욱 바르게 행해야 하는 것은 이 때문이다. 더 나아가 우리가 주변에서 만나는 사람들의 언행을 유심히 살펴보면, 그 사람의 길흉을 어느 정도는 예측하거나 판단해 볼 수 있을 것이다.

성인은 오늘의 현상을 통해 앞날의 길흉을 예측했다. 부드러움과 강한 힘이 서로 엉키며, 상황에는 끊임없는 변화가 생겨난다.

聖人設卦觀象, 系辭焉而明吉兇, 剛柔相推而生變化.

# 건강을 위한
# 최고의 마음공부

하늘의 뜻에 즐거워하며 자신의 운명을 알아간다

하늘 아래 정지된 것은 없으니 우리의 삶에는 단계마다 변화가 생겨난다. 오늘 아침은 어제의 하루와 다르기 마련이고, 변화하는 이치를 알고 받아들이면 낙천지명樂天知命이 생활화된다.

지금 우리가 숨 쉬는 순간도 우주와 자연의 질서 안에 있다. 사람의 일이라고 해서 초자연적인 룰이 발효되거나 예외적 특혜가 주어지는 것은 아니다. 공자는 일평생을 학문에 매진하면서도 50세가 되어서야 자신의 인생이 비로소 우주의 생명과 통함을 느꼈다고 한다. 공자는 낙천지명樂天知命이라는 네 글자를 세상사의 커다란 답안으로 삼았다. 하늘의 일이란 사람의 손이 닿지 않는 범위이니 그저 즐거울 낙樂자를 쓰고, 사람의 운명은 세상의 일이라 스스로 공부하고 알아가야 한다고 해서 지<sup>知</sup>자를 썼다.

　굳이 공자의 경지를 들지 않아도 우리가 살아가는 일 가운데는 혼자서 할 수 있는 경우가 드물다. 어떤 일을 하든지 외부의 지원과 도움이 필요한데, 하나는 환경과 시스템이며 또 하나는 사람의 힘이다.

　**무엇을 시작하기에 앞서 우선 이루어지면 좋은 것은 지금에 대한 인정이다.** 가난하면 가난한 대로, 풍요로우면 풍요로운 대로 그 안에서 얻을 수 있는 안락함의 최대치를 찾아야 한다. 다른 사람을 부러워하거나 질투하지 않으니 마음에 평화가 깃들고 여유가 생긴다. 이것이 바로 낙천의 마음이다.

　그런데 너무 만족한 나머지 더 나아지려는 노력이 없다면 외부의 도움도 물거품이 된다. **자신에게 주어진 상황을 100% 긍정하고 자신의 지위를 정확히 파악하고 나면 시기에 맞추어 나아가라.** 우선 주변이 변화하는 흐름을 유심히 살핀 후 자신의 일이 길함으로 가는지 흉함으로 가는지 판단하고, 조건이 성숙하면 시기를 잡고 나아가서 얻어야 한다. 이 또한 지명의 실천이다.


　**사람이 자연의 질서에 순응하고 하나로 녹아드는 일.** 이때 사람은 편안하고 따뜻한 여유가 생겨나 타인까지 사랑하고 배려하는 마음이 된다. 사람은 포근하고 비옥한 땅의 대표이자 덕성이 되어 많은 생명을 품고 키워나가는 힘을 얻게 된다. 이것이 바로 천인합일<sup>天人合一</sup>의 마음이다.

　우리의 삶은 계단과 같아서 첫 번째 계단에 발을 디딘 후에야 두 번째 계단을 바라보고 순서대로 올라갈 수 있다. 세상을 인정하는 하늘은 선한 눈망울과 긍정적인 땀방울을 지닌 사람을 좋아하여 기회와 함께 조력자, 즉 멘토를 보낸다. 이런 사람이 신뢰와 덕성까지 갖추었다면 그 아래 많은 이들이 위대한 성공을 도울 것이다. 어떤 일을 하든지 하늘이 돕고 사람이 도우니 길함이 가득하고 불리함이 없다.

하늘의 뜻을 즐겁게 받아들이며 사람의 운명은 스스로 알아나간다. 자연의 질서에 순응하고 사람과 함께 더불어 지내면 생명을 품는 힘을 얻는다.

樂天知命, 天人合一.

# 정상은 하나이나 도달하는 길은 여러 개

## 변함과 통함

지하에 웅크리고 멈추어 있다고 해서 실패한 것이 아니다. 겨울잠을 자는 동물들은 한겨울 땅속에서 몸을 웅크린 채 추위를 피한다. 자신의 생명을 보호함으로써 제2의 계절을 기다리는 것이다. 먹지도 않고 움직이지도 않고 숨만 쉬면서 깊은 겨울을 지낸다. 좋지 않은 시기를 보내는 그들만의 지혜이다.

산의 정상은 하나이지만 거기까지 오르는 데는 여러 갈림길이 있을 수 있다. 모든 사람이 서로 비슷한 것을 소망할 수는 있어도 각자의 위치에서 걸어가는 길은 서로 다르다. 동일한 목표에 도달하기 위한 사고방식도 제각기 다르다. 각자의 생각이 다르므로 판단도 다를 수 있다.

주역의 가장 큰 성질은 변함과 통함이다. 천지간의 모든 음양, 사시, 오행은 변한다. 괘가 변하고 효가 변한다. 하나의 괘 안에서 여섯 개의 효는 서로가 힘을 발휘하며 연결되어 있다. 상호작용하며 변해간다.

주역의 64괘, 384효는 모두 변화 중인데 꿈틀거리는 움직임은 모두 상호 제약하고 작용하며 연결되어 있다. 이 변화에는 조건이 적용된다. 길흉, 득실, 태평함과 불리한, 손익, 행함과 멈춤, 성패 모두 효가 이루는 괘의 형태에 달려 있으니 효의 위치와 관련이 있고 아랫괘와 윗괘의 상관관계에 따라 이루어진다. 또한, 주역에 나타난 괘에는 형상과 함께 일이 진행되는 원리가 담겨 있다. 따라서 주역을 이해한다면 어떤 상황에 놓였을 때 미래를 내다보는 눈을 갖게 된다.

자연은 물론 사회도 서로 변하고 통하는 중이다. 세계의 모든 것들은 변하고 통할 때 영원한 생명을 얻는다. 크게는 대지와 함께 어우러지고 변통은 사시의 흐름에 연관한다. **통해야 변한다. 우리가 살아가는 일분일초마다 우리는 변화하고 있으며, 몸은 물론이고 마음도 변화하는 중이다.** 우주의 만물은 사시사철 멈춤이 없고 천지에 변하지 않는 일도 없다. 변하지 않는 사람도 없고 변하지 않는 물건도 없다.

사물이 변화하는 과정에서 오늘 내 눈에 사진처럼 찍힌 모습을 형상이라 한다. 형상을 관찰하면 이 사물이 변해서 어떤 그릇이 될지 알 수 있다. 사물은 변화의 증거를 포함한다.

마찬가지로 한 사람의 표정과 언행에도 그 사람의 과거와 미래가 담겨 있다. 과거에 어려운 일이나 가난으로 억눌렸던 사람은 표정에 그늘이 있고 언행이 부정적이며, 조소가 섞이면 앞으로 크게 일어나기 어렵다.

사람이든 사물이든 변화에 따른 형상은 다양하지만 길한 일은 그 기미가 뚜렷하다. 현재의 모습은 과거의 결과이자 미래의 징조인 셈이다. 오늘은 진흙으로 빚어내는 도자기와 같아서 힘쓴 대로 그 모양이 생겨난다.


물론 절대적인 길흉은 없다. 좋아함과 싫어함에 따라 길흉이 결정되고 필요할 때 가질 수 있는가 없는가에 따라 걱정과 근심이 생긴다. 이익도 변하고 길흉도 이동한다. 사랑과 미움이 서로 싸우면 길흉이 생겨난다. 길함과 흉함은 사람의 마음에서 파생되기 때문이다.

이 세상에 절대적인 길함이나 절대적인 흉함이 없듯 절대적인 선악도 없다. 절대적인 시비도 없다. 이 모두가 나에게 필요한 것인가 아닌가에 따라 판단된다. 내가 좋아하는 것이 다른 사람이 싫어하는 것일 수도 있고 내게 필요한 것이 다른 사람에게는 독이 되는 경우도 있다. 필요할 때 내 손에 얻어지는 것은 기뻐할 일이지만 필요할 때 얻지 못하면 고통이 된다.

다양한 생각을 하나로 만들려 하지 마라. 만물의 이치를 파악함으로써 당신의 행동이 이로움에 집중하고 정교해지도록 하라. 천하와 만물의 이치를 이해한다면 부유함은 부유함대로 가난함은 가난함대로 이로움이 있다. 지혜가 높은 경지에 이르면 주위 환경을 순조롭게 활용하게 되고, 앞으로 어떻게 변화해 갈 것인지 선지적인 능력을 갖추게 된다. 자연물 또한 이런 지혜를 얻고 살아간다.

사람의 정신과 행동이 하늘의 이치를 배워가면 그 사람의 행동은 이익이 늘고 정교해지게 된다. 우주의 이치를 알고 만물의 이치에 귀 기울이면, 눈앞에 나타난 현상에는 모두 그럴 만한 이유가 있다는 것쯤은 알게 된다.

> 성장과 발달이 한계에 달하면 변화가 생겨나고, 시대에 따라 변할 수 있으면 통하며, 널리 통할 수 있으면 영원히 갈 수 있다.
>
> 窮則變, 變則通, 通則久.

제1장

# 성공의 시운 時運

역사상 가장 완벽하다는 존재들도

시간에 의해 소멸하는 아픔을 겪게 되니,

우리도 그 바람에 서서 유연히 대처하면 그만이다.

# 1편

# 잠룡의 시기,
# 아직은 은둔이 필요하다

올바른 길로 고지에 오르는 6단 변신 성공법

교실의 앞자리에서 진도에 급급하던 아이들은 선생님의 관심과 총애를 받았지만 정작 풀어야 할 문제 앞에서는 벌벌 떨었다. 한편, 뒷자리에서 묵묵히 실력을 진단하며 예습과 복습에 충실하던 아이들은 있는 듯 없는 듯한 존재감으로도 최종 테스트에서 기대 이상의 점수를 기록하며 일약 학교의 슈퍼스타로 떠올랐다.

근본을 깊이 내리고 시기에 따라 입지를 다져가는 사람에게는 결국 위대한 하늘이 열린다. 주역 64괘 중 첫 번째인 건乾괘는 인생의 입지를 바로 세우는 과정이다. 사람의 성공에는 시기에 따른 변화가 중요하다고 건괘는 가르친다.

건괘를 이루는 여섯 개의 막대기 중 첫째는 은둔, 둘째는 세상에 드러남, 셋째는 정진하며 쉬지 않음, 넷째는 입지를 굳힘, 다섯째는 하늘로 비상함, 여섯째는 내려감을 의미한다. 건괘의 위대한 주인공인 비룡飛龍의 승천기를 통해 6단계로 변신하는 성공의 법칙을 소개한다.

제1단계는 잠룡潛龍의 시기이다.

갓 태어난 어린 용은 세상에 존재를 드러내지 않고 바닥에 엎드려 숨을 죽인다. 땅의 영양분을 고스란히 흡수하고 뼈와 살을 든든히 하는 등 내실을 다지는 데 힘쓴다. 사람으로 치면 기본 역량을 다지는 단계이다. 이제 막 사회생활을 시작하는 시기이니 내적인 역량과 함께 기본기를 다지는 데 최선을 다한다. 그리고 될 수 있으면 노출을 삼가 불필요한 손실을 줄인다. 식물의 경우에도 씨앗의 상태일 때 땅위로 노출되면 동물이나 사람들에게 밟히거나 바람에 휩쓸릴 수 있다. 이때 마음이 성급하여 자꾸 자신을 드러내려 하면 장차 거목이 될 수 없으니, 깊게 뿌리를 내릴 동안은 조용하고 차분하게 은둔하도록 한다.

제2단계는 현룡見龍의 시기이다.

잠룡의 단계에서 영양분을 충분히 흡수해 뼈와 살을 키우고 나면 이제 막 세상에 얼굴을 나타내는 현룡이 된다. 현룡은 자신을 먹이고 키워준 지상의 자연과 하늘의 보살핌에 감사한다. 사람이라면 자신의 존재를 드러내기에 앞서, 축적된 재능과 힘으로 그동안 보살펴준 고마운 이들에게 보답하는 시기이다. 이 시기에 덕행을 베풀면 자신을 존중하고 따르는 친구와 동료들이 생겨난다. 그리고 더욱 중요한 것은 자신의 능력을 높이 사고 크게 이끌어 줄 인생의 조력자, 즉 멘토를 만난다는 점이다.

제3단계는 조금 더 강해지기 위해 쉼 없이 노력하는 시기이며, 제4단계는 개천에서 막 튀어 오르는 상으로 본격적으로 하늘로 오를 준비를 하는 기간이다. 이때 준비에 충실치 못하고 경거망동하면 제대로 날아보지도 못하고 커다란 재앙에 휩쓸린다.

제5단계는 비룡飛龍의 시기로 마침내 하늘로 높이 날아오르는 때이다.

지상에서 천상으로의 비약은 한 사람에게 커다란 성공을 뜻한다. 이 단계에 오른 사람은 덕성과 능력이 겸비되어 주변 사람들을 가슴으로 포용하고 위대한 집단의 수장이 된다. 이때 높은 자리에 오를수록 이기심을 버리고 여럿을 위하는 사명감이 중요하다. 인생에서 두 번째 조력자를 만나는 시기로, 이들은 당신이 큰일을 할 수 있게 밑에서 받쳐주는 능력 있는 후배나 후임을 의미한다.

마지막 6단계는 항룡亢龍의 시기이다. 너무 높은 자리에 오르니 두렵거나 고독하다.

일단 5단계의 비룡이 되면 더 크게 성공하려는 집착을 버려야 한다. 하늘 높은 줄 모르고 위만 쳐다보면 다른 사람이 눈에 들어오지 않으니 과거에 나를 도와준 사람들과 점점 멀어진다. 욕망에 집착하는 눈먼 용은 더 이상 날지 못하고 고독하게 하늘을 휘젓다가 진흙탕으로 떨어진다. 하늘을 얻는 것은 어렵지만 그 하늘을 지키는 것은 더욱 어렵다.

건괘는 사람에게뿐만 아니라 모든 만물에 적용되는 근본 원리로, 모든 생명이 태어나고 성장하며 소멸하는 과정에도 적용된다. 세상 만물의 창조와 성장 원리가 그러한데 사람의 일이야 두말할 것이 있겠는가. **자신의 입지를 바로 세우기 위해서는 시간과 상황에 따라 변해가며 나서고 물러설 때를 아는 것만큼 중요한 것도 없다. 주변 사람들의 의지와 자신의 행동이 조화를 이룰 수 있다면 위대한 성공에 다다를 것이다.**

이상의 단계들에서 흥미로운 부분은 바로 조력자들에 의해 자신이 한 단계 업그레이드된다는 점이다. 그리고 이러한 기회는 인생에 크게 두 번 주어진다. 견룡의 단계에서 만나는 조력자는 선배이거나 스승으로 그들이 가진 자산으로 당신을 위에서 이끌어 주며, 비룡의 단계에서 만나는 조력자는 후배나 후임들로 당신이 큰일을 할 수 있도록 아래서 받쳐준다. 곧 당신의 성공에 필요한 원동력은 다름 아닌 사람의 힘이라는 진리이다.

**태어나면서부터 누구에게나 성공의 자리는 이미 마련되어 있다. 자신에게 주어진 상황을 긍정적으로 받아들이고 적극적으로 대응해 나가라.** 눈앞에 펼쳐지는 변화에 순응하고 객관적인 관찰력과 판단력으로 결단하고 행동한다면 당신은 자신의 나이와 경험에 알맞게 가장 훌륭한 입지를 다져나갈 수 있다.

물론 사람마다 성취하는 정도는 다르다. 하늘의 어디까지 오를 것인가는 당신의 가슴에 담긴 꿈의 크기에 달려 있다. 위대한 목표를 가슴에 품고 자신을 단련하는 사람들은 단계별로 더욱 큰 보폭으로 나아가며 시원시원하게 하늘로 날아오를 것이다.

또한 건괘는 하늘이 두 번 겹쳐진 형상이니 우리 앞에 주어진 날들이 지속해서 반복됨을 상징한다. 세상에 태어난 용은 한 번, 두 번 그리고 다시 또 한 번 강해지기 위해 자신을 단련함에 쉬지 않는다.

### 건괘 乾

커다랗고 위대한 시작. 만물이 태동하다. 생명의 탄생과 성장은 하늘과 연결돼 있으니 구름이 움직이고 비가 내리는 가운데 만물이 번식하고 형체가 갖추어져 나간다. 태양은 동에서 떠오르고 서에서 지며 시간과 계절을 만들고 천체의 중심이 되어 방향을 설정하므로 만물에 공간과 지위를 부여한다. 하늘의 운행은 모든 생명이 건강하게 성장하고 서로 조화를 이루어 평화의 상태를 유지하기 위함이니 이 뜻에 충실하면 이로움이 있다. 하늘의 노력과 덕성은 만물에 가 닿으니 사람이 사는 나라에도 건강함과 정의가 깃든다. 군자는 하늘을 뜻을 품으며 스스로 강해짐에 멈춤이 없어라.

元亨, 利貞. 大哉乾元, 萬物資始, 乃統天. 雲行雨施, 品物流形. 態呀終筆, 六位時成, 時乘六龍以禦天. 乾道變化, 各正性命. 保合大和, 乃利貞. 首出庶物, 萬國咸寧. 天行健, 君子以自強不息.

# 2편

## 아직 비로
## 내리지 못한 구름

무언가 될 듯하다가 중간에 꺾일 때

독수리는 나뭇가지를 움켜쥐고 숨 막힐 듯한 고독 속에 창공을 응시하고 있다가, 일단 날아오르면 거대한 하늘을 장악한다. 고요하지만 찬란한 독수리의 비상처럼 일생일대의 기회는 차분히 준비하고 고요히 기다리는 자에게 찾아온다.

저녁 운동을 마친 후 주말에 사다 놓은 생강과 계피를 다듬어 차를 끓였다. 어머니가 가르쳐 준 대로라면 감초도 함께 넣어야 했지만 시장에서 쉬이 찾아볼 수 없어 그대로 돌아왔다. 감초를 빼고 차를 끓이자니 맵고 아릴 것만 같아 망설여졌는데 웬걸, 생강과 계피에서도 단맛이 우러나는 것이 아닌가. 은은하게 스며든 달콤한 향기가 매운맛을 감싸며 꿀을 넣지 않고도 마실 만했다.

이렇게 머릿속에서 하루 종일 생각이 맴도는 날에는 냄비에 끓인 생강차를 마신다. 출구도 없이 이런저런 고민들이 뱅뱅 제자리걸음을 하는 날. 미열과 두통의 시간을 조용히 보내고 나면 어느 편에서 환한 빛이 비쳐오는 순간을 맞이하게 될 것이라 믿으며….

소축小畜괘는 하늘에서 떠도는 바람의 형상으로, 구름이 모여 바람으로 맴돌지만 아직 비로 내리지 못함을 뜻한다. 잠시 동안의 정체 상태이다. 여태껏 술술 잘 풀리던 사업에 손해가 생기거나 잘 돌아가던 기계가 뜬금없이 고장 나는 등 예상치 못했던 사건과 사고가 발생한다. 자신의 잘못 때문에 발생한 문제가 아니므로 현재 상황이 이해되지 않고 난감한 상태이지만, 이 시기를 잘 해결하면 앞으로 형통하다.

소축괘의 시기에 겪는 작은 사건과 사고들은 성공이라는 본방송이 시작하기 전에 끼어드는 15초 광고 같은 것이다. 이 괘에 처한 하루에는 당장에 손해가 있을지라도 초조해할 필요가 없다. 잠시 할 일이 없어도 불안해하지 말고 다음날을 위해 체력을 비축하는 시간으로 삼는다.

그러나 이 시기의 멈춤은 놀면서 흘려보낼 시간은 아니다. 더 큰 성공을 위해 잠시 멈추어 생각할 시간이 주어진 것이니 이때를 귀하게 여겨야 한다. 아직 스스로의 뜻을 펼치기에 주변 여건이 성숙하지 못했거나 자신의 내부 역량이 일정 기준에 미달한 상태임을 의미하니, 이 시기를 빌어 자신의 실력과 덕성을 보강하는 기회로 삼아야 한다. 겨울나무가 묵묵히 땅속에 뿌리내리고 영양을 비축하는 것처럼, 바람만 감도는 하늘 아래에서는 차분하게 땅을 밟으며 구름이 더 모이는 그날을 기다려야 한다. 티끌이 모여 태산이 되고 물방울이 모여 바다를 이루듯이 이때 쌓인 조그마한 행동과 실천이 한 사람의 능력과 덕성을 만들어 낸다. **견고한 성장을 위해서는 스스로의 근성과 노력이 기본이다. 그러한 바탕 위에는 작은 결과물이 쌓이기 위한 시간이 절대적으로 필요하다.** 당신이 가슴에 꿈과 목표를 크고 높게 지녔다면 세상을 조금 더 낙관적이고 행복하게 바라볼 필요가 있다. 겨울을 보낸 꽃나무가 봄을 기다려 만개하듯이 적절한 때가 되면 조용히 준비했던 시간이 찬란한 아침의 기회로 이어진다.

눅눅하던 저녁에 빗방울이 조금 떨어지더니 늦은 밤까지 서늘했다. 될 수 있으면 우울할 때는 부모님께 전화를 하지 않으려 하지만 또 달리 하소연을 할 곳도 마땅치 않아 핸드폰을 들었다. 어두운 방바닥 구석에 앉아 힘없는 목소리로 전화를 걸자, 아버지는 싸움에서 이기라며 응원단장이 되어주시고 그 옆에서 듣고 계시던 어머니는 너무 자신을 피곤하게 하지 말라며 나를 위로하고 다독이셨다. 어머니의 목소리는 나지막하지만 마음 깊이 스며든다.

일시적으로 찾아드는 작은 실패 때문에 인생이 끝나는 법은 없다. 열심히 뛰다가 발이 걸려 잠시 멈추어야 할 때, 작은 상처를 닦아내며 성공이 한 발짝 가까이에 다가왔음을 깨달으면 그만이다. **과감하게 멈추는 것이 용기라면 과감하게 물러서는 것은 지혜이다.**

생강과 계피에 물을 붓고 끓여도 더 이상 아무 맛도 우러나지 않는 상태가 되자 찌꺼기들을 모아서 휴지통에 버렸다. 간밤에 세상이 비로 씻긴 후 맞이하는 다음 날 아침은 어느 때보다 맑고 상쾌하다.

**소축괘** 小畜

앞으로 형통하다. 서쪽 하늘에 구름이 모이나 비로 내리지 못하여 잠시 동안 멈춤이 있다. 그러나 이 시간에 조용히 쌓이게 되니 미래가 길하고 이롭다. 따뜻한 바람이 세상을 조용히 보듬으니 초목이 윤택해진다. 군자는 부드러운 바람의 저력처럼 자신의 온화한 품성을 지니고 덕행을 실천하라.

亨. 密雲不雨, 自我西郊. 吉利. 小畜, 柔得位而上下應之, 曰小畜, 健而巽, 剛中而誌行, 乃. "密雲不雨", 尚往也. "自我西郊", 施未行也. 風行天上, 小畜. 君子以懿文德.

# 3편

## 호랑이 꼬리는
## 사람을 물지 않는다

무섭고 두려운 시련에 닥칠 때

아무리 두려운 상황에 처할지라도 정신만 바짝 차리고 마음의 평정을 잃지 않으면 문제의 본질에 닿을 수 있다. 두려움은 머리를 풀어헤친 귀신 같은 환상일 뿐, 위기의 본질은 절대로 우리를 해치지 못한다.

이履괘는 호랑이의 꼬리를 나타낸다. 호랑이는 무섭지만 그 꼬리는 사람을 물지 않는다. 겉으로 보기에는 나쁜 일처럼 보이지만 본질은 이롭게 통한다. 이때 자신에게 닥친 문제가 무섭거나 두렵더라도 용감하게 한 발짝 밀고 나가라. 아무리 살벌하게 포효하던 호랑이일지라도 개의치 않는 사람 앞에선 꼬리를 내리고 산속으로 사라진다.

가슴속의 추억을 꺼내 보니 고등학교 시절이 떠올랐다. 교복이 예쁜 남녀공학이었는데, 지켜야 할 선과 규율이 엄격했다. 남학생과 여학생이 서로 교류하지 못하도록 교무실이 복도의 정중앙에 자리하고 있었으며, 그 규율의 정점에는 눈에 불을 켜고 각목을 들고 다니시는 학생과장 선생님이 계셨다. 선배들에 의하면 학교에서 주먹 좀 쓴다는 싸움의 전설들도 그 각목에 맞아 실신해서 응급실로 실려 갔다는 소문이 돌 정도였으니, 일단 우리 학교에 다니면 그 각목의 위협으로부터 자유로울 수 있는 자는 아무도 없었다.

고등학교 2학년에 올라간 내가 학생회에 들어가면서, 남학생들과 한 교실에서 회의에 참여해야 하는 시간이 생겨났다. 5월을 맞아 축제 준비를 하느라 밤늦은 모임이 잦아지다 보니 2학년 동기 남자애와 1학년 여자 후배 사이에 핑크빛 쪽지가 오고 가는 것도 느껴졌다. 전교생이 일 년 중에 가장 기대하는 축제를 성대하게 마무리 지은 날, 밤늦은 학생회의실에는 누가 보냈는지 모를 맥주 열 병이 놓여 있었다.

우리는 교무실에 불이 꺼진 것을 확인하고 동그랗게 둘러앉아 도시락 숟가락으로 맥주 열 병을 차례로 땄다. 종이컵에 채워지는 거품 소리가 문밖으로 새어 나갈까 숨죽여 술을 따르고, 후배 하나가 매점에서 사 온 새우깡 두 봉지를 천천히 뜯었다. 학교 안에서의 음주가 정학감이라는 것을 모르는 사람은 없었지만, 왠지 그 순간에 교칙을 들먹이는 자가 더 큰 죄를 범하는 거라는 의식이 정적을 지배하고 있었다.

학생회장의 건배 제의에 따라 우리는 맥주 한 잔을 단숨에 들이켜고 종이컵을 내려놓았다. 학교 구석에서 마시는 술맛의 짜릿함에 빠져 있을 때, 회의실 문밖의 칠흑 같은 어둠 속에서 커다란 그림자가 다가왔다. 똑똑똑···. 노크 소리에 놀란 우리는 시계추처럼 흔들리는 각목의 그림자에 숨이 막혔다. 그 어둠의 존재가 바로 학생과장 선생님이라는 것을 모르는 사람은 아무도 없었다.

주역의 이괘에 놓인 날은 잘 나간다 싶다가 생각지도 못한 위험에 직면하는 때이다. **상황이 두렵더라도 앞으로 밀고 나아가야 살 수 있다. 처음 시작했던 열정과 의지를 다시 떠올리며 위험을 무릅쓰고라도 과감하게 나아간다면, 성공이 바로 눈앞에 다가와 있을 것이다.**

학창 시절 그날에 느꼈던 숨 막힐 듯한 두려움은 어느새 그저 웃고 넘길 수 있는 추억이 되었다. 지금 나를 위협하는 것들이 굉장히 거대해 보일지라도 지나고 나면 별거 아니었다고 추억하는 날이 올 수도 있으리라. 그저 자신의 앞에 놓인 길을 걸어나가고 하던 일을 해나가면 두려움의 환상은 스스로 꼬리를 감추는 법이다.

이괘의 하루가 찾아왔을 때 잊지 말아야 하는 것은 순리에 따라 처신하고 자신의 일에 끝까지 책임을 지는 자세이다. 만약 조직을 이끄는 리더이거나 한 가족을 꾸리는 가장이라면 가장 피해야 할 것은 독단적인 판단이다. 아랫사람들의 소리에 마음을 열고 의견을 하나로 모아 행동으로 나아가는 데 힘써야 한다. 이 시기를 순조롭게 보낼 수 있으면 대지가 더욱 단단해지니 앞길이 순탄하다.

그로부터 몇 년이 흐른 후, 대학교 졸업을 앞둔 한 목련꽃의 봄날에 4주간의 교생 실습을 모교로 나갔다. 그때 그 학생과장 선생님은 후배들 사이에서 여전히 호랑이로 군림하고 계셨지만, 교무실에서 만난 모습은 놀랍도록 해맑은 웃음을 지닌 옆집 아저씨 같았다. 각목을 살랑살랑 흔들며 뒷짐 지고 가시는 모습이 위협적이기는커녕 어찌나 경쾌하게 느껴지던지….

호랑이 꼬리는 사람을 물지 않으니, 처음 세운 목표와 계획을 다시 정비하고 합리적인 방법을 모색할 시점이다. 잘되던 일에 무섭고 두려운 위기가 닥칠지라도 멈추지 말고 적극적인 해결책을 모색해 나가라. 다른 때보다 정신을 똑바로 차리고 앞길을 똑바로 바라보며 과감하게 판단하고 실천하며 앞으로 나가라.

다른 사람의 도움이 필요할 때에는 말과 행동을 일치시켜 신뢰감을 주고 주변의 마음과 힘까지 하나로 모은다면 위기는 경쾌하게 우리 옆을 비껴간다. 이 괘를 잘 보내는 사람은 성공이 눈앞에 있다.

---

**이괘 履**

호랑이 꼬리. 두려운 사건이 닥치나 사람을 해치지 않으니 위기를 넘기면 형통하다. 고난 가운데 강해지고 스스로를 바로 세울 수 있다. 군자는 위아래의 뜻에 귀 기울이고 민심을 하나로 모아 고난을 극복하는 데 힘쓰라.

履虎尾, 不咥人, 亨. 履, 柔履剛也. 說而應乎乾, 是以 "履虎尾, 不咥人". "亨", 剛中正, 履帝位而不疚, 光明也. 上天下澤, 履. 君子以辨上下, 定民誌.

# 4편

## 변화무쌍 영원불멸

고집을 부리지 않으면 뜻대로 이루어지는 시기

뜻하고 원하는 대로 모든 일이 이루어지니 스스로 꽤 멋있다고 믿게 되는 시기. 이런 때일수록 고집을 부리거나 자신이 정답이라 여기는 일을 경계할 때이다. 순탄한 앞길을 가로막는 것은 다름 아닌 자신의 좁은 식견이니, 마음의 벽을 부수고 귀를 쫑긋 세워 사람들의 의견을 경청해야 한다.

수隨괘는 연못 속에서 천둥과 번개가 치는 상으로, 준비하던 일이 본격적으로 추진되는 단계를 의미한다. 커다란 변화가 일어나지만 모든 일이 순조롭게 풀리니 한시름 놓고 안심해도 된다. 거기다 크고 작은 기회가 멈추지 않고 찾아오니 이를 잘 이용하면 커다란 성공으로 이어진다.

회사 일로 정신없는 하루를 보내다가 잊고 지내던 후배의 전화를 받았다. 어여쁘고 단정하던 그 후배는 대학 졸업 후 바로 결혼을 하고 이제는 두 아이의 엄마가 되어 있었다. 친하게 지내던 사이라 간간이 소식은 듣고 있었지만 얼굴을 본 지는 꽤 오랜 시간이 흘러 있었다. 저녁에는 미팅이 잡혀 있어 점심을 함께하기로 했고, 후배는 자기가 시간이 되니 회사로 찾아오겠다고 말했다. 오전 업무를 서둘러 마무리하고 로비로 내려가니 게스트룸에서 후배가 조용히 기다리고 있었다. 일하는 모습이 참 좋아 보인다고 하기에 나는 든든한 남편과 아들딸까지 있는 네가 더 부럽다며 모처럼의 인사를 나누었다. 후배의 손을 잡아 회사 근처의 레스토랑으로 이끌면서도 머릿속에서는 오후에 잡혀 있는 회의가 맴돌았다.

주역에서는 수괘에 올라탄 하루에는 물처럼 순종하라고 강조한다. 물은 하늘을 가르는 천둥과 벼락도 소리 없이 흡수하여 유연히 진동한다. 본격적으로 일이 진행되면 다양한 상황에 직면하게 되니 세상에 나서서 그 변화에 따라 부지런히 움직여야 한다. 그리고 집으로 돌아와서는 피곤한 몸과 마음을 충분한 쉬게 하여 유쾌하고 상쾌하게 다음 날을 맞는다.

일단 이 시기를 맞은 사람은 기회에 올라타서 시야를 넓혀야 한다. **자신의 뜻대로 세상을 바꾸기보다는 외부의 상황과 질서에 민감하게 반응하며 변화의 흐름에 초점을 맞추는 것이 현명하다.** 자신의 마음이 물과 같다면 번개 같은 변화도 부드럽게 수용할 수 있는 시기이다. 변화를 거스르거나 무시하려고 정력을 낭비하지 않아야 한다.

레스토랑의 메뉴판을 받아 들자 나는 가장 빨리 나올 만한 요리에 눈이 갔다. 후배의 취향은 묻지도 않은 채 야채 샐러드와 오렌지 주스, 샌드위치로 구성된 비즈니스 세트 2인분을 주문했다. 주위를 둘러보니 소매를 걷고 전투적으로 샌드위치를 먹는 셔츠족들이 대부분의 테이블을 채우고 있었다. 식전 음료로 입가심을 하자마자 나는 회사에서 보내는 시간들, 직장 상사 이야기 등 그동안 묻어두었던 이야기를 쏟아내었다. 후배는 조용히 샐러드를 먹으며 "부러워요"라는 말만 연발하다가 점심을 다 먹고는 웃으며 인사하고 집으로 돌아갔다. 모처럼의 점심 약속을 마치고 돌아오는 길에야 떠오르는 생각이 있었다. 이 후배는 예전부터 따뜻한 밥과 국을 좋아했었지….

수괘는 사람의 일생에 그리 흔하게 찾아오는 기회가 아니다. 모처럼 찾아온 좋은 시기를 100% 살리기 위해서는 아래와 같은 두 가지 마음이 필요하다.

**첫째는 물처럼 겸손하고 사려 깊어지기.** 문제를 해결하기 위해 협상 테이블에 앉으면 자신의 관점을 내세우기보다 타인의 생각을 먼저 묻도록 한다. 손님과의 약속으로 저녁 테이블에 앉으면 자기가 먹고 싶은 것보다 상대의 취향을 물어 그들이 먹고 싶은 요리를 대접하도록 한다.

**둘째, 이전보다 폭넓은 분야의 지식이 필요하다.** 책을 많이 읽어 새로운 지식을 널리 수용해야 한다. 특히 역사책을 보며 과거와 현재를 이해하고 미래에 대한 시각을 넓혀나가면 앞으로 하는 일에 크게 도움이 된다.

물의 유연함과 부드러움을 유지하되 무게 중심을 나에서 세상으로 이동시켜야 할 시기이다. 다가올 미래의 모습을 미리 구상해 보고 세상의 변화를 일생일대의 기회로 활용할 수 있다면 당신의 성공은 짧게 끝나지 않는다. 스스로가 이 시기에 도달했다고 생각되면 조금은 여유를 가지고 주위를 둘러보라. 자신뿐만 아니라 좋은 시기를 함께 보내는 사람들 여럿이 눈에 들어올 텐데, 그들 가운데는 자신의 아집과 독단으로 세상을 휘저으려는 모습도 발견된다. 소리 없이 그 사람을 주시하다 보면 그리 오래지 않아 벼락같은 사건에 산산이 부서지는 최후를 목격하게 될 것이다. 가슴 아프지만 이들은 하늘이 우리에게 보내주는 반면교사인 셈이다.

벼락같은 변화를 물처럼 유연하고 사려 깊게 수용하는 사람만이 위대한 성과를 이룰 수 있다. 다음에 그 후배와 또 만나게 되면 나는 만나러 와줘서 고맙다고, 먹고 싶은 음식을 먼저 물어보기로 했다.

---

**수괘** 隨

크고 형통하며 이롭다. 강한 힘이 부드러움과 어우러지니 걱정거리가 없다. 시기에 따라 행하면 크게 이룬다! 군자는 열심히 일하다 침실에 들면 몸과 마음을 편히 쉬게 하라.

元亨, 利貞, 無咎. 剛來而下柔. 而天下隨時, 隨時之義大矣哉! 君子以向晦入宴息.

**5편**

## 드높은 산은
## 그 발밑이 든든하다

성장을 다지는 씁쓸한 아픔

높아지기 위해서는 지속적으로 축적되다가 삽으로 톡톡톡 내리누르듯 다져지는 시간이 필요하다. 지난날에 어느 정도의 성과가 있었다면 이제는 아픔으로 성숙하고 강해지는 시기이다. 모자랐던 부분이 보충되고 유약한 것이 강해지는 과정으로, 외부의 변화에 몸을 맡긴 채 순응함이 최선이다. 이 시기를 슬기롭게 보내면 과거와 차원이 다른 발전을 경험한다.

박剝괘는 땅 위에 산이 만들어지는 형상으로 부드러움이 변해서 단단해지는 과정을 의미한다. 작고 여리기만 했던 사람이 성장하는 과정에는 순조로운 중에 잠시 정체되는 시간도 찾아온다.

이 괘에 처한 하루에는 바깥세상으로부터 변화의 소용돌이가 몰아치니 차분하게 지켜보고 결과를 관찰하도록 한다. **그동안 쌓아왔던 것들이 깎이고 마모되어 꽤 아프지만 앞날의 예방주사라 여기고 조용히 고통을 견뎌내야 한다. 이 시기에 자신의 부족함과 부실함을 보충한다면 앞으로 크게 도움이 된다.**

　냉동실에 얼려두었던 쑥떡을 꺼내 전자레인지에 해동시켰다. 처음에는 씁쓸해서 도통 입에 맞지 않았는데 기운이 빠지고 몸도 나른해지는 봄철이 되니 웬걸, 입맛 당기는 별미가 되었다. 찰떡은 전자레인지에 넣고 오래 돌리면 원래의 각과 형태가 완전히 무너져 접시에 허물어진다. 적절한 타이밍을 놓치지 않기 위해 불빛 속에 돌아가는 쑥떡을 바라보며 전자레인지 앞에서 기다리기로 했다.

　주역의 박괘는 그동안 바쁘게 달려온 심장에 장착했던 엔진에 잠시 브레이크를 걸 타이밍이다. 잠시 멈춰 서서 창밖으로 휘몰아치는 변화의 바람을 유심히 관찰해야 한다. 과거의 속도를 고집하고 자신의 주장만을 앞세운다면 상황이 뜻대로 움직여지지 않을뿐더러 오히려 모든 여건이 불리해진다.

　거대한 변화가 불어닥치니 어쩌면 살갗이 깎이는 통증을 느낄 수 있다. 그러나 절대로 뒤로 숨거나 외면하고 도망가지 말기를. 어차피 사람의 힘이란 자연의 순리 앞에서 한계가 있다. 우리가 겪는 일들도 길게 바라보면 대자연의 순리대로 이루어질 수밖에 없다. 위험이 잠재되어 커다란 변동이 예고되는 시기이니 뒤에 숨지 말고 자신의 마멸도 예견할 것.

그 웅장한 히말라야산맥도 평평한 대지에서 시작되었다. 부드럽기만 했던 흙먼지가 수많은 퇴적작용과 침식작용을 반복하면서 언덕을 이루고 산으로 높아진 것이다. 철옹성 같은 만리장성도 바람을 맞으면 마멸되기 마련이다. 역사상 가장 완벽하다는 존재들도 시간에 의해 소멸하는 아픔을 겪게 되니, 우리도 그 바람에 서서 유연히 대처하면 그만이다. 우리가 사는 하늘 아래에는 수많은 생명체가 성장하고 후퇴하며 먹고 먹힘으로써 자연을 풍성하게 키우고 있다.

사람의 일에는 이익이 있으면 손해도 따르게 된다는 사실을 알아가는 때이기도 하다. 어쩌면 삶과 죽음이 연관되는 거대한 사건이 발생할지도 모른다. 이 또한 자신의 삶 가운데 충분히 일어날 수 있는 일이라 인정하며 마음만은 물처럼 담담해지기를. 손에 남은 것이 하나 없어도 자신감만은 잃지 말기를.

밑바탕에 튼실한 평지가 있어야 산으로 우뚝 솟을 수 있다. 기초 체력을 튼실히 한 후 변화의 물살에 올라타도록 한다. 다리가 부실하면 거센 파도를 견디지 못하고 그대로 영영 휩쓸리게 된다. 갑자기 곤란한 일들이 터져서 이제까지 쌓아온 성과가 사라지더라도 크게 두려워할 필요는 없다. 이 시기의 어려움은 일이 더 순조롭게 풀려나갈 하나의 징조일 뿐이니, 외부 상황이 크게 변한다고 할지라도 그 변화를 피하지 말고 인정하라. 이때 마음의 평화를 잃으면 처절하게 망한다. 흐름에 올라타다가 힘에 겨우면 도움을 요청하라. 가족과 이야기하고 친구들과 커피 한잔을 나누며 앞날을 이야기하라. 내면의 힘을 기를 시기이다. 추운 겨울에 인고의 시간을 보낸 산은 그 에너지를 고스란히 담아 봄나물을 키워낸다. 산에서 갓 캐 온 쑥을 찹쌀에 빚어 만든 말랑말랑 쑥떡. 그 씁쓸하고도 강한 힘이 향긋하게 살아 있어 혀를 통해 내 안으로 들어온다.

### 박괘 剝

부드러움이 변해서 강하게 된다. 작은 사람이 훌륭하게 성장하는 시기. 행진을 잠시 멈추고 변화에 순종하라. 군자는 마음의 허황됨을 버리고 하늘의 뜻에 따르라. 높은 산은 그 발밑이 든든한 법이다.

柔變剛也. 不利有攸往, 小人長也. 順而止之, 觀象也. 君子尙消息盈虛, 天行也. 山附於地, 上以厚下安宅.

# 6편

## 노를 젓지 않으면 배는 뒤집힌다

이상을 현실로 이루는 과도기

인생에는 과도기가 있다. 이 시기를 잘 넘기면 성공하지만 자칫하면 실패의 나락으로 떨어진다. 이 문턱을 잘 넘느냐에 따라 앞날의 인생이 달라진다.

대과大過괘는 나무 위에 연못이 자리한 형상이다. 연못이 나무 아래 흐르면 생명을 키우지만 반대로 그 위에 자리하면 나무를 휩쓸어 버린다. 크게 잃을 수 있는 시기이다. **이때 어려움을 무난히 넘기기 위해 필요한 것은 스스로의 노력이 아닌 다른 사람의 도움이다.**

저녁 식사를 마치고 허브차를 마시며 텔레비전을 보는데 시사 프로그램에서 '황혼 재혼'을 다룬 내용을 보도했다. 노년이 되면 질병보다 힘든 것이 외로움이라고 했다. 한 인터뷰에서 어떤 이는 일흔이 넘어서야 좋아하는 사람을 만나 여생을 함께하고 싶은데, 자식들이 달가워하지 않아서 말도 못 하고 마음에만 담아두고 있다고 말했다. 자식들의 걱정에도 일리는 있었다. 홀로된 부모님이 안타깝기는 하지만, 재산 문제도 있고 혹시 나쁜 상대를 만나 고생하실지도 몰라 반대할 수밖에 없다는 거였다. 자식들은 노부모의 외로움을 이해는 하나 당신들의 사랑은 그냥 돌아서면 잊힐, 별거 아닌 감정이라 쉽게 말했고 노부모는 자식들의 걱정을 이해는 하나 재산 문제만 앞세운다며 서운함을 감추지 못했다. 서로 의가 상한 부모와 자식 간을 험한 물살이 가로막아 긴 세월 동안 지켜온 인륜마저 흔들고 있었다.

주역에서는 대과괘에 놓인 하루에는 매사에 신중을 기하라고 말한다. 이 상황에 달하면 강함과 부드러움을 바로잡고 평형을 유지하는 것이 우선이다. 문제를 해결하기 위해서는 비상책을 쓸 수밖에 없지만, 자신의 힘으로만 밀어붙이지 말고 그중에서도 정당한 수단과 방법을 택해야 한다. **중용의 도를 지키고 겸손하면 주변 사람들의 도움을 얻을 수 있으니, 살신성인殺身成仁이 대과의 가장 좋은 해결책이다.** 살다 보면 본말이 전도되고 강함과 부드러움이 제자리를 잃어버릴 때가 있다. 이때는 특히 매사에 성실하게 임하고 조심하여 작은 실수가 큰일을 그르치지 않도록 유의해야 한다. 그런데 비정상적인 행동은 피할 길이 없다. 자신의 결단이 갈등과 위험을 불러일으키기 마련이니 반드시 주위의 도움이 필요하다.

프로그램에 나온 몇 가지 에피소드 가운데, 한 할아버지는 마음에 둔 할머니가 거동이 불편할 정도로 아픈데 돌봐줄 자식도 없다는 사실에 눈물을 흘리며 슬퍼했다. 그 할아버지는 매일 같은 시간에 약봉지를 들고 할머니의 집으로 찾아가 식사를 거들어 주고 식후 약을 챙겨 먹이고서야 아무도 모르게 집으로 돌아왔다. 이것을 보고 있자니 마음이 짠하고 서글퍼졌다. 명동 일대를 걸어 다니는 젊은 사람들에게 황혼 재혼에 찬성하느냐고 묻자 60% 이상이 찬성한다고 말했지만, 막상 자신의 부모님일 경우에는 쉽게 수긍하지 못할 거라고들 덧붙였다. 침착한 어투로 방송을 진행하던 아나운서는 노부모님의 사랑이 현실로 무난히 건너오기 위해서는 진심 어린 대화와 용기 있는 결단이 필요하다는 멘트로 프로그램을 마무리 지었다.

대과괘는 큰 위험을 건너야 하는 일생일대의 중요한 시기이다. 누가 대신 건너주지 않기에 고독을 견뎌내며 당당히 나아가야 한다. 어쨌든 지금보다 발전하고 더 나아지는 단계이므로 실패를 두려워하지 않아야 한다. 앞으로 어려운 일들이 겹겹이 발생하나 이 모두가 감당할 수 있는 범위 내에 있다. 서두르거나 주저하지 않으며 자신을 믿고 과감하게 물을 건너면 원하는 하늘을 얻을 수 있다.

## 대과괘 大過

집안의 대들보가 휘어 위험하니 밖으로 나가야 할 시기. 이 시기를 잘 건너면 앞으로 형통하고 이롭다. 연못이 나무를 뒤덮게 두면 크게 잃지만 군자는 두려움 없이 묵묵히 물살을 가르니 그들의 세상에는 해로움이 없다.

棟橈. 利有攸往, 亨. 本末弱也. 剛過而中. 大過之時大矣哉. 澤滅木, 大過. 君子以獨立不懼, 遁世無悶.

# 7편

# 정성껏 뜸 들인 가마솥 밥

## 꾸준한 노력으로 중임에 오르다

양철 냄비에 라면을 끓이면 맛있다. 물을 중간쯤까지 부은 후 라면 한 봉지를 탈탈 털어 넣으면 보글보글 금방 끓어오른다. 마무리로 달 걀과 파를 얹으면 라면 한 봉지가 냄비에 넘치지도 모자라지도 않고 보기 좋게 담긴다.

하루는 친구가 집으로 놀러 왔는데 라면이 먹고 싶다고 했다. 늘 가까이하던 사랑스러운 양철 냄비를 꺼내 라면 두 봉지 양의 물을 부 으니 냄비의 목까지 찼다. 왠지 불안했지만 아무리 작은 냄비라도 라 면 두 봉지 정도야 감당할 수 있겠지 여기며 가스 불을 올렸다. 끓어 오르는 물에 면과 스프를 넣고 잠시 친구와 몇 마디를 나누는 사이, 아뿔싸! 보글보글 끓던 라면이 냄비에서 넘쳐버렸다. 가스레인지 주변은 라면 국물로 난장판이 되었다. 재빨리 국자로 물을 덜어내고 면 발만이라도 살리고자 불의 세기를 약하게 줄였다. 강한 불에 성급히 타오르기만 했던 양철 냄비는 은근한 불은 제대로 전달하지 못했다. 익는 시간이 오래 걸리자 면발의 꼬들꼬들함은 국물과 함께 사라졌다. 그날 모처럼 찾아온 친구에게 맵고 짜고 불은 라면을 대접하려니 미안하고 면목이 없었다. 그토록 아끼던 양철 냄비가 라면 두 봉지를 감당 못할 줄이야…. 나는 그날 저녁 곧장 마트로 가서 조금 더 넉넉하고 튼튼한 냄비를 사 들고 돌아왔다.

큰일에 쓰이는 솥은 그 속이 깊고 넓어야 한다. **앞으로 크게 쓰일 일이 있으니 다양하게 배우고 덕행을 쌓아 자신의 깊이와 폭을 넓히는 준비를 하도록 한다.** 다양하게 배웠다 할지라도 덕성과 지혜가 모자라면 일을 도모하기만 할 뿐 성공적으로 마무리하기 어렵다. 감당하지 못할 그릇이 중책에 오르면 도리어 커다란 화의 근원이 되기도 한다.

주역의 정鼎괘는 나무에 불이 타올라 부지런히 삶고 끓이는 과정으로, 솥을 의미한다. 솥으로 급하게 지어낸 밥은 그 안이 충분히 익지 않는 법이다. 시간과 공을 들여 조용히 뜸을 들여야 사람을 살찌우는 고운 밥이 된다. 학습도 마찬가지여서, 한순간 몰두하고 정리하는 벼락공부보다 날마다 배우는 습관을 들여야 정보 속의 지혜를 자신의 것으로 소화하고 흡수시킬 수 있게 된다. 또 좋은 솥만 있다고 훌륭한 요리가 되는 것은 아니다. 솥은 충분히 넓고 단단한데 썩은 야채나 상한 고기만 썰어 넣는다면 애써 끓인 요리가 맛있을 리 만무하다. 솥에 담길 신선하고 영양이 풍부한 식재료가 필요하다. 자신이 큰 솥이 된 이후에는 그 품에 안을 선한 동반자들이 필요한 이유이다.

**꾸준한 노력으로 중임에 오르면 변화와 혁신을 주도하게 된다. 이때 가장 필요한 자질은 뛰어난 인재를 뽑아 가슴에 품을 줄 아는 것이다.** 이 시기에 당신에게 필요한 인재는 인품보다 실력이 우선이다. 실행력이 뛰어난 인재들을 모아야 앞에 닥친 일을 풀어나가는 데 기동력이 생긴다. 사람을 가려 씀에 있어 구태의연하게 하고 썩은 것은 과감히 버리도록 한다. 인정을 못 이겨 재량이 안되는 이를 뽑는다면 일마다 차질이 생기니 머지않아 화를 불러온다. 동서고금을 막론하고 큰 사명을 달성했던 영웅들은 사람을 키우고 적재적소에 제대로 쓸 수 있는 능력이 있었다.

고대의 동양 사회에서 쓰였던 청동 솥은 단순한 취사도구를 넘어 제기祭器이자 국권의 상징이었다. 나라의 운명을 정운鼎運이라 함도 그 이유이다. 한 나라의 군자가 솥을 들고 있음은 강한 권력을 행사함을 의미한다. 덧붙여 솥을 받치는 두툼한 세 개의 다리는 안정과 균형, 협력을 뜻하며 주변의 현명한 신하들이 군주를 수호함을 의미한다. 따라서 이 괘에 올라탄 사람은 대길하니 앞으로 하는 일마다 형통하고 순조롭다.

능력과 덕성을 갖추고서도 중임에 오르지 못할 때에 실망하지도 서두르지도 마라. 조금 시기가 늦춰진 것일 뿐 결국에는 크게 나아갈 기회가 생긴다. 든든한 무쇠솥은 수만 번의 제련과 주조 과정을 거쳐 탄생하는 법이니, 부드러움과 강함이 조화를 이룬다면 인고의 시간이 아깝지 않다. 정괘에 올라타면 머지않아 큰일이 성사된다. 전문 분야를 깊이 이해하고 여러 사람을 감쌀 수 있는 덕성을 지니면 중책을 맡게 된다. 특히 자신의 지식으로 경제적인 가치를 만드는 법을 연구하면 앞으로 널리 쓰일 수 있다.

## 정괘 鼎

크게 길하고 형통하다. 나무에 불이 타오르니 끓고 익어가는 과정이다. 군자가 솥을 얻으면 하늘에 제사를 지내고 현명한 신하들과 함께하니 큰 뜻을 이룬다. 부드러움으로 나아가 강한 힘을 얻으니 군자는 제도를 바로잡고 사명을 달성한다.

元吉, 亨. 以木巽火, 亨飪聖人亨以享上帝, 而大亨以養聖賢. 巽而耳目聰明, 柔進而上行, 得中而應乎剛, 是以元亨. 君子以正位凝命.

## 8편

# 불은 물을 끓이지만
# 물이 쏟아지면 재만 남는다

성공의 반전

실패가 성공의 어머니라면 그 역공식도 성립한다. 실패를 딛고 성공하기도 어렵지만 성공한 사람이 그 자리를 지키는 것은 열 배로 어렵다. 편안할 때에 어려움을 생각하라. 성공의 축배를 들기보다는 앞날의 위험을 예방하는 것이 급선무다.

주역의 기제既濟괘는 불 위에 물이 있어 잘 끓어오르는 형상이다. 기既는 이미 다함을 의미하며 제濟는 만사가 가지런히 정비됨을 뜻하니, 이미 훌륭한 성과를 완성한 시기이다. 주역의 64괘 중 강함과 부드러움의 위치가 한 치의 오차도 없이 가장 완벽하게 배치된 유일한 괘이다. 이미 상황이 너무도 안정되니 더 이상 크게 이로움은 없다.

이미 성공을 이루었더라도 노력을 멈출 수는 없다. 오히려 작은 실수들이 일어나지 않도록 애써야 하는 시기이다. 그렇지 못하면 초기에는 길고 이롭지만 결국에는 크게 위험하고 혼란스럽다. 지금은 잘 끓어오르는 물이지만 자칫하면 아래로 쏟아져 타오르던 불을 순식간에 차디찬 재로 만들어 버릴 것이다.

유년 시절 내가 살던 동네에는 "아리랑 빵집"이라는 작은 제과점이 있었다. 골목으로 접어들면 제일 먼저 보이는 곳이라 동네 사람들은 자기 집을 설명할 때 늘 아리랑 빵집을 끼고 오라고 말했다. 그 제과점에서는 버터크림으로 도배된 초콜릿 케이크가 가장 비쌌으며 단팥빵, 메론빵, 찹쌀떡, 곰보빵 등 어느 제과점에나 있을 법한 것들을 팔았다.

작은 제과점에서 가장 유명했던 것은 100원에 두 개 하는 찐빵이었다. 우리 아버지도 그 찐빵의 열혈 마니아여서 한자리에 앉아 열 개는 거뜬히 잡수실 정도였다. 비단 우리 아버지뿐만 아니라 동네 어른들이 모두 그곳 찐빵을 좋아했다. 제과점의 진열대에는 자연스럽게 다른 빵 종류가 하나둘 줄어갔고 가장 비싼 케이크가 진열되던 쇼케이스마저도 결국은 찐빵에게 자리를 빼앗겼다.

찐빵이 동네 명물이 되자 그 탄생 배경에 얽힌 이야기도 이웃들 사이에 화젯거리가 되었다. 빵집 주인은 인상 좋은 아주머니와 체구가 자그마한 아저씨 부부였다. 그들은 병약한 시어머니를 모시고 있었는데 약값을 대기에 빵을 팔고 난 수입이 턱없이 모자랐다. 그러다가 남은 팥소를 이용해 우연히 찐빵을 만들어 봤는데, 의외의 대박을 터뜨린 것이었다.

절박했던 부부에게도 일생일대의 기회가 찾아왔다. 두 사람은 식음을 전폐하고 찐빵 하나에만 파고들었다. 그들은 폭주하는 주문을 완벽하게 소화했고 찐빵 한 알 한 알이 품격을 잃지 않게 만들었다. 열심히 일한 덕분에 큰돈이 모였고 부부는 찐빵을 대량 생산할 수 있는 기계도 들여놓았다. 동네 사람들은 찐빵의 맛과 품질에 아낌없는 박수와 찬사를 보냈으며 머지않아 아리랑 부부가 재벌이 될 거라고 부러워했다. 아리랑 찐빵이 전성기를 이룰 때, 주인 아주머니는 몸이 점점 더 후덕해져 갔고 그 무렵 우리 집은 다른 동네로 이사를 했다.

그 뒤로 5년 정도가 지났을까. 오랜만에 소꿉 친구에게 놀러 갔다가 생각지도 못한 이야기를 듣게 되었다. 그 이야기의 시작은 양념치킨과 피자의 등장이었다. 동네에 처음으로 치킨집이 들어오고 피자 배달이 시작되자 사람들은 순식간에 그들의 화려한 양념 맛에 반했다. 아리랑 찐빵이 아무리 완벽하더라도 치킨과 피자에 맛 들인 사람들은 더 이상 찐빵을 주목하지 않았다. 판도가 뒤집히자 그간 부부가 들인 노력은 한순간에 물거품이 되었다. 시어머니는 병이 악화되어 돌아가셨고 슬픔에 겨운 남편은 그동안 벌어둔 돈으로 노름판에 빠졌으며 이를 참다못한 부인은 당뇨에 화병까지 겹쳐 곧 세상을 떠났다는 것이다. 대박은 오래가지 못하고 비극으로 끝났다.

아리랑 빵집의 비극은 그들의 탓이 아니었으나 결국은 또한 그들의 탓이었다. 인생에서 그처럼 성공해 본 적이 없었기에 판도가 바뀐

후에 어떻게 대처해야 할지 미처 몰랐기 때문이다. 먼 위험을 막지 않으면 근시일에 걱정거리가 생기기 마련이다. **큰 뜻을 품은 자는 성공을 이룬 다음의 10년을 내다보며 다가올 수 있는 위기 상황에 대비해야 한다. 동시에 성공이 가져다줄 폐단에 대해서도 미리 경계해야 한다. 편안할 때 위기를 생각하고 준비를 하는 사람에게는 큰 성공이 있은 후에도 화가 없다.**

성공은 찐빵처럼 김이 폴폴 날 때는 부드럽고 달콤하지만 시간이 지나면 쉽게 굳고 부패한다는 사실을 유념하라. 성공하기도 어렵지만 성공을 이어가는 것은 더더욱 어렵다.

---

### 기제괘 既濟

강함과 부드러움이 제자리에 가지런하니 큰 성공을 이룬 시기. 작은 이로움이 생기고 형통하다. 처음은 길하지만 그 안에 깃드는 화를 방지하지 못하면 결국은 크게 혼란스럽다. 군자는 편안한 시기에 위기를 생각하여 미래의 화를 예방하라.

亨. 小利貞. 剛柔正而位當也. 初吉, 柔得中也. 終止則亂, 其道窮也. 君子以思患而豫防之.

제2장

처세의 근본根本

진정한 승리는 다른 사람과 싸워 이기는
것이 아니라 자신을 지배하는 데 있다.
진정으로 강한 힘은 강건한 근육이나 권력에
있는 것이 아니라 사람의 깊은 내면에 존재한다.

# 9편

## 하늘이 허락하고
## 사람이 돕는다

능력 있는 사람들을 자기편으로 만드는 법


허름하고 때 묻은 과거의 옷을 벗고 새 시대의 주인공으로 탄생하는 시기. 곳곳에서 활약하던 영웅들이 먼 길을 마다치 않고 찾아와 당신을 위대한 황제로 추앙한다. **하늘이 보우하고 사람이 도우니 지상 최고의 성과를 이루는 때이다. 경계해야 할 것은 오직 하나이니, 사람을 사귈 적에 물처럼 투명하고 담백해야 한다.** 많은 사람들이 정성으로 따르는 시기이므로 최고의 자리에 올라가도 고독하지 않다.

췌萃괘는 대지에 아름다운 연못이 스미는 형상으로 땅의 너그러움과 연못의 찬란한 생명력을 품고 있다. 주변에 사람과 재물이 모여들어 풍요롭다. 뛰어난 자질을 가진 사람들이 당신을 위해 곳곳에서 모여드니 당신에게 날개를 달아줄 수많은 조력자를 만난다.

자연의 만물은 풍부하게 모인 뒤에 성장하고 더불어 발전한다. 이 시기에 오른 하루에 당신은 많은 사람들의 중심에 우뚝 서게 되며 재물 또한 풍족하니, 모인 사람들이 다 함께 나누어도 모자람이 없다. 영웅들이 재능과 힘을 모아 밤하늘을 걷어내니 감동이 벅차오르는 새 시대가 열린다.

이 괘에 달한 사람은 위대한 마에스트로처럼 물상의 가장 아름다운 선율을 끌어내어 지상의 위대한 화음으로 연주해 낸다. 강력한 힘과 섬세한 선율이 어우러지는 베토벤의 교향곡처럼 당신의 힘은 사람들의 피부로 파고들어 그들의 심장까지 떨리게 하고, 돌아서서는 여리고 따스한 선율로 어루만진다. 당신은 당신을 둘러싼 많은 사람들이 눈을 감고 여운을 즐길 만큼 편안하게 품을 수 있게 된다. 새로운 세상의 열림은 한 사람의 보이지 않는 의지로부터 시작되지만, 사람들이 모여 그것을 이루어 가는 과정은 함께하는 웅장한 감동마저 느끼게 한다. 여럿이 모여 커다란 화음을 내는 순간 사랑과 화합이 창조하는 인생의 스펙트럼에 스스로 놀라게 될 것이다.

한편, 좋은 사람과 좋은 일이 모이는 만큼 악재가 그 뒤에 숨어 약점을 호시탐탐 노리고 있다. 밝은 태양 아래서는 거침없이 나아가되 어두운 달밤이 되면 조용히 재난을 준비해야 한다. 이때 불가피한 희생이 생길 수 있으나 과감하게 받아들이고 감당할 것. 자신을 위해 애쓰다 잠이 든 사람들이 보이면 조용히 다가가 이불을 덮어주고 곳곳에 물 새는 곳이 없는지 틈틈이 집안을 정비하도록 한다. 무엇보다 진실한 마음과 신뢰가 바탕에 있어야 한자리에 모인 영웅들의 능력뿐만 아니라 그들의 마음까지 단결시킬 수 있다. 자신이 지도자의 위치에 있다면 원칙과 정도를 앞세워 지휘하고 선함, 현명함, 덕행으로 솔선수범한다. 홀로 고고하거나 독단적인 결정을 내리면 모인 사람들이 서로 다른 마음을 갖게 되니 모처럼 좋은 기회를 맞아도 산산이 부서진다. 때때로 자신을 반성하고 위아래가 서로 통할 수 있게 대화를 이끌어 낼 수 있으면 만사가 형통하다.

나무에 꽃가지가 번성하면 바람 잘 날 없듯이 달콤한 성과를 맛본 이후에는 순수했던 열정이 개인적인 욕심으로 번질 수 있다. 늘 예상 밖의 사건이 터질 것에 대비하고 경계하도록 한다. 간혹 무리를 벗어나 자신을 드러내고 싶어 하는 자가 뱀처럼 머리를 세우고 혓바닥을 날름거리지만, 숙성되지 못한 재능과 품성 탓에 오래가지 못하고 사그라진다. 위대한 성과를 내는 사람은 드러냄을 경계하는 법이다.

---

**췌괘** 萃

천하의 영웅들이 한자리에 모이니 앞날이 순조롭고 이롭고 또 형통하다. 덕망이 높은 자가 주인이 되니 정도를 지키는 데 노력해야 한다. 제물을 바쳐 제사를 지내면 비록 비용은 들지라도 좋은 징조를 가져온다. 재물이 모여 풍요롭고 민심이 모여 큰 힘을 이루니 과감하게 전진하여 큰일을 도모하라.

亨. 王假有廟. 利見大人, 亨, 利貞. 用大牲, 吉. 利有攸往.

처세의 근본
91

**10편**

# 땅의 덕성을 닮은 사람들

탄탄대로 승진 가도에 올라타는 시기

태양은 대지로부터 떠오른다. 화창한 햇살이 대지 위를 비추어야 만물이 번창한다. 넉넉한 사람들은 자신의 덕성으로 환한 빛을 발하니 서서히 위로 올라가는 기회를 맞이한다. 그러나 순탄한 시기를 만났다고 해서 더 많이 얻으려고 하면 빨리 망한다.

진䷢괘는 땅 위에 퍼지는 불의 형상으로, 위로 상승함을 의미한다. 이 괘에 올라탄 사람은 승진하거나 사업이 한층 번창한다. 하지만 아무나 이 괘를 맞이하는 것은 아니다. 그렇다면 이 괘를 자신의 인생으로 끌어올 수 있는 비결은 무엇일까?

나는 진괘의 비밀을 어느 날 우리 회사 부장님에게서 발견했다. 우리 부서에는 아이를 가져서 힘들어하는 팀원이 있었는데, 부장님은 부하 직원을 위한 궂은일들을 마다하지 않고 묵묵히 감수했다. 그리고 어느덧 그녀가 출산일이 임박하여 휴가를 내던 날, 부장님은 생크림 케이크를 준비하여 깜짝 파티를 열어주었다. 케이크 위의 포도송이처럼 복스럽고 예쁜 아가가 탄생하기를 기원한다며…. 다 함께 모여 기쁨의 촛불을 불었다. 동료의 출산도 출산이지만 그런 부장님과 일한다는 사실이 모두의 기쁨인 순간이었다. 휴가를 마친 팀원이 돌아오기도 전에 부장님은 임원으로 승진했고 직원들의 축하를 받으며 본사의 중책으로 자리를 옮기셨다.

순조롭게 승진하고 성과를 내는 사람들에게는 공통점이 있다. 이들은 깊이가 있으면서 주변 사람을 사로잡는 오묘한 힘이 있다. 이들 대부분은 태양과 대지의 관계 중 대지의 역할을 담당한다. 태양이 강렬한 빛으로 세상을 밝히면 대지는 만물이 뿌리를 내릴 수 있도록 포근하게 안아 키운다. 어느 조직에서든 위에서 강한 힘을 행사하려는 리더는 그 세상을 안아 키울 대지를 필요로 하는 법이다. 땅과 같은 사람들은 리더에게 힘을 실어주며 아랫사람들로부터 인정과 신뢰를 얻으니 자연스럽게 승진으로 이어진다. 때로는 따르고 순종할 수 있는 것도 뛰어난 능력이다. 이들은 직장에서 자신의 임무에 충실하고 즐거운 마음으로 임하며 자신도 모르는 사이에 입지가 든든하게 다져진다.

일을 즐기며 사람을 챙기는 이른바 '대지형 인간'들은 우선 자기 일을 좋아하는 데서 사회생활을 시작한다. 열심히 하려고 마음먹기에 앞서 자신이 올바른 일을 선택했는가를 곰곰이 따져본다. 바른 선택을 했다고 판단되면, 똑같은 업무도 더 쉽게 처리할 수 있는 숙련자가 되기 위해 밖으로 드러나는 시간을 잠시 뒤로 미룬다. 이런 사람들은 일단 실무에 투입되면 눈에 보이는 성과로 두각을 나타낸다. 스스로도 점점 더 나아지는 자신을 발견하며 행복감과 만족감을 경험한다. 일을 즐기는 사람들은 자신의 일터에서 일종의 경건함을 느끼는데, 그동안 열심히 준비해 왔기에 능력을 발휘할 기회가 무엇보다 소중해지는 것이다.

성심성의껏 자신의 역할에 집중하다 보면 일터는 그들의 생활에 든든한 기반이 되어준다. 자신이 하는 일을 존중하고 지금 있는 자리에 감사하는 마음을 갖는다면 승진하는 시기는 바로 앞에 다가와 있다. 승진은 기쁜 일이다. 물론 승진하기까지 오랜 시간과 노력이 필요하지만, 시작이 힘들지 일단 궤도에 올라서면 물살을 타듯 빠르게 상승한다.

이제 막 사회생활을 시작한 경우라면 말단의 자리에서 온갖 잡일로 분주하기 마련이다. 다행히 중요한 임무를 맡지 않아서 아주 좋은 일도 혹은 몹시 나쁜 일도 생기지 않는다. 바로 이때를 기본기를 다지는 시간으로 활용하라. 아직은 연봉이 높고 낮은가를 따지는 시기가 아니며 열심히 노력하는 자세가 차후 자신의 가치를 결정짓는다. 그리고 성실함을 빛내주는 또 하나의 미덕은 옆 사람과 잘 지내는 일이다. 다른 사람을 도와줄 수 있고 다른 사람에게 도움을 받을 수 있는 마음의 여유가 자신의 좁은 겨드랑이에 날개를 달아줄 것이다.

자기 일에 최선을 다하고 덕행으로 사람을 섬기며 차분히 성과를 이루어 내는 사람들. 이들에게 하늘은 진괘의 보너스를 내린다. 이 괘에 올라탄 하루에는 새벽에 동쪽의 태양이 떠오르듯이 부드럽고 환한 빛이 당신을 향해 비친다.

  이때 더 많은 사람들이 당신을 진심으로 따르며 당신 품으로 오기를 자처하니, 당신의 덕성은 태양의 빛에 생명의 온기를 더할 것이다. **이미 높은 자리에 올랐다면 마음을 너그럽게 가지고 득실을 따지지 마라. 밝고 겸손한 마음을 잃지 않는다면 앞날에 더 큰 이익이 기다리고 있다.**

  ### 진괘 晉

  밝은 빛이 대지로부터 떠오르니 앞으로 나아간다. 순종하는 마음이 세상을 아름답고 크게 키우니 부드럽게 나아가서 위로 상승한다. 군자는 밝고 따스한 덕성으로 스스로 세상의 빛이 되어라.

  進也. 明出地上. 順而麗乎大明. 柔進而上行. 君子以自昭明德.

# 11편

# 이룬 다음에는
# 포기하는 법도 배울 것

## 내면의 그릇을 키우는 시간

자신을 다스리는 자는 위대하다. 진정한 승리는 다른 사람과 싸워 이기는 것이 아니라 자신을 지배하는 데 있다. 진정으로 강한 힘은 강건한 근육이나 권력에 있는 것이 아니라 사람의 깊은 내면에 존재한다.

대장大壯괘는 하늘에서 천둥과 번개가 번쩍이는 형상으로, 거대하고 장엄하니 하는 일마다 순조롭고 크게 발전하는 시기이다. 이전보다 많은 재산과 강력한 권한을 지니게 되는데, 이 가운데 걱정거리가 하나 있다면 자신의 힘을 믿고 경거망동하는 것이다.

많은 것이 허락된다고 해서 허겁지겁 먹어치우거나 전부 가지려들지 말기를. 전보다 강해졌다고 해서 자신의 힘을 소진하지 말기를. 그 대신에 이전보다 자신의 행실에 더욱 주의를 기울일 때이다. 가진 것이 넘쳐난다고 잔치판을 벌렸다간 머지않아 부패하고 나락으로 떨어질 것이다.

등산 동호회에서 만난 총무님은 일 처리가 깔끔하기로 유명하다. 인터넷 카페를 통해 만나 이름 대신 닉네임으로 서로를 부르다 보니 산행 길에서 거리낌 없이 속마음을 터놓을 수 있었다.

"저는 일에 대해서 완벽을 기하는 성격이라 몸에 무리가 가기도 한답니다. 그러다 보면 내가 왜 죽을 만큼 힘든데 이 일을 하나 하는 회의가 들거든요. 그럴 때마다 산에 오르지요. 등산을 하면 그나마 호흡이 길어지면서 쌓였던 피로감이 풀려요. 그러기를 이제 20년이네요."

짧게 헐떡이는 호흡을 길게 쉬면서 산의 중턱까지 오르던 중, 초보 산행이라 땀 흘리며 허덕이고 있는 나에게 총무님은 몸에 힘을 빼야 산 정상까지 무리 없이 올라갈 수 있다고 말했다. 시원한 오이 하나를 건네주고 먼저 오르는 총무님의 뒷모습을 바라보는데, 옆에 있던 사람들이 저분이 바로 맨손으로 성공한 모 기업 대표라며 수군거렸다.

일단 대장괘에 올라선 하루에는 성공으로 기뻐하되, 더 큰 기회를 위해 힘을 비축하는 시기로 삼는다. 일단 실력자가 되면 자의 반 타의 반으로 외부에 노출되어 질투와 공격의 대상이 된다. 성공의 크기가 클수록 자신을 더욱 낮추고 내실을 다지기 위한 적극적인 노력이 뒤따라야 한다. 자신을 절제하고 겸손해야 사방에서 날아오는 화살을 피할 수 있다.

사람뿐만 아니라 양들의 세상에도 대장쾌의 이치가 발견된다. 광활한 초원에서 평화로워 보이는 양들이 늘 덜 자란 상태로 죽음을 맞이하는 것 아닌가. 학자들은 그 이유를 바로 '거들먹거림'에서 찾았다. 야생의 초원에서 태어난 양들은 몸뚱어리가 커지고 뿔이 돋기 시작하면 자신을 거대한 동물이라고 착각하게 된다. 그때부터는 호랑이나 사자 같은 맹수를 만나도 도망가려 하지 않고 오히려 그 앞을 가로막아 싸움을 자초한다는 것이다. 우리 안에서 자란 가축 양들도 이 시기만 되면 울타리에 머리를 박으며 자신의 뿔로부터 뿜어 나오는 힘자랑에 여념이 없다. 앞뒤 재지 않고 뿔을 앞세워 달려들던 초원의 양들은 밀림의 맹수들에게 잡아먹히고, 철창에 머리를 박으며 힘자랑하던 가축 양들은 급격히 노쇠해져 털가죽만 남긴 채 제명을 다한다.

뿔난 양과 마찬가지로, 얼마만큼의 성공을 거둔 사람들은 자아도취에 빠져 세상을 마음대로 휘두를 수 있다고 여긴다. 지금의 자신을 최고라고 여기는 순간 성장은 멈추기 마련이다. 이전보다 조금 더 강해졌다고 무턱대고 나서는 이에게 목표와 방향성은 쉽게 상실된다.


겨우 산 정상에 올라섰는데 총무님은 도시락까지 싹 비우고 이미 하산 준비를 하고 계셨다. 다음 주말에는 더 높고 험한 산으로 간다고 좋아하는 모습이 꼭 우리 어린 조카를 닮아 있었다. 체력의 한계를 느끼며 생수 통을 정신없이 비우고 있는데, 다음 주의 산은 경관이 환상적이라 안 가면 후회할 거라나…. 그분은 먼저 내려가면서 산은 언제나 그 자리에 있으니 욕심부리지 말고 천천히 하라는 말씀을 남겼다.

목표와 방향이 상실된 자리에는 더 많은 돈과 권력과 명예에 대한 욕심이 비집고 들어온다. 물론 사람이 살아가는 데 욕망이 나쁜 것만은 아니지만, 중요한 것은 욕심이 과해져 과정과 수단을 가리지 않게 된다는 데 있다. 자신의 성장에 밑거름이 되던 초심이나 순수한 열정은 온데간데없이 사라지고 애써 쌓아온 부와 권력을 거침없이 소진하게 될 수도 있다. 더 환상적인 경지에 오를 수 있었는데도 제 뿔에 못 이겨 힘자랑만 하다가 털가죽만 남기고 쇠락하는 모습이다.

**성공하고도 버릴 수 있다면 그 뒤에 더 큰 성공이 찾아온다. 내 것이 아니라며 포기할 줄 알고 내 자리가 아니라며 양보해야 한다. 그 과정에서 자신에게 남아 있는 거대한 잠재력과 외부 요소들의 결합점을 발견할 것이다.** 실패한 뒤 양손의 것을 빼앗기는 것은 당연하지만, 이미 얻은 것을 웃으며 놓을 수 있다면 앞으로 더욱 크게 성공한다.

---

### 대장괘 大壯

강하고 바른 힘이 생동하니 장대하고 이롭다. 하늘과 땅의 이치를 알 만하니 군자는 예가 아니면 취하지 않는다.

利貞. 大者壯也. 剛以動, 故壯. 正大, 而天地之情可見矣. 君子以非禮弗履.

# 12편

## 뜻을 하나로 모은 후 칼을 들어라

### 과감한 결단이 필요할 때

과감하게 결단을 내려야 할 때가 있다. 불안한 마음과 위험 요소들이 도처에 만연하니 주저 없는 시급한 판단이 요구된다. 그러나 칼을 뽑기 전에 주위 사람들의 마음을 하나로 모아라. 머뭇거리고 우유부단하면 앞날에 큰 사고가 발생한다.

쾌夬쾌는 하늘 위에 물이 떠다니는 형상으로, 큰비가 쏟아지려 하니 머뭇거리면 큰 재앙이 닥침을 의미한다. **큰일을 하려는 사람은 결단의 시기에 과감하게 승부수를 던져야 한다. 함께할 사람과 떠나보낼 사람, 가질 것과 버릴 것을 명확하게 판단하고 과감하게 앞으로 나아가면 하늘이 돕는다.**

우리를 둘러싼 세상은 조금씩 변화하고 있다. 지금은 따뜻하고 배

부르고 안락할지라도 분명히 이런 편안함은 영원하지 않다. 준비하지 않는다면 지금 누리던 것을 조금씩 빼앗기거나 언젠가는 바닥나 후회하게 될 것이다. 물론 때를 기다리는 것은 중요하다. 그러나 변화의 징조와 신호에 민감하게 반응하고 대비하는 사람과 손 놓고 시간을 보내다가 때가 되면 적당한 방편을 취하는 사람은 차이가 확연하다.

주역에서는 결단의 시기가 닥치기 전에 반드시 분석과 준비의 과정이 필요하다고 말한다. 변화가 필요하다면 우선 그에 따른 득실을 따져보고 곁에 있는 사람들에게 알려야 한다. 변화에 동의할 이도 있지만 그 변화를 받아들이지 않을 사람도 있다. 모두를 끌고 가겠다는 것은 욕심이다. 함께할 사람들을 다시 분별한 후 그들의 마음과 힘을 하나로 모으는 일이 가장 중요하다. 물론 처음부터 완벽하게 계획하고 준비하기는 어렵다. 진행하는 과정에서 돌아서는 사람도 생길 것이다. 그럼에도 함께하는 이들이 더 많다면 과감히 추진하라.

라디오 프로그램 〈두 시의 데이트〉 디제이가 박명수에서 윤도현으로 바뀔 때, 윤도현이 첫 방송에서 준비한 오프닝 멘트는 "무언가 간절히 원하면 우주가 도와준다"라는 말이었다. 신드롬을 일으켰던 베스트셀러 도서 『시크릿』도 이와 같은 메시지를 담고 있다. 그런데 이제까지의 경험에 비추어 보면 사람은 쉽게 변하지 않는다. 세상은 빠르게 변하는데 사람이 그 변화에 적절히 대처하지 못하는 것일까.

이 시대에 주요한 역할을 하는 사람들은 그 비밀을 알고 있다. 자신이 하지 못하는 분야를 가장 잘하는 사람에게 맡기고 뒤로 물러서서 기획하고 운영하는 방법이다. 90년대 인기 스타 가운데에는 요즘에도 신규 앨범을 발표하며 활동하는 가수가 있는가 하면 잊힌 사람도 있다. 그런데 정말 대단해 보이는 이는, 연예 기획사를 운영하며 새로운 스타들을 양성하는 사람이다. 그들은 무대에서 화려한 조명을 받던 주인공의 자리에서 과감히 내려왔다. 자신의 경험을 사업과 연결하는 과정에서 시대의 변화를 철저히 분석하며 오늘날 사람들의 입맛과 욕구에 맞는 신예 스타들을 탄생시키고 있다.

과감한 결단이란, '이 일을 해야 하나 말아야 하나'보다는 자신의 위치에 대한 재조율이라고 보아야 한다. 기타로 치면 같은 줄에서 현란한 튕김에 집착하기보다 과감하게 아래로 내려가 차원이 다른 소리를 내는 일이다.

쾌괘에 올라선 사람에게 힘을 실어주는 것은 두 가지이다.

첫째, 한마음으로 단결된 주변 사람들이다. 나와 뜻이 다른 사람은 과감하게 잘라낸다. 그래야 나를 위해 위험을 무릅쓰는 사람들을 위하며 함께 나아갈 수 있다. 마음도 없는 사람을 억지로 끌고 간다면 승리하기 어려울 뿐만 아니라 이후에 재난이 닥친다.

둘째, 스스로에 대한 긍정적이고 낙관적인 마음이다. 자신을 믿어야 한번 내린 결정을 밀고 나갈 수 있다. 설사 위기 상황에 닥쳐도 두려워하지 않으며 도전이 열어주는 무한한 가능성을 온몸으로 만끽하도록 한다. 이 시기에는 과감한 판단에 생사가 달려 있으니 마음을 굳게 다져야 한다.

세상의 변화가 감지되면 정성껏 준비하고 과감하게 판단하라. 밝고 명랑한 마음으로 사람들과 밥을 먹고 차를 마시며 협력을 구해야 한다. 힘을 한데 모으는 최선의 방법은 솔직한 대화를 통한 교감이다. 쾌괘에 가장 명심할 점은 사람의 뜻을 모은 후 그 힘을 하나로 집중시키는 일이다. 그런 다음에 결전의 순간이 다가오면 과감하게 칼을 뽑아라.

### 쾌괘 夬

결단의 시기. 뜻을 세운 사람은 광명정대한 법으로 소인의 과오를 과감하게 척결해야 할 때이다. 정의로움으로 대중을 설득하고 만인의 힘을 모아 사악함을 응징한다. 단, 소인이 초래한 위험이 아직 곳곳에 사려 있으니 세상에 엄격한 계율을 세워 경계하도록 한다. 인의 정치로 법을 다스리되 폭력이 난무함을 경계하면 앞으로 이로움이 있다.

揚於王庭, 孚號, 有厲告自邑, 不利即利有攸往.

# 13편

# 연못의 물이 넘치지도
# 마르지도 않게

점차 힘이 실리는 시기

집안에서도 그렇고 일터와 모임에서도 점차 자신에게 힘이 실리는 시기이다. 마음을 정결히 하고 욕심을 버리면 스스로 윤택해진다. 청렴하게 처신하여 자신을 보호하되, 일을 처리함에 있어 투명성을 견지하여 주변인들의 의혹이 없도록 한다.

절節괘는 연못에 담기는 물의 형상으로, 담을 수 있는 양이 제한적임을 뜻한다. **물이 너무 많으면 연못이 범람하니 절제가 필요하다.** 그렇지만 너무 과도한 절제와 절약은 도리어 고통을 수반하여 화를 자초한다. 넘치지 않되 마르지도 않는 중도를 지키는 데 신경 쓰도록 해야 한다.

인터넷을 무심코 둘러보다가 '종잣돈'이라는 단어가 눈에 들어왔다. 클릭해 보니 30대에 종잣돈을 마련한 사람과 40대에 마련한 사람의 노후는 삶의 질 자체가 달라진다는 내용이었다. 머릿속에서 통장에 남아 있는 잔고를 대략 떠올려보니 종잣돈이라 하기에는 숫자가 너무 보잘것없었다. 그날 이후로 마음을 굳게 먹고 가계부라는 것을 쓰기 시작했다.

절괘에서 말하는 절제로는 두 가지가 있다.

첫째는 실력을 자랑하거나 나서지 않는, 겸손에 가까운 절제이다. 자신이 능력을 쌓고 있는 단계에서는 어느 정도 스스로 만족스럽더라도 아직 때가 아니니 문밖으로 나서는 것을 절제해야 한다. 비록 바깥 상황이 조금 나아져 문밖을 나서더라도, 함부로 마을 밖으로 나가는 일은 자제한다. 이 시기에 나서기를 좋아하고 자만심에 행동하면 스스로 화를 불러오게 되니 그 누구의 탓도 할 수 없다. 안으로는 절제하고 밖으로는 시기를 기다리며 편안히 창밖을 바라보면 머지않아 좋은 시절이 찾아온다. 적절한 시기에 나아가서 바르게 행하면 주위 사람들의 존경을 받는다. 그런데 나아가서도 겸손이 지나치면 중심을 잃거나 상대의 빈축을 살 수 있으니 중도를 지키는 데 유념한다.

둘째는 가진 것을 함부로 쓰지 않으니 절약에 가까운 절제이다. 하는 일마다 진전이 있으니 이전보다 지갑이 두둑해진다. 소득이 높을수록 사고 싶은 것도 많은 법. 이때 사고 싶은 물건 앞에서 마음껏 카드를 긁다 보면 조금 나아진 소득이 오히려 더 큰 빚으로 돌아온다. 그렇다고 먹을 것 안 먹고 입을 것 안 입는 극도의 절약이 도움이 되는 것은 아니다. 극도의 절제심은 사람에게 활력을 빼앗고 욕구불만의 상태로 몰아세운다. 불안한 마음이 얼굴에 궁색한 인상으로 드러나니 모처럼 다가오는 좋은 기회도 비껴간다. 바른 절약이란 넘치지도 부족하지도 않게 정상적인 생활을 유지하는 수준을 의미한다.

가계부를 쓰기 시작하던 날, 첫 장에 "하루 용돈 1만 원, 한 달 생활비 30만 원 사수!"를 야심 차게 적었다. 이 모토를 지키기 위해서 밥 한번 먹자는 친구의 전화를 바쁘다고 사절하고, 신상품이 멋스럽게 진열된 백화점을 애써 피해 돌아갔다. 식료품을 사기 위한 마트 쇼핑은 일주일에 한 번, 우유는 '원 플러스 원', 반값 할인된 햄, 떨이로 남은 사과만 구매했다. 그리고 며칠 후 무심코 냉장고 문을 열어보니 유통기한이 빠듯하거나 이미 지난 음식들로 가득 찬 것이 아닌가. 싱싱하던 내 일상에 설렘이 사라져갔다. 친구들은 왜 이렇게 우울해 보이냐며 썩은 사과 만져보듯 툭 치고만 지나갔다.

절제란 무조건 아끼고 안 쓰는 것이 아니었다. 넘치는 것은 안으로 거둬들이고 모자라는 부분은 조용히 채워가는 중도의 미덕이다. 연못과 같은 담담한 마음으로 물이 넘쳐날 때는 물을 퍼내고, 가뭄으로 마를 때는 물을 끌어와 채워 넣으며 수위를 조절해야 한다. 높은 자리에 오를수록 넘쳐나는 것들이 많으니, 절제가 사라지면 심성이 광폭해진다.

거둬들이고 채워가는 절제가 습관처럼 몸에 배면 앞날이 형통하다. 고통을 수반하는 지나친 절제는 오히려 역효과를 낳는다는 사실을 명심할 것. 강약을 조절하며 중요한 시기에 마음을 비우면 더 높은 자리에 오를 수 있으니 앞으로 큰 상을 받게 된다.

## 절괘 節

절제는 미덕이다. 스스로 자신을 조율할 수 있다면 바른 시기에 나아가서 좋은 자리에 설 수 있으니 앞날이 형통하다. 그러나 고통스러운 절제는 궁색해지기만 할 뿐 도움이 없으니 중도를 지키는 데 노력하도록 한다. 천지는 스스로 절제의 도를 지킴으로 춘하추동의 사계절을 이룬다. 높은 자리에 올라도 예의와 규범으로써 재물을 탐하지 말며 백성을 괴롭히지 않는다. 군자는 정당한 제도로써 정의와 도덕을 바로 세워라.

亨. 剛柔分而剛得中. 苦節, 不可貞, 其道窮也. 說以行險, 當位以節, 中正以通. 天地節而四時成. 節以制度, 不傷財, 不害民. 君子以制數度, 議德行.

# 14편

## 감시보다
## 감사가 사람을 다스린다

충직한 심복을 키워내는 덕성 감화법

아버지의 사업이 탄탄대로였을 때 아들 노릇을 자처하던 한 남자가 집으로 찾아왔다. 명절 때면 배 한 상자를 들고 '어머님!' 하면서 부엌까지 들어왔고, 어린 우리를 보면 과자 사 먹으라며 천 원씩 주기도 했다. 나는 드디어 우리 아버지에게도 유비의 장비와 관우처럼 충성을 맹세하는 심복이 생기는구나 싶어 기분이 좋았다. 그런데 우연히 뒤돌아서는 그 남자의 표정을 봤던 순간 왠지 모를 섬뜩한 기운을 떨칠 수가 없었다.

아버지는 중요한 손님을 맞을 때면 그 남자를 대동했고 다른 직원들의 관리도 그에게 일임했다. 그런데 정작 아버지의 사업이 메말라 갈 때 그 남자는 아버지를 위해 칼을 들고 나서지 않았다. 오히려 영업에 필요해 썼다며 그가 술집에서 긁은 카드 명세서만 잔혹하게 우편으로 날아왔다. 아버지는 이유를 묻기 위해 그를 찾았지만, 그는 또 다른 집 문턱에서 아들 노릇을 자처하느라 아버지를 만나주지 않았다. 모든 사람에게서 긍정적인 면을 보려 했던 아버지도 이제 그 남자의 이름을 들으면 묵묵히 가슴만 치신다.

사람의 마음을 열어보는 것은 실질적으로 불가능하지만, 보이지 않는 힘으로 부하들의 마음을 움직이며 대오를 이끌어 가는 영웅들이 세상에 존재한다. 주역에서 보는 그 영웅들의 비결은 바로 감사와 규율이다.

임臨괘는 땅 아래 연못이 있는 형상으로, 위에서 아래를 내려다보며 감독한다는 의미이다. 위에서 아래를 통치하니 군주가 백성을 다스리거나 상급자가 부하를 관찰하는 상황이다. 통치자가 은혜를 베풀고 백성들을 교화하며 사심 없이 행동하면, 백성이 편안하고 나라가 풍요로워진다. 반면 날카롭게 감시하고 지시하면 앞날에 위험이 도사린다.

통솔하는 사람이 바른 인격으로 위엄을 갖추고 신뢰로써 규율을 마련하면 은혜로움과 권위가 동시에 생겨난다. 너그러운 마음에 기반을 두고 정의로운 규율로 버팀목을 세우니 아랫사람들이 마음으로 따르게 된다. 아랫사람들도 감사하는 마음으로 규율을 존중하며 상하가 하나로 모이니 커다란 힘을 발휘한다.

사람만 좋다고 해서 규율을 무시해서도 안 되고 혹은 규율만 앞세워 인정 없이 다그쳐서도 안 된다. 아랫사람들에게 강제나 압박을 주지 않되 일관된 너그러움으로만 치우치는 것도 경계해야 한다. 잘못을 했어도 바로잡지 않으면 위엄이 사라지고, 정당성만 강조하거나 시시비비만 따지면 언젠가 뒤돌아선다.

**지시가 아닌 감화하는 방식으로 지휘하면 불리한 일이 없고 앞으로 길하다. 모든 일에 사람을 근본으로 하되 지혜로 감동하게 하고 덕성으로 길러내면, 당신을 믿고 따르는 사람들이 늘어나 그들과 함께 큰 성공을 껴안는다.** 중요한 일에 앞서 사람을 선택할 때는 과일 상자를 들이밀며 충신을 자처하는 사람보다, 규율을 존중하며 덕성에 감응할 줄 아는 침착한 사람들을 눈여겨보아야 한다.

가정은 물론 회사나 조직은 질서와 규범이 잡혀야 화합을 도모할 수 있다. 너그러움과 지혜는 사람을 감화시킬 수 있는 커다란 능력이자, 지도자라면 반드시 갖추어야 할 필수 덕목이다. 엄정한 규율로 내부 골간을 바로 세우되 지혜롭게 집행하고 덕으로써 다스려야 한다. 새로운 사람과 사귈 때도 지혜와 덕으로 인연을 맺으면 그 만남이 길게 이어지고 큰 힘으로 돌아온다.

맨손으로 역사적인 대업을 일군 영웅들에게는 두 가지 공통점이 발견된다. 하나는 따르는 사람이 많다는 것이고 또 하나는 오늘의 영광이 있기까지 묵묵히 도와준 이들에게 고개 숙여 감사할 줄 안다는 점이다. '감시'보다 '감사'할 수 있었기에 관우와 장비 같은 명장뿐만 아니라 목숨을 아끼지 않는 사기충천 백만 군대가 영웅을 수호했다.

---

### 임괘 臨

크게 길하고 크게 이롭지만 머지않아 위험으로 전복될 수도 있다. 강한 힘이 점차 세력을 넓혀나가나 대지의 덕성을 닮으니 너그럽고 평화롭다. 위대한 일이 달성되는 가운데 지도자의 바른 품성이 사람을 감응시키니, 하늘의 뜻이 세상에 이루어진다. 좋은 시기는 영원할 수 없는 법. 자칫하면 위험으로 전복됨을 유의하라. 군자는 세상을 통치함에 있어 만물을 교화시키고 은혜를 널리 베풀어 백성을 품에 안고 덕업이 닿지 않는 곳이 없도록 하라.

元亨, 利貞. 至於八月, 有兇. 剛浸而長, 說而順, 剛中而應. 大亨以正, 天之道也. 消不久也. 君子以教思無窮, 容保民無疆.

# 15편

## 위기가 닥쳐올 땐 낮은 데로 임하라

### 해법을 구하고 지지 세력도 얻는 방법

눈에 실핏줄이 터지도록 피곤한 문제가 생겼을 때 세 가지 방법이 떠오른다. 윗사람들에게 애원할 것인가, 아랫사람들을 다그칠 것인가, 아니면 내 문제가 아닌 양 뒤돌아설 것인가. 그 문제가 뭇사람들은 어려워하며 한사코 피해 가는 일이라면, 굳이 손 들고 제가 하겠다며 나설 필요는 없다.

　며칠 전 우리 팀 앞으로 과제 하나가 주어졌다. 여태껏 겪어보지 못한 분야여서 대책 없이 한숨만 나왔다. 과제를 받은 날부터 며칠간은 이를 풀어내야 한다는 강박관념에 시달렸다. 주어진 시간이 짧았기에 팀원들에게 무리하게 업무를 주어 철야 회의를 시켰고, 결과물이 시원찮은 직원에게는 상처가 되는 온갖 말을 버무려 직격탄을 날렸다. 그러는 동안 문제가 해결되기는커녕 내가 걷고 이야기하고 숨 쉬는 공간 모두가 테러를 당한 것처럼 황폐해졌다. 그러던 어느 날, 복도에서 커피를 뽑아 마시는데 문득 출제자의 의도가 의심스러워 지는 것이 아닌가. 문제 설정 자체가 정당성이 없어 보였고, 이런 말 도 안 되는 과제를 내다니 어쩌면 적군이 아군의 힘을 빼앗으려 작정 한 것이 아닐까 하는 생각이 들 정도였다.

나는 그 길로 상사의 방에 찾아가서 이 문제의 문제점에 대해 열 변을 토했다. 그리고는 승산이 없는 싸움은 피하는 것이 상책이라며 선처를 구했다. 위에서는 내 문제 제기에 어느 정도 공감하는 듯했으 나 결국은 내가 그 문제를 어떻게든 감당하기를 바라는 눈치였다. 사 태가 여기까지 이르자 상황을 부정하는 것이 별다른 의미가 없음을 깨달았다. 그리고는 초반에 열을 내면서 다그쳤던 팀원들에 대한 죄 책감이 몰려들었다. 어깨를 늘어뜨리고 돌아오는 길목에서 가로등이 '깜빡' 하고 불을 밝혔다. 어떠한 문제에도 답은 있다. 주역의 해解괘 를 떠올려라.

해괘는 어려운 문제를 만났을 때 해답을 찾아가는 과정을 말한다. 비와 천둥이 함께 치는 형상으로, 만물이 봄을 맞는 시기이다. 비가 대지를 적시고 하늘에서는 태풍이 거세니 하늘과 땅이 열리며 커다 란 힘을 발휘한다. 이 시기가 되면 꽁꽁 얼었던 대자연에 생명이 충 만한 봄이 찾아와 각종 꽃나무에 새싹이 움튼다. 사람의 일에 있어서 도 위기 상황이 부드럽게 풀리고 끙끙대던 문제가 천천히 해결되는 시기이다. 해괘를 인생의 적시적지에 끌어올 수 있는 사람은 어려운 문제를 순탄히 해결할 뿐만 아니라, 성실함과 신뢰로 다른 사람들을 감화시켜 지지 세력을 얻는다.

그렇다면 해괘를 어떻게 끌어올 수 있을까. 고난과 위기는 예고하는 법이 없어서 그 상황에 닥치면 누구나 힘이 든다. 그런데 어떤 사람이 신세 한탄으로 시간을 보낼 때, 다른 이는 상황을 부정하지 않고 그 위험을 고스란히 부둥켜안는다. 이 위기라는 것은 피하는 사람을 끝까지 쫓아가 안다리를 걸어 넘어뜨리지만, 자신을 인정하고 끌어안는 이는 화해의 국면으로 안내한다.

물론 위기 상황을 마주했을 때 당장은 해결할 방법이 없어 당황할 수 있다. 이때 꼭 기억할 원칙은 마음을 부드럽고 유연하게 다스리는 것이다. **수많은 타인이 아닌 바로 당신에게 문제 해결의 과제가 주어졌다면 이는 당신이 그들보다 더 귀한 자리에 앉아 있음을 의미한다.** 당신의 자리 자체가 존귀하기에 그 힘을 잘 이해하고 다스리면 문제의 해답이 레이더에 걸려 온다.

우선은 과제를 바로 받아들이는 것이 관건이다. **문제가 일어난 상황을 부정하거나 무시한다면 절대로 해답에 가까워질 수 없다.** 그러고 나서는 자신의 내면에 부드러움과 강함을 한 벌의 수저처럼 가지런히 준비한다. **어려움과 부정적인 요소를 하나둘씩 해소해 나가면 커다란 문제도 작아지고 해결하지 못할 위기란 없다.** 이때 소인은 일사천리로 문제를 해결하려 열을 내다가 제풀에 못 이겨 떨어져 나가지만, 군자는 장기적인 안목을 갖출 줄 안다. 먼저 방향을 세운 뒤 주변인들에게 몸을 낮추며 지원과 도움을 구한다. 그러다가 문제 해결의 순간이 다가오면 지체해서는 안 된다. 사냥꾼이 새가 성벽에 앉았을 때 활을 쏘아야 하는 것처럼 신속하게 행동하고 처리해야 결실을 얻을 수 있다.

해괘에 달한 사람은 군중을 이끌며 문제를 해결해야 하는 사명이 있다. 그 자리가 존귀하니 문제를 해결할 힘을 지니고 있으며 더불어 아랫사람들의 존경과 신뢰까지 얻게 된다. 위기의 상황일수록 자신도 타인도 부드럽게 끌어안는다면, 이들의 정의는 힘을 발휘하고 주변 사람들에게 신뢰를 얻으며 거대한 지지 세력을 형성하게 된다.

### 해괘 解

물은 위험을 뜻하고 천둥은 움직임을 말하니 위기를 만나 행동하는 시기이다. 서남향이 길하며 적극적으로 행동해야 위기를 극복할 수 있다. 서남향의 방향이란 낮은 평야 지대인데, 곧 군중을 의미한다. 낮은 쪽으로 향하면 커다란 지지 세력을 얻을 수 있다. 그러나 스스로 방향감이 없을 때는 오히려 돌아오는 편이 화를 면한다. 하늘과 땅이 열리면서 비와 천둥이 교합하는 형상이니 꽃나무가 싹을 틔우며 그 위력이 장대하다. 군자는 해괘를 보면 백성의 과실은 사면해주고 죄인에게 관대하라.

利西南, 無所往, 其來復, 吉. 有攸往, 夙, 吉. 解, 險以動, 動而免乎險, 解. 解 "西南", 往得眾也. "其來復, 吉", 乃得中也. "有攸往, 夙, 吉", 往有功也. 天地解而雷雨作, 雷雨作而百果草木皆甲坼. 解之時, 大矣哉. 雷雨作, 解. 君子以赦過宥罪. 雷雨作, 解. 君子以赦過宥罪.

# 16편

# 화려하기보다는
# 이끌리는 사람들

내적 가치를 돋보이게 하는 스타일법

오랜만에 만나는 자리에 친구가 '샤넬백'을 들고 나왔다. 나도 모처럼 신경 써서 차려입었는데 그 가방을 보고 나니 왠지 게임에 들어가기도 전에 자격 미달로 실격된 것처럼 찜찜한 기분을 떨칠 수가 없었다. 나는 브랜드도 없으면서 큼지막하기만 한 가방을 슬며시 의자 뒤로 숨기고 앉았다.

비賁괘는 불꽃이 아래로부터 산을 환히 비추는 형상이니 대상을 아름답게 꾸미는 장식을 의미한다. 강한 힘이 중심에 자리하되 부드러운 힘이 내면의 가치를 바깥으로 이끌어 주어 그 존재감이 더욱 완벽해진다. 그러나 불꽃이 드세고 강렬하면 산불로 번져 그 안의 소중한 꽃나무를 순식간에 태워버릴 수 있으니 정도를 조절하는 데 유의해야 한다.

강한 힘과 부드러운 힘이 하나로 섞이는 과정에서 아름다운 무늬들이 생겨난다. 하늘에서는 수려한 별자리, 즉 천문天文이 생기고 땅에서는 문화와 예술이 싹튼다. 하늘에서는 해와 달이 유려한 곡선으로 뜨고 지며 하루를 만들어 내고 별자리들이 밤을 수놓으며 계절의 변화를 알린다. 그 아래 사람의 세상에서는 아름다운 비단과 천으로 옷을 만들고 금과 옥으로 장식품을 만든다. 사람들이 치장을 시작하면서 생활에 멋이 깃들었고 점차 음악과 미술, 문학 등 문화와 예술이 생겨나서 내적인 가치를 밖으로 이끌어 내며 삶을 아름답게 장식해 왔다. 천문을 보면 일 년 열두 달의 흐름을 알 수 있듯이 인문을 보면 그 사회의 가치와 정의를 살필 수 있다.

나비의 날개에 무늬가 더해지기에 그 날갯짓이 신비스럽고, 꽃나무에 다채로운 색상과 무늬가 있어 자연에 아름다움과 가치를 더한다. 이와 마찬가지로 사람에게도 스타일은 중요하다. 처음 보는 사람이나 오랜만에 만나는 사이라면 상대의 옷차림에 우선 눈이 간다. 스타일은 사람에 대한 여러 가지 근황을 말해주기 때문이다. 장소와 때에 맞는 옷차림, 포인트를 살리는 액세서리, 자신의 피부색과 어울리는 색상 선택, 얼굴형을 고려한 헤어스타일 등을 평소에 연구하고 격식과 자연스러움을 몸에 착 달라붙게 연출할 수 있으면 멋스러운 스타일을 갖추었다고 볼 수 있다.

스타일과 함께 신경 써야 할 점은 '품격'이다. 이는 눈에 보이지 않지만 그 사람 하면 떠오르는 라이프스타일을 의미한다. 약속 시간을 잘 지키는가, 소란스럽지 않으나 자신 있는 목소리로 이야기하는가, 상대방의 이야기를 들을 때 눈을 바라보는가, 내 것이 옳다 하기 전에 상대의 말에 호응해 주는가, 어색한 사이에서도 공통점을 찾아 대화를 이끌어 가는가. 이런 호감 가는 품격을 갖추기 위해서 중요한 것은 내적 수양이다. 그 사람의 분위기나 이미지는 '나 이런 사람이요' 하고 말로 설명할 수 있는 것이 아니라, 그 내면의 깊이에서 풍겨 나와 전체적인 아우라를 형성하기 때문이다. 너무 완벽할 필요는 없으나 다른 사람에게 호감을 주는 태도는 갖추어 갈 필요가 있다.

친구를 만나고 돌아오는 길에 나는 백화점 샤넬 매장에 들러 마음에 드는 모델을 콕 찍어놓고 월급을 모으기 시작했다. 코스피지수가 상승할 때 거침없이 치솟는 우량주처럼 샤넬백은 날이 갈수록 최고가를 갱신했다. 그런데 신기한 것은 비싸면 비싸질수록 열광하는 사람들은 많아진다는 사실이었다. 샤넬 클래식 미듐백이 시가 500만 원을 넘어서자 나는 손에 닿을 듯 말 듯하던 짝사랑을 미련 없이 정리했다.

아름다운 주인공이 드라마를 살리고 화려한 광고가 제품의 가치를 더하듯이 스타일과 품격은 사람의 가치에 정점을 찍는다. 그러나 겉모습에 비해 내실이 보잘것없다면 화려한 베일은 이내 벗겨지기 마련이다. 지붕을 화려하게 꾸미기 위해 집안 기둥을 뽑으면 문밖에는 구경하러 온 잡인배가 들끓고 모처럼 맞는 귀한 손님들이 오래 머무르지 않는다. **멋스러운 스타일이 좋은 일들을 불러올 수 있으나 과**

도하게 화려하고 사치스러우면 내실을 무너뜨릴 수 있다.

다음 모임에서 그 친구는 또 다른 샤넬백을 메고 와서는 가방 자랑을 하기에 바빴다. 우리는 앞에서 부럽다, 예쁘다를 연발했지만 헤어지는 길에는 말들이 많았다. 그 가방을 사려고 원래 있던 백을 팔았느니 아르바이트를 몇 개 뛰었다느니 그리 호감 가는 이야기는 없었다. 그러다 돌아가는 길에 우연히 한정판 백을 메고 황급히 버스에 오르는 그 애를 보게 되었다. 다시 생각해 보니 그다지 부럽다거나 시기할 것도 없어 보였다. **화려한 겉모습이 전부인 사람보다는, 단정하면서도 품격을 갖추되 그 속 깊음이 고이 접은 듯 드러나는 사람에게 세상은 거부할 수 없는 매력을 느낀다.**

---

### 비괘 賁

작은 이로움이 있다. 부드러움이 강함을 화사하게 장식하니 그 힘이 더욱 강해진다. 부드러움과 강함이 교접하여 하늘의 별자리, 천문을 이루고 사회제도와 풍속 등 사람의 생활에 근간이 되는 인문 현상을 이룬다. 천문을 관찰하면 시간의 변화를 알 수 있듯이 인문 현상을 관찰하면 천하의 백성들을 교화시킬 수 있다. 불꽃이 너무 강렬하면 자칫 산을 태울 수 있다. 군자는 단단한 옥석을 기반에 깔고 초목들이 생명을 다할 수 있도록 장식의 수위를 조절하라. 나라를 다스릴 때도 제도와 문화가 너무 엄격하여 형벌이 가혹하지 않도록 경계해야 한다.

賁. 亨. 小利有攸往. 柔來而文剛, 故亨. 分, 剛上而文柔. 故以小利有攸往, 剛柔交錯, 天文也. 文明以止, 人文也. 觀乎天文以察時變, 觀乎人文以化成天下. 君子以明庶政, 無敢折獄.

제3장

# 리더의 자격資格

여럿이 모여 함께 살아갈 때는 강하고 힘센 것이

아래에 자리하고 부드럽고 연약한 것은 위에 놓여야 한다.

그래야 위아래가 통해서 건강하게 상승하며

싱그럽게 뿌리내릴 수 있다.

# 17편

## 사장은 아래로,
## 말단은 위로 통한다

우리 인생에서 가장 잘나가는 시기

여럿이 모여 함께 살아갈 때는 강하고 힘센 것이 아래에 자리하고 부드럽고 연약한 것은 위에 놓여야 한다. 그래야 위아래가 통해서 건강하게 상승하며 싱그럽게 뿌리내릴 수 있다. 부모와 자식 간에 소통하면 가정이 화목하다. 군주와 백성이 소통하면 국가가 번창한다. 상사와 부하가 서로를 이해하고 존중하면 회사가 성공한다. 단, 지금이 가장 잘나가는 시기일지라도 편안할 때 위기에 대비하지 않으면 모처럼 맞은 전성기는 오래가지 않는다.

태泰괘는 하늘이 아래에 처하고 땅이 위에 있는 형상이다. 하늘의 강한 기운이 아래에서 상승하고 땅의 부드러운 기운이 위에서 스며드니, 하늘과 땅이 서로 교합하고 만물이 생겨난다. 만물이 소통하여 세상이 크게 평화롭고 거대한 풍요로움을 이루는 시기. 한 사람의 인생에서 최고의 절정기를 뜻한다.

하늘이 아래에 있고 땅이 위에 있어서 상식적으로는 뒤바뀐 듯 보이지만, 겉모습에 눈을 감고 그 본질에 집중하면 이야말로 가장 완벽한 교합이다. 우주 만물의 가장 거대한 힘인 하늘과 땅이 서로 맞물려 있으면서도 그 마음이 하늘은 위를 향하고 땅은 아래로 바라보니 한뜻을 이룬다. 천지간에 자리한 사람의 세상에는 가장 위대하고 평화로운 시기가 찾아온다.


자신의 인생에 태괘를 이끌어 오는 방법은 생각보다 어렵지 않다. 우선 옆 사람에게 말을 거는 일에서부터 시작된다. 주위 사람들과의 대화에 충실하고 성실함과 믿음으로 사람을 사귀며, 다른 사람에게 도움이 될 수 있는 사소한 일들을 실천한다. 이런 일들이 먼 곳에 있던 현자까지 불러들이니 그들의 도움을 얻어 머지않아 인생은 태의 괘로 접어든다. 우리에게 다가오는 커다란 행운은 하늘에서 뚝 떨어지는 것이 아니라 모두 사람이라는 메신저를 통해 전달된다. 새로운 사람을 사귈 때는 성실과 믿음을 근본에 두도록 한다. 주위 사람들과 많은 대화를 나누고 자신이 가진 것들을 나눠주며 그들이 건네는 선물을 감사하게 받는다.

**일단 태괘로 접어들면 막혔던 일이 술술 풀리며 인생 최고의 성공기를 맞는다. 그러나 단지 편안하고 배부르다고 푹신한 소파에 파묻혀 지내지 않아야 한다.** 롤러코스터가 최고점에서 최하점으로 떨어지듯이 태평함이 오히려 재앙으로 뒤바뀔 수 있다. 이전보다 유혹의 손길이 많아져도 자신의 중심을 지켜가며 그 자리까지 가게 해준 성실함을 잃지 않는 데 힘쓴다.

천하가 서로 교류하니 만물이 이롭고 세상이 풍요롭다. 사람과의 사귐에 즐겁다면 어렵기만 하던 인생이 자연스럽게 풀린다. 큰 재물이 쌓이고 하는 일마다 순조로우며 크게 이룬다. **정성으로 사람을 사귀면 소중한 친구들이 당신을 떠나지 않으며 믿음으로 인간관계를 넓혀나가면 커다란 재물이 굴러들어 온다.** 설사 가족과 멀리 떨어져 있어도 믿음과 사랑으로 사귄 친구들이 힘들 때 당신을 지켜주는 삶의 동반자가 되어준다. 주위의 사람들이 당신을 보살피고 천지 만물이 교류하니 거대한 하늘과 땅의 힘이 당신을 키워낼 것이다.

---

### 태괘 泰

작은 것이 크게 성장하니 길하고 형통하다. 천지가 교합하여 만물이 통하며 위아래가 교류하니 뜻을 하나로 모은다. 강한 힘이 안에 있고 약한 힘이 밖에 자리하니 또한 군자가 나라 안 조정을 지키고 소인이 바깥으로 쫓겨나는데, 군자는 강건한 도덕으로 나라의 힘을 키우고 소인은 서서히 그 세력이 사라짐을 의미한다. 군자는 천지 운행의 질서를 살펴 세상이 조화롭도록 도우며 천하의 백성을 풍요롭게 하라.

小往大來, 吉, 亨. 天地交而萬物通也. 上下交而其誌同也. 內陽而外陰, 內健而外順. 內君子而外小人, 君長道長, 小人道消也. 後以財成天地之道, 輔相天地之宜, 以左右民.

---

# 18편

## 아름답다 말하면
## 사람들이 모인다

일의 시작에 앞서 사람과 화합할 것

서른을 넘긴 생일에는 케이크를 사주는 이보다 함께 먹어주는 사람들이 소중해진다. 지난 몇 해 동안은 케이크를 나눠 먹을 사람이 없어 고스란히 냉장고에 넣어두었다. 어두운 구석에서 굳어가는 케이크처럼 그렇게 보낸 한 해는 지독히 춥고 외롭고 고독했다. 그러다 어느 한 해, 내 몫의 케이크가 길쭉한 이등변 삼각형이었을 때 어찌나 입에서 살살 녹아들던지…. 케이크 조각이 작으면 작을수록 그해의 나날들은 달콤하고 따뜻한 축복으로 남았다. 내가 사랑하고 나를 사랑하는 사람들에게 둘러싸여서.

주역에서도 사람의 모든 일은 사람으로부터 시작되어 사람에서 끝난다고 이야기한다. 일을 시작하기에 앞서 자신의 주변 사람들을 하나로 모으는 데 힘쓰라는 것도 이 때문이다. 마음을 나눌 친구도 없고 함께 일하는 동료와 부하도 없이, 가진 것이라곤 자신의 능력과 열정뿐이라면 시작은 화려해도 머지않아 한계가 찾아온다.

동인同人괘는 불꽃이 위로 타올라 하늘과 만나는 형상이다. 불과 하늘이 조화를 이루니 사람들이 따뜻하게 사랑하는 시기를 뜻한다. **사람들과 함께할 때 사사로운 욕심을 버리면 자신 주변으로 화사한 빛이 번져간다. 많은 사람들과 인연을 맺을 때 예의와 존중하는 마음을 기본으로 하면 중간에 갈등과 싸움이 생길지라도 결국은 화합으로 마무리된다.**

동인괘의 하루를 만들기 위해서는 사람과의 사귐에서 적극적일 필요가 있다. 많은 사람들과 얼굴을 맞대다 보면 갈등이 생길 수 있으나, 불편하고 어렵다며 자신을 홀로 방에 가두지 않아야 한다. 물론 나쁜 이들과까지 어울릴 필요는 없지만, 잘난 척하며 지나치게 고고하게 구느라 하늘 아래 외톨이가 되는 것도 좋지 않다.

주변에 사람을 모으는 이들은 우선 상대방의 마음을 편하게 할 줄 아는 사람들이다. 자신을 낮추고 상대를 존중하며 다른 사람이 행여 나를 비웃고 폄하하더라도 웃으며 넘길 수 있는 여유를 가져야 한다. 우선 만만하고 편안한 사람이 되어라. 만나는 사람들이 모두 내게 우호적이니 사람을 사귀는 일에도 마음이 편하다. 편안한 곳에 사람들이 모이니 마음속의 말을 해도 상처가 되지 않고 속마음을 털어놓을 수 있는 친구가 많아진다.

예로부터 동인괘에 달한 시기가 되면 백성들은 제자리에서 직분을 다하고 신하들은 충심으로 군주를 모시니, 왕이 큰일을 도모하기 좋은 때라 여겼다. 그뿐만 아니라 능력 있고 강직한 신하들이 조정에 자리하고 사악한 간신들은 야산으로 쫓겨나니 한 나라에 정의와 문화가 바로 서는 시기였다.

하늘과 땅이 서로 통하듯 윗사람과 아랫사람의 마음까지 하나로 통하며 태양과 달이 서로의 빛을 주고받는 때이다. 힘을 모아 덕행을 쌓을 수 있는 시기. 뿔뿔이 흩어졌던 사람들이 안으로 모여들고 다양한 분야의 사람들이 활발하게 교류하며 한뜻을 이루니 평화롭고 길하다. 자신을 중심으로 모인 사람들까지 모두 덕을 입게 되는데, 설사 갈등이 생기더라도 순조롭게 풀리는 형상이다.


서른을 넘어서도 케이크는 여전히 맛있었다. 올해 생일을 앞두고는 내 돈을 주고 케이크를 산 뒤에 같이 먹어달라며 주변 친구들에게 일일이 전화를 돌렸다. 처음에는 자기 생일 챙긴다며 주책없다던 친구들도 와인 한 병, 꽃 한 다발, 양념치킨 한 상자를 사서 모여들었다. **모든 일은 사람의 마음을 모으는 데서부터 시작되는 법이다.** 사람을 모으는 힘은 편안함과 여유에서 우러나온다. 계획적인 접근보다는 겸손하고 담담한 마음이 필요하다. 집안에서는 가족들이 마음을 열어 화목하고 문밖에 나서면 친구와 동료가 의리로 뭉치니, 세상 어디에 자리하든 재미있고 살 만하다. 먼저 마음을 열고 편안하게 다가서면 당신을 내칠 사람은 아무도 없다.

## 동인괘 同人

넓은 벌판에 사람이 모여들어 대사를 도모하니 길하다. 힘을 모아 큰 강을 건너기에 이롭다. 현명한 신하들이 충절을 지키고 백성들이 제 직분을 충실히 다하니 군자에게 크게 이로움이 있는 시기이다. 군자가 광명정대하게 나라를 다스리고 정의를 원칙으로 하며 백성에게 온화하고 너그러우니, 민심을 하나로 통일시킨다. 군자는 오늘의 화촉으로 내일의 어둠을 밝히되 사물에 대한 분별력을 가지고 일의 정황을 명확하게 판별하라.

同人於野, 亨. 利涉大川, 利君子貞. 柔得位得中, 而應乎乾, 曰同人. 乾行也. 文明以健, 中正而應, 君子正也. 唯君子為能通天下之誌. 君子以類族辨物.

# 19편

# 덕재 겸용의 리더

부하를 살리기 위한 노력

덕성과 재능을 겸하되 정의로운 규율로 통솔하는 장수가 있으면 그 군대는 백전불패한다. 질서 정연하고 용맹한 군대가 갖춰진 나라는 외부로부터 침입을 받지 않으니 재앙이 없다. 잘 조직된 군사가 있어야 나라를 지킬 수 있으며, 나라가 순조로워야 가정이 있고, 가정이 화목해야 백성에게 행복과 즐거움, 편안함이 있다.

사師괘는 땅 가운데 물이 있어 넓은 가슴으로 군중을 품은 형상이다. **휘하에 거느리는 사람이 많아지니 다스림이 중요해지는 시기이다. 덕성과 재능을 겸비한 군주야말로 천하를 정벌하고 백성을 복종시킬 수 있다. 용병의 승패는 장수를 선발하는 데 달려 있으니 성실함과 재능을 갖춘 이에게 군사를 맡기면 길함이 있다.**

입사한 지 얼마 안된 한 팀원이 아침에 할 말이 있다길래 불렀더니 사직서를 내밀었다. 어제는 무단결근을 해서 팀 업무에 차질이 생겨 어떻게 할까 고민했었는데, 당사자가 먼저 그만둔다는 이야기를 꺼내주어 내심 고마웠다. 그 직원은 컴퓨터가 너무 느려서 업무가 안 된다는 이유를 들었다. 컴퓨터를 바꿔주면 계속 있을 거냐고 물었더니 그래도 그만두겠다고 대답했다. 말로는 다시 한번 생각해 보라고 하긴 했지만 솔직히 싫던 이가 빠진 느낌이었다. 그 직원 때문에 인내심이 한계에 달했었는데…. 주역의 사괘 편을 본 후 될 수 있으면 품고 가야지 마음먹었건만, 그 팀원은 자기가 알아서 떨어져 나갔다.

예로부터 동양의 군주는 군사로써 나라 안을 강건하게 하며 덕행으로 부를 쌓아 재물로 국민을 편안하게 함이 가장 큰 덕목으로 여겨졌다. 풍요로움으로 나라의 백성을 보살필 수 있어야 재물이 탐욕으로 빠지지 않고 도덕적 수단이 되어 제 가치를 발휘했다.

나라가 위기에 처할 때 군사를 다스리는 명장들도 인간적인 덕성과 엄격한 규율을 동시에 겸비해야 했다. 병졸 한 사람 한 사람에게 지시를 내리기보다는 군사 내 정의를 다스려야 싸움에 나가도 화를 입지 않았다. 조직 내에서 사악함과 싸워 이길 수 있는 내성을 갖추기 위해 평소에 자신을 단련하고 주변의 의견을 수용하며 부하를 살리기 위해 노력했다. 한마디로 조직을 다스리는 리더는 덕재德才 겸용兼用의 인간이 이상적임을 강조한 것이다. 재능으로써 정의로운 규율을 만들고 규율로써 부하를 통솔하는 데 한쪽으로 편중됨이 없어야 한다.

덕행은 자신을 앞세우기보다 세상의 많은 사람들을 위하는 정의로 실현된다. 정의로운 사회에는 분쟁이 사라지니 사악한 기운이 스스로 멀어진다. 맹자는 생선과 곰 발바닥을 모두 취하고 싶지만 둘 중 하나를 선택해야 한다면 곰 발바닥을 취하겠으며, 생명과 도의를 모두 취하고 싶지만 둘 중 하나만 선택하라면 도의를 택하겠다고 말했다.

덕행은 명목상의 가치로 끝나는 것이 아니라 부유함으로 이어진다. 도의를 지닌 사람은 많은 사람들의 존중을 받으니 더 많은 기회가 찾아오고, 기회는 성과로 이어지니 부유함으로 마무리된다. 재물 앞에 도의를 저버린 사람은 한때 부를 움켜쥐지만 그 부유함이 머무르는 시간은 짧디짧다.

사람도 자연의 일부여서 대지와 같은 자애로운 덕성을 천성적으로 품고 태어난다. 자신의 본성에 충실해야 만사가 순조로우며 대길한 일들이 찾아온다. 반대로 본성을 무시한 채 사리사욕으로 포악해진다면 흉한 일들이 굴비 엮이듯 줄줄이 이어질 것이다.


문제의 팀원이 책상을 정리하고 유유히 사라지던 날, 모두가 문밖까지 나가 작별을 고했다. "잘 가~" 하는 소리가 어찌나 해맑고 경쾌하게 들리던지…. 인내심이 한계에 달했던 사람은 나뿐만이 아닌 듯했다.

정의로운 규율이 중심에 자리하면 주변이 환하고 평화롭게 발전하고, 개인적인 욕심이 정의를 흐트러뜨리면 나라 전체에 재앙이 찾아온다. 분노의 바람이 지나갈 때를 기다리고 마음의 평정을 찾을 것, 사람과 사귐에 있어 온화하고 너그럽게 대할 것. 이 두 가지가 이루어지면 주변에 모인 많은 사람들과 더불어 편안하고 풍요롭다.

### 사괘 師

백성과 군사를 다스림을 뜻한다. 덕성과 재능을 겸비한 자가 지휘하면 길하다. 많은 사람들을 정의로 통솔할 수 있다면 천하를 다스리는 왕이 될 만하다. 나라에 위험이 있으나 지도자가 정도로써 극복하니 백성들이 순종한다. 이런 나라에 길함이 있을 뿐 어찌 재앙이 있겠는가. 군자는 백성을 품에 안고 축재된 재물로 그들을 평안케 하라.

師. 貞丈人吉, 無咎. 師, 衆貞, 正也. 能以衆剛中而應, 行險而順, 以此毒天下, 而民從之, 吉又何咎矣. 君子以容民畜衆.

**20편**

## 화가 나면
## 일단은 뒤돌아서라

하루 세 번의 반성으로 큰 싸움을 피한다

시작한 일이 진척을 보이고 도와주는 사람들이 늘어나면서 순조롭던 인간관계에 금이 생기기 시작한다. 겉으로는 별문제 없어 보이지만 내부의 역량이 분산되는 시기이다. 외부로부터 좋은 일이 생기지만 이를 받아들이는 과정에서 화합이 깨지고 송사에 휘말린다.

송訟괘는 하늘 아래 물이 놓인 형상으로, 위로는 강하지만 아래로는 위험한 상황이 도사리고 있음을 의미한다. 사람으로 치면 겉으로 강한 척하면서도 내면이 유약하여 걸핏하면 큰소리치고 싸움을 걸어 오는 성격이다.

일이 순조롭게 풀리다 보면 그 모든 결과가 자신이 있었기에 가능한 거였다는 만족감이 생긴다. 지금까지 묵묵히 자신을 도와준 사람들이 무능력하거나 가치 없어 보이고 혼자만 득의양양하다. 이쯤 되면 주변 사람들의 조언이 쓸데없는 잔소리나 자신의 것을 빼앗아 가려는 모략으로 들린다. 이때가 바로 송패에 달한 날이다.

그렇다면 미움과 상처만이 남는 싸움의 불구덩이에서 빠져나올 방법은 무엇일까.

우선 다른 사람과 갈등이 생기거나 불화가 발생한 상황을 있는 그대로 인정한다. 그러나 언성을 높이거나 싸움으로 번질 상황은 될 수 있으면 피하도록 한다. 상대방의 언행에 마음이 격해지면 우선은 뒤돌아서서 표정을 드러내지 마라. 집으로 돌아온 후 마음의 화를 가라앉히고 나면 자신의 주장이 속 좁은 고집일 수 있다는 생각이 들 것이다. 화가 난 다음 날 상대방에게 찾아가 말을 건네거나 적절한 행동을 취하도록 하는데, 그중의 최선책은 바로 양보이다.

둘째, 참을 수 없는 분노로 이미 불같이 화를 내고 말았다면 집으로 돌아와 반성하는 시간을 가진다. 공자 같은 성인도 자신의 인격에 한계를 느끼고 하루 세 번 스스로 반성함을 모토로 삼았다. 오늘 하루 동안 내 입에서 나온 사소한 말에서부터 행동까지 되돌아보는 시간은 참으로 값지다. 이때만큼은 마음에 냉정함을 유지하고 다른 사람을 이해하려고 애쓰다 보면, 오늘의 싸움이 내일의 자신에게 소중한 교훈을 안겨줄 것이다. 자아 성찰로 얻은 지혜는 앞으로 겪게 될 더 많은 사람들과의 사귐에서 순조롭게 대처하는 방법을 일러준다.

셋째, 친한 사람일수록 예의를 지킨다. 가까워지기 위한 격식 없는 말투와 행동도 좋지만 결국은 한 번의 실수로 그간의 호감이 반감으로 뒤바뀐다. 오히려 조금은 부담을 줄지언정 적절한 예를 갖추어 사람을 대하고 온화한 마음으로 상대를 귀하게 여기면 그 사귐이 오래 갈 수 있다. 사회에 나와서 사람들과 순조롭게 교제하며 친분을 쌓는 사람들은 집안이 화목함은 물론 사회적 지위와 부유함도 누린다.

    송괘에서는 하늘이 서쪽으로 기울고 물은 동쪽으로 흐르니 하늘과 물이 점차 소원해진다. 사람에게 있어서도 잘 지냈던 협력자들이 서로 등을 맞대고 멀어지는 시기이다. 사람과 사람 사이에 불화가 생기고 다툼이 일어나는데 초기에 바로잡지 못하면 송사로 이어진다. 큰 싸움으로 번지기 전에 덕과 재능을 겸비한 사람에게 중재를 부탁한다. 사람과의 갈등이 풀리기도 전에 새로운 일을 밀고 나가면 더 큰 봉변을 당한다. 이 시기를 잘 보내지 못하면 더 고독해지고 혼자가 되며 갈 길이 막히고 실패로 이어지니, 앞으로 큰 재앙이 다가온다.

    싸움은 그 자체로 불편한 일이지만 막힌 감정을 제대로 풀어내지 못하면 큰 화를 불러일으킨다. 송괘에 처했을 때 분쟁과 분열을 슬기롭게 피하기 위해서는 아래 다섯 가지를 유념하면 된다. **우선 마음을 냉정하게 할 것, 자신을 먼저 반성할 것, 마음을 안정시킨 후 그다음 말과 행동을 할 것, 절친한 사이일수록 적절한 예의와 격식을 갖출 것, 다른 사람들에게 양보하는 행동이 자신에게 부귀를 가져다줌을 명심할 것.**

## 송괘 訟

호랑이를 통째로 얻을 수 있으나 두려워하고 경계해야 한다. 중간에는 잘 풀리는 것 같지만 결국은 위태롭다. 겉으로는 강하지만 안으로는 여리니 호전적으로 되는 시기. 싸움과 송사에 휘말린다. 대인을 만나 도움을 얻게 되나 이 사람은 중도를 지키니 무작정 믿고 함부로 대천을 건너지 마라. 하늘과 물이 서로 등을 지고 흐르니 군자는 이 괘를 보면 일을 시작하기에 앞서 분쟁을 경계하고 또 경계하라.

有孚, 窒惕, 中吉, 終兇. 利見大人, 尚中正也. 不利涉大川, 入於淵也. 天與水違行. 君子以作事謀始.

# 21편

## 아작아작 씹어
## 부드럽게 빨아들임

### 잘못하면 야단쳐야 용서할 빌미가 생긴다

가장 비싼 아이스크림이 300원이던 시절, 초등학교 앞에서 파는 아이스크림은 50원짜리 빙과류가 대부분이었다. 물론 냉장고 한쪽에 바닐라 향 소프트콘 빵빠레가 자리하고 있었지만, 아이들은 아예 손대지 못하는 우아한 경지로만 남아 있었다. 그런데 어느 하루 학부형 회의가 있던 날, 반장과 부반장 어머니가 교실에 오셔서 아이들에게 빵빠레 하나씩을 돌리는 게 아닌가. 그날 이후로 그 달콤하고 부드러운 빵빠레의 유혹에서 빠져나올 수 없었다. 과일 향 아이스바는 이미 시시해졌다. 그런데 빵빠레를 사 먹기 위해 50원을 300원으로 불릴 방법이 떠오르지 않았다. 그때 눈에 들어온 것이 어머니의 서랍장 위에 놓인 동전 저금통이었다. 어머니가 장 보러 나가시는 날이면 나는 안방에 몰래 들어가 500원짜리를 하나씩 하나씩 빼서 쓰기 시작했다. 처음에는 심장이 발작하듯 뛰어서 아이스크림을 먹기도 전에 내가 죽나 싶었지만, 한두 번 하다 보니 동전 한 개쯤은 아무렇지도 않게 생각되었다.

겨울이었나 보다. 하늘에서 눈이 내리던 날. 그날도 행복한 마음으로 유유히 빵빠레를 먹으며 집으로 가고 있었다. 그런데 대문 앞에서 서성이시는 어머니와 눈이 딱 마주쳤다. 어머니는 아이스크림을 산 돈이 어디서 났느냐고 물으셨다. 혹시 저금통에 손을 댔느냐고…. 그 눈빛이 너무 서슬 퍼렜기에 나는 거짓말은 꿈에도 못 꾸고 고개만 끄덕였다. 그러자 어머니는 남의 돈을 훔친 아이는 집에 들어올 자격이 없다며 대문을 부서져라 닫고 들어가 버리셨다.

나는 하염없이 내리는 눈을 맞으며 대문 앞에 쪼그려 앉아 있었다. 남의 돈을 훔치는 것이 얼마나 무서운 죄인지 그날 어머니의 표정을 보고 깨달았다. 해가 저물 동안 그렇게 있다가, 퇴근하시는 아버지를 보고서야 참았던 눈물이 터져 나왔다. 나는 부끄러움과 무서움으로 아무 말도 못 했고 아버지는 눈사람이 되어버린 막내딸을 번쩍 들어 안더니 외투로 감싸고 집으로 들어가셨다.

주역의 서합噬嗑괘를 보면 그 옛날 어머니가 떠오른다. 서합괘는 천둥 위에 번개가 치는 형상이다. 천둥이 위엄을 뜻한다면 번개는 분명한 사리 판단을 의미한다. 이는 정당히 벌해야 하는 상황이 닥치면 위엄과 분별력을 갖춰야 함을 강조한다.

서합이라는 글자를 풀이하면, 건강한 치아로 음식물을 씹고 부드러운 혀로 영양분을 흡수하는 모습이다. 음식물은 입을 움직여 잘근잘근 씹어야 체내에서 그 영양소를 흡수할 수 있다. 딱딱하고 불편하다고 그냥 뱉어버리거나 대강 씹다가 삼켜버리면 아무런 영양가가 없을뿐더러 오히려 배탈만 일으킨다. **어떤 일이 이치에 어긋날 때 형벌로 다스림을 마치 음식물 씹는 것처럼 정성을 들인다면, 잘못된 일도 순조롭게 풀리고 앞으로 이롭다.**

이 괘에 처한 사람은 그 옛날 내 어머니처럼 죄를 형벌로써 다스려야 한다. 누군가의 잘못을 큰소리로 탓하기에 앞서, 스스로 반성하고 분명하게 뉘우칠 수 있도록 감당할 수 있을 만큼의 벌을 내린다.

친구나 동료들 간의 잘못으로 누가 누구를 야단칠 수 없을 때는 열린 대화로 풀어간다. 오해가 생겼을 때 풀지 못하면 미움으로 번지고 뜻하지 않은 사고로 확대될 수 있다. 한쪽의 잘못으로만 싸움이 벌어지는 경우는 드물다. 왜냐하면 내가 다른 사람을 어떻게 대하느냐에 따라 다른 사람이 나를 대하기 때문이다. 남을 탓하기에 앞서 상대방과 나의 다른 점을 인정하고 문제의 본질을 파악하는 데 애쓰라. 타인의 실수에는 다 그럴 만한 이유가 있을 거라 여기고, 다른 사람이 무언가 부탁해 올 때는 성의껏 대응한다.

**오해를 일으킬 소지도 미움을 풀 수 있는 실마리도 다 자신에게 있다고 여기면 오히려 마음은 쉽게 열린다.** 대화를 통해서 커다란 문제도 작게 나누고 서로에게 섭섭했던 이야기를 하다 보면, 어려운 문제가 의외로 쉽게 풀려갈 것이다. 허심탄회하게 이야기를 나누는 과정에서 오해와 미움이 사라지며 나아가 상황을 개선할 지름길도 발견된다. 사건이나 사고에 겁내지 않고 대화로 차근차근 풀어나가니 부풀려졌던 착오가 실체를 드러내며, 두렵기만 했던 문제는 어느새 먼지처럼 하찮아진다.

## 서합괘 噬嗑

잘못이 있으면 과감하게 벌하라. 잘못을 다잡아야 앞으로 형통하다. 입속의 음식물을 꼭꼭 씹어 삼키니 이 모양을 서합이라 한다. 부드럽게 씹어 삼키면 이로움이 있다. 강함과 부드러움을 겸비하고 천둥의 위엄을 지니되 벼락의 분별력이 교합하니, 벌로써 다스리지만 해로움이 없다. 선왕은 이 괘를 보면 바른 치정에 유의하며 형벌의 잣대를 바로잡아 법률을 세우셨다.

亨. 利用獄. 頤中有物曰噬嗑. 噬嗑而亨. 剛柔分, 動而明, 雷電合而章. 柔得中而上行, 雖不當位, 利用獄也. 先王以明罰勅法.

# 22편

# 맑은 샘물로
# 우물을 채운다

사람을 구하고 내 사람으로 키우는 시기

예로부터 살기 좋은 마을에는 그 입구에 맑고도 깊은 우물이 자리했다. 우물은 한자리를 지키며 마을 사람들의 갈증을 달래주었고 그저 스쳐 가는 나그네에게도 잠시 쉬며 목을 축일 수 있는 쉼터를 마련해 주었다. 우물 주위에는 늘 사람들이 모여들었고, 그들은 깨끗한 물을 나눠 마시며 웃음꽃을 피웠다.

참으로 닮고 싶은 선배가 있었다. 지금으로부터 십 년 전이었을까, 대학 동문회에는 회사의 중역을 맡고 있는 선배들이 많이 찾아왔었다. 갓 대학을 졸업한 나에게는 기라성 같은 사람들이었다. 그 중에서도 최고참이었던 한 선배가 있었는데, 해외 및 지방 출장과 연이은 회의에 연락하기 어려울 정도로 숨 가쁜 일정에 쫓기고 계섰다. 그런데 어느 날, 그분이 후배들을 불러 모으시더니 학교 근처에서 저녁을 사주셨다. 선배라고 해서 모두 후배를 챙기는 것은 아닌데, 가장 바쁜 분이 시간을 쪼개어 후배들에게 취업 준비하느라 고생한다며 고충도 들어주시고 격려도 해주신 것이었다. 그날 먹었던 카레라이스는 내 인생에서 가장 인간다운 향기로 남아 있다.

십 년 후, 우연히 일로 마련된 자리에서 뵌 그분은 넉넉한 미소에 변함이 없었다. 몇몇 잘나가던 선배들은 이미 퇴직을 하거나 사업이 기울어 사정이 안 좋아졌다는 소식이 간간이 들렸는데, 그분은 그때보다 더 높은 자리에서 더 많은 사람들을 거느리고 있었다. 단지 운이 좋아서라고 지금의 당신을 설명했지만 그 만남에서 나는 맑고 깊은 우물을 떠올렸다. 우물은 물을 채우는 공간이자 사람들에게 물을 제공하는 공간이기도 하다. 목마를 때에 우물에서 떠 마신 한 모금의 물은 영원히 잊히지 않는다. **내 안에 사람이 메마르면 그 품이 아무리 넓어도 황폐한 우물일 뿐이다. 현명한 사람을 구하고 든든한 후배로 키우면 생활과 일이 활기로 넘쳐난다.**

정井괘는 나무 위에 물이 있는 형상으로 나무통에 물이 담기는 우물을 의미한다. 또한, 나무 위에 물이 있으니 나무의 뿌리부터 이파리까지 수분이 돌아 파릇파릇 건강하게 자라남을 뜻한다. 정괘의 날에는 우물에 물을 채우듯이 자신의 품 안에 현명한 인재들을 가득 채워야 한다.

한편, 사람의 도움이 필요하다면 자신의 마음을 우선 우물처럼 만들도록 한다. 다시 말하면, 제자리를 지키되 공정하고 사욕이 없는 마음으로 투명한 인품을 유지하는 것이다. 좋은 뜻으로 사람을 불러 모으고 선행으로 일을 마무리 짓는다면 인재들이 품 안으로 모여들기 마련이다. 이들이 스스로 제 능력을 100% 발휘하니 자신을 포함한 수많은 사람들을 먹여 살릴 만하다. 지금 당장은 후배들이 조금 모자랄 수 있어도 자신을 따르는 이들에게 애정을 쏟고 칭찬으로 키우면, 그들이 서로 격려하고 노력하여 마른 우물의 생명이 되어준다.

반면 우물에 물이 마르면 두레박을 아무리 내려도 물을 길어 올릴 수 없다. 쓸모없어진 두레박에는 흙먼지만 가득하고 누구 하나 닦으려 들지 않으니 머지않아 금이 가고 망가진다. 옛사람들은 이런 이치를 직감적으로 깨닫고, 마을의 우물이 마르고 두레박이 깨지면 위험한 일이 닥칠 징조라고 여겨 두려워했다.

정괘는 현명한 사람을 구하고 내 사람으로 키우는 시기를 의미한다. 하고자 하는 일을 어떻게 풀어야 하나 고민스러울 때 돌파구는 다름 아닌 사람에게서 찾아야 한다. 아직 기회가 마련되지 못했거나 제반 시스템의 문제로 능력 있는 사람들이 제대로 쓰이지 못하는 경우가 많다. 숨어 있는 인재들을 찾아 그들이 능력을 발휘할 수 있게 돕도록 한다.

우물에 맑은 샘물이 가득하면 사람을 먹이고 가축과 생명을 살린다. 주위의 인재들을 소중히 껴안고 그 사람이 성장할 수 있도록 자원을 제공하라. 그들에게 기회를 주는 것이야말로 자신에게 기회를 주는 것과 다를 바 없다. 사람을 포용하고 정성 들여 키우면 그들이 우물을 채우니, 당신의 마을은 생기와 활력으로 충만해진다.

## 정괘 井

마을을 열심히 수리하여도 우물을 고치지 않으면 아무런 소용이 없다. 왕래하던 사람들이 물을 구하러 왔으나 우물이 마르고 흙먼지만 가득 차 있으며 누구 하나 머물지 않으니, 쓸모없어진 두레박이 쪽박이 된다. 이는 마을에 흉한 일이 생길 징조이다. 물이 아래로 스며들어야 토지를 비옥하게 만들고 수목도 물을 얻어야 싱싱하게 자라날 수 있다. 우물의 품성으로 사람을 키워야 그 생명력이 마르지 않는다. 군자는 우물에 물을 채우듯 덕성으로 인재를 안아 키우고 백성들이 성실히 일하도록 격려하라.

改邑不改井, 無喪無得. 往來井, 井汔至, 亦未繘井, 羸其瓶, 兇. 巽乎水而上水, 井. 井養而不窮也. "改邑不改井", 乃以剛中也. "往來井, 井汔至, 亦未繘井", 未有功也. "羸其瓶", 是以兇也. 君子以勞民勸相.

# 23편

## 과하게 겸손하면
## 설 자리를 잃는다

존경하는 사람을 옆에서 모시는 날

내가 존경하는 사람을 사로잡는 방법은 그를 착한 고양이처럼 올려다보는 눈망울도, 풀처럼 떨면서 청하는 악수도 아니다. 그들은 일반적이고 상식적인 존경의 찬사를 가장 경계한다. 따라서 어디서 들은 내용으로 "당신 참 대단해요"라고 말하면, 내가 그들을 오히려 겸손해야 하는 상황으로 몰고 간 셈이다. 그들은 현명하기에 훈계를 하려들지 않는다. 침묵하는 그들에게 배우려면 조용히 그들이 사는 모습을 옆에서 바라보아야 한다. 그러기에는 시간이 필요하다. 그리고 인생에는 행운처럼 정말 귀한 손님을 지척에서 모시게 되는 시간이 찾아온다. 그것이 바로 손괘에 달한 하루이다.

손巽괘는 바람이 겹쳐서 불어오는 형상이다. 이 괘에 처한 사람은 순풍에 돛 단 듯이 자신의 인생을 순탄하게 밀어주는 조력자를 만난다. 훌륭한 업적을 이룬 사람을 옆에서 모시게 되니, 순종하고 겸허히 따르면 큰 이득이 있다. 그런데 모시는 사람의 겸손이 지나치면 자신의 존재감마저 상실하게 되니, 모처럼 찾아온 대인이 낙엽인 줄 알고 아무 생각 없이 밟고 지나가 버린다. 존경할 만한 사람과 함께한다는 것은 우리 인생에 찾아온 커다란 선물이다. 이때 조용히 그분의 옆을 지키며 새로운 배움을 구하면, 자신의 인생을 송두리째 바꿀 커다란 전환기로 이어진다. **대인을 만나면 상대를 공경하되 너무 낮아지지는 않도록 주의하라. 예의를 갖추어 존경하되 자신의 무게를 너무 가벼이 하지 않아야 한다.**

나에게도 멘토로 삼고 싶은 사업가 한 분이 계셨는데, 그를 어느 날 저녁 우연히 식당에서 만났다. 우연하게도 주변에 아무도 없어 자연스럽게 한 테이블에 앉기를 청하고 함께 식사를 하게 되었다. 불고기 덮밥 2인분을 주문해 두고 음식이 나올 동안 한적하고도 고요한 시간이 흘렀다. 나는 기적처럼 이루어진 만남 앞에 보리차로 목을 축인 후, 뵙고 싶었다고 첫 대화를 시작했다. 그분도 내 이름은 알고 있었다며 어떤 물음에도 응해줄 수 있다는 호의에 가득한 눈빛을 보내오셨다. 나는 조심스럽게 그분에게 창업하게 된 계기를 물었고 그분은 밖으로 드러난 것과 그 이면의 어려움까지 진솔하게 대답해 주셨다.

우리는 마침 종업원이 가져다준 음식을 먹으며 이야기를 이어갔다. 창업을 하고 싶은지, 어떤 업종에 관심이 많은지 등 그분이 성의껏 물어왔지만 나는 그저 생각은 하고 있습니다만, 평소 이런 걸 좋아했는데요 등 한마디로 "글쎄요"라는 말밖에 하지 못했다. 열심히 비벼놓고 보면 불고기 덮밥인지 해물 덮밥인지 분간을 못하는 것처럼, 내가 가진 궁금증들은 얼버무려져 있을 뿐 똑 부러지는 건더기가 없었다. 다음에 차 한잔 하자는 인사를 남기고 그분은 총총히 문 밖으로 사라졌다.

나는 빈 그릇과 함께 테이블에 남아서 그분이 닫고 간 식당 문만 하염없이 쳐다봤다. 모처럼 찾아온 손쾌의 하루를 너무도 무력하게 흘려보낸 것이다. 조금 더 씩씩하게 악수하고, 좀 무모할지라도 자신감 있게 꿈에 관해서 이야기하고, 또 궁금한 것을 질문했더라면 어땠을까? 나보다 월등히 뛰어난 자를 만나는 것은 백만 볼트짜리 전기에 닿는 것처럼 짜릿한 일이다. 지금 상황에서는 내가 아무리 전력 질주를 해도 그 사람의 기록을 뛰어넘을 수 없으며, 세상의 모든 관심과 초점은 자연스럽게 나에서 그에게로 이동해갈 것이다. 그 저력에 압도당해 집중력이 흩어지면 이제까지 맡아온 일도 제대로 해내지 못하게 된다.

그런데 중요한 것은 이미 높아진 사람은 나를 전혀 경쟁자로 여기지도 않고 경계의 눈으로 보지도 않는다는 점이다. 오히려 그들은 상대의 자질이 뛰어나고 태도가 당당하다면 기꺼이 손을 내밀어 도와줄 준비마저 하고 있다. 내가 그들에게 경계심이나 긴장감을 가질 이유는 아무것도 없는 것이다.

모처럼 내 옆으로 귀한 손님이 찾아오면 기쁘게 맞이하고 자유롭게 순종하며 배움의 기회로 삼아야 한다. 단, 겸손이 과하면 자신의 자리를 잃게 되니 도리어 위험한 결과를 낳는다. 사람에게는 강함과 부드러운 면이 공존하는데, 이 둘을 잘 운용하되 부드러움 때문에 강한 부분마저 손상케 된다면 남에게 무시당하고 자신도 비참해진다. 때로는 과도한 겸손이 오히려 오만함으로 오해받을 수 있다. 모처럼 순풍을 만났는데 하늘을 향한 돛도 없고 물살을 가로지를 방향키도 없다면 바람은 그 배를 그저 스쳐 지나갈 뿐이다.

### 손괘 巽

작은 일에 형통하다. 일을 함에 있어 도움이 되는 조력자를 만나니 이로움이 있다. 바람이 두 개 겹친 상이니 순종하면 순조롭다. 군왕은 정도로써 국정을 다스리고 신하는 왕에 순종하니 나랏일이 순풍에 돛 단 듯 형통하다. 군자는 사명을 다해 대의를 실현하라.

小亨, 利有攸往, 利見大人. 重巽以申命. 剛巽乎中正而誌行. 柔皆順乎剛. 君子以申命行事.

# 24편

## 고충을 알아주니
## 마음으로 따른다

동료나 친구들이 흩어지기 직전에

나의 아버지는 외롭게 살아오셨기에 남의 아픔을 들여다보는 능력이 있으시다. 부모님 없이 어린 시절을 보내고 가장 가까운 친척들마저도 일찍 세상을 떠나서, 우리 집에는 한 달에 한 번꼴로 제사상이 차려졌다. 찾아오는 길도 멀고 촌수로도 먼 친척들이 그럼에도 그날마다 한자리에 모일 수 있던 건, 순전히 붙임성 있고 부지런한 어머니 덕분이었다.

어린 우리에게는 그런 제삿날이 마냥 달갑지만은 않았다. 제사를 앞둔 날이면 부모님은 늘 살벌하게 다투셨다. 생선이 비싸니 열 마리를 일곱 마리만 하자든가, 시루떡은 이제 손님들도 달가워하지 않으니 카스텔라로 바꾸자든가…. 어머니가 그러실 때마다 아버지는 제대로 격식을 차리자며 무섭게 화를 내셨다. 그런데 싸움은 싸움일 뿐, 시장에서의 결정권은 어머니에게 있었기에 제사 당일 음식들은 고스란히 어머니의 뜻대로 준비되었다. 만족할 리 없는 아버지는 입을 꾹 다물고 무거운 표정으로 안방에 앉아 계셨고 그날 손님을 맞이하고 살갑게 인사하며 음식을 대접하는 일은 모두 어머니의 몫으로 돌아갔다. 부엌으로 돌아온 어머니는 어린 나이에 시집와서 평생 무슨 고생이냐며 신세 한탄을 이어가셨다. 자정을 기해 아버지는 제관으로서 정성을 다해 조상님께 절을 올렸고 그 뒷모습을 보며 어머니도 품격 있는 종갓집 며느리의 미소를 지으셨다.

자정이 넘어 파제한 후 손님이 가시면 우리 식구는 조촐한 반상을 가운데 두고 모여 앉았다. 나는 떡 대신 카스텔라가 보이기에 순간 멈칫했지만, 아버지는 조용히 제사상에 올렸던 정종을 따라 어머니에게 한 잔 건넸다. "여보, 상 차리느라 수고했어요"라는 아버지의 애교 섞인 말 한마디에 어머니는 결국 술 한 잔을 하시고 행복한 표정으로 잠이 드셨다. "힘들었지? 수고했어"라는 두 마디의 위력을 나는 어려서부터 아버지를 통해 체험했다. 아버지 주변은 늘 손님으로 북적거렸고 그 옆을 어머니가 떠나지 않았기에, 우리는 당신이 외로운 사람인 줄 전혀 눈치채지 못하고 자랐다.

환渙괘는 물 위로 바람이 몰아치는 형상으로, 사건이 일어나 사람의 마음을 쥐고 흔든다. 함께했던 대의가 산산조각으로 흩어지기 직전에 마음을 다잡고 다시 모이니 이 과정에서 서로의 소중함을 더욱 깊이 깨닫고 의지하게 된다. 이 시기를 잘 보내면 형통하고 순조로우며 이롭다.

산이 흩어지면 산사태가 일어나고, 바다가 흩어지면 해일이 일어나며, 땅이 흩어지면 지진이 일어난다. 이는 비록 사람의 힘이 미치는 범위를 넘어선 자연재해이지만 충분히 회복이 가능하다. 그러나 이로 인해 함께한 사람들이 이기심과 욕심을 앞세워 마음이 흩어지면 회복 불가능한 커다란 재앙으로 번질 수 있다.

가난한 시절보다 여건이 넉넉한 때일수록 사람들의 마음은 흩어지기 쉽다. 마음이 떠나면 도덕과 의리도 갈 곳을 잃게 되니 사사로운 욕심만 남고 대의를 위한 행동은 사라진다. 나태함으로 지루한 분위기가 만연한 곳에도 단결력은 사라진다. 큰 화로 번지기 전에 반드시 응급처치가 필요하다.

우선은 민심을 다스려 평안하고 안정된 분위기를 조성하되 동시에 사사로운 욕심을 다스려 분파를 없애라. 작은 나를 버리고 큰 우리를 만드는 일에 노력하면 원래보다 한결 더 단단해질 수 있다. **이 시기가 다가오면 주위 사람들과 진중하게 교류하며 마음의 힘을 한데로 모으는 일에 힘써야 한다.** 마음이 흩어지면 단결하기 어려우니, 모이면 살고 흩어지면 죽는다. 특히 윗사람은 나서서 아랫사람의 마음을 읽어내야 한다. 이때 아랫사람의 고충을 알아주면 마음으로 따를 것이다.

물 위로 바람이 휘몰아치니 물방울이 되어 흩어진다. 당장 상황이 어려워도 나의 이로움을 위해서 친구의 뜻을 저버리지 마라. 우선 흩어진 마음을 한데로 모아야 위기를 벗어날 수 있다.

## 환괘 渙

형통하다. 군왕이 친히 종묘에 임하여 재앙을 물리치고 복을 기원한다. 물을 지나 대천을 건너니 길하고 이롭다. 군왕이 대권을 장악하여 지혜롭게 통치하며 모든 관료가 제 직분을 다해 왕을 모시니 순조롭다. 군왕이 하늘의 복을 받아 가장 존귀한 곳에 처하니 덕행이라는 배로 풍랑을 뚫고 나가기에 이로움이 있다. 선왕은 환괘에 달하면 하늘에 제사를 지내고 종묘를 지어 하늘을 존중하며 조상에게 효도하는 것으로 세상을 교화시켰다.

亨, 王假有廟. 利涉大川. 利貞. 渙, "亨", 剛來而不窮, 柔得位乎外而上同. "王假有廟", 王乃在中也. "利涉大川", 乘木有功. 風行水上, 渙. 先王以享於帝, 立廟.

제4장

실패의 내공 內功

살다 보면 알게 되겠지만 세상에는

마음먹은 대로 되지 않는 일이 더욱 많은 법이다.

우리에게 성공이 다가왔듯이 지금의 실패도 어찌 보면

지극히 자연스러운 일일지도 모른다. 이럴 때

우리의 힘이 닿을 수 있는 곳은 오직 마음가짐뿐이다.

# 25편

## 실패가 권하는 잔은 약이거나 독이거나

### 과도한 열정이 불러오는 실수

의욕적으로 시작한 일이 실패로 이어지는 시기이다. 작은 규모라면 교훈이 되겠지만, 무작정 큰일을 벌여놓고 자신의 능력으로 감당하지 못하면 자신뿐만 아니라 주변에까지 커다란 피해를 주게 된다. 자신이 꽤 성실하고 부지런하다고 여기는 사람일수록 열정이 능력을 앞서갈 때가 많다. **작은 실수가 생겨나니 이를 바로잡는 과정에서 자신의 열정에 제어장치를 장착해야 한다. 강함과 부드러움을 조율하고, 나서야 할 때와 물러설 때를 알아야 앞날에 이로움이 있다.**

소과小過괘는 산 위에서 천둥이 치니 정상적인 소리보다 조금 더 크게 들림을 의미한다. 마음이 과열된 상태로 일에 임하니 실수를 범하게 된다. 실책이 크지 않으면 오히려 액땜이 되어 앞으로 하는 일이 길하다. 작은 실수를 통해 스스로 반성하고 문제를 바로잡으면 큰 성공을 불러오는 촉진제가 된다.

중국의 춘추전국시대에 공자는 제나라 환공의 사당을 찾았다가 환공이 살아생전 늘 곁에 두고 아꼈다는 계영배와 만났다. 계영배란, 술을 따르되 7할 이상을 따르면 모두 밑으로 흘러넘치는 신기한 잔이었다. 공자는 평생 이 잔을 곁에 두고 과도함과 성급한 마음을 조심하고 경계하는 뜻으로 삼았으며, 세상에 나아가서는 중도의 마음가짐으로 행하고자 힘썼다. 훗날 우리나라 조선시대의 거상 임상옥도 이 잔을 보물처럼 소중히 여기며 마음이 넘치는 것을 스스로 경계했다.

사람의 열정도 술과 같아서 적당히 취하면 보약이 되지만 넘치고 흐르면 독으로 작용한다. 분에 넘치는 술이 계영배 밑으로 새어 나오듯, 열정이 자신의 그릇에 과하게 쏟아지면 잘될 것만 같던 일도 완성되지 못하고 허물어진다. 열정이 적당한지 아니면 과하거나 모자라는지 점검해 주는 도구가 우리에게는 없기에 그 대신 작은 실패가 계영배의 역할을 대신하는 것이다. 실수하고 난 다음에도 열정이랍시고 콸콸 쏟아붓는 사람은 더 큰 실패로 인해 남아 있는 것마저 송두리째 잃게 된다.

소과괘를 잘 보내면 자신에게 이로움이 생기는데, 이는 물질적인 것이 아닌 정신적인 것이다. 비록 작은 실수는 있었지만 도전하고 모험하는 과정에서 가슴 뛰는 순간을 경험할 수 있었으며, 비록 손해를 보았더라도 그로 인해 자신을 바로잡을 수 있었으니 앞날에 도움이 된다. 게다가 실수를 인정하고 바로잡는 과정에서 주변 사람들로 부터 신뢰를 얻게 된다. 그런데 작은 실수라고 하찮게 여겨 멈추지 못하고 스스로 돌아보지 않는다면, 머지않아 무시무시한 재앙의 먹 구름이 몰려올 것이다.

과도한 열정으로 인해 작은 실수가 발생하더라도 바로잡으면 길 하다. 오직 바른길로 걸어가고 바른 방법을 선택하여 문제를 해결하 도록 애쓴다. 실수가 없을 때는 실수를 예방하는 데 늘 주의한다. 앞 날에 대해 준비하지 않으면 큰 손해가 생겨 위험해진다.

## 소과괘 小過

작은 실수는 오히려 길하고 형통하다. 그러나 이는 일의 규모가 작을 때 유효할 뿐 대사에는 적용됨이 없다. 하늘을 나는 새의 울음이 귓가에 울려 퍼져 사람에 게 경계심을 불러일으킨다. 너무 높이 올라가면 위험에 처하니 내려와야 길하다. 실수로 인한 이로움은 사람의 마음을 바로 세움에 있으므로 중용의 자세로 돌아 가라. 적당한 시기에 행동하면 장애물이 사라진다. 갖춰진 능력이 아직 미약하지 만 정도를 걸어감에 있어 나타나는 실수이니, 이로 인해 힘이 더욱 강해지면 성 공하지 못할 일이 없다. 자신의 역량에 맞게 일을 도모하라. 군자는 하늘의 천둥 을 두려워할 줄 알고 실패를 경계한다. 나라를 다스림에 있어 과도하게 절차와 격식을 강조하지 않으며 과도하게 절약하지 않고 오로지 중도의 길로 행하라.

亨, 利貞. 可小事, 不可大事. 飛鳥遺之音, 不宜上, 宜下, 大吉. 小者過而亨 也. 過以 "利貞", 與時行也. 柔得中, 是以小事吉也. 剛失位而不中, 是以 "不可大事"也. 有 "飛鳥" 之象焉. "飛鳥遺之音, 不宜上, 宜下, 大吉", 上 逆而下順也. 君子以行過乎恭, 喪過乎哀, 用過乎儉.

# 26편

## 로열패밀리에서
## 야산으로 쫓겨나다

인생에서 가장 처참한 시기

밑 빠진 성공은 실패를 부른다. 실패는 성공의 파티에 VIP로 초대되어 유유히 즐기며 관망하고 있다가, 자신의 가장 친한 친구가 흥청망청해진 틈을 타서 한 방의 저격으로 쓰러뜨린다. 태평함이 절정에 치달아 부패하고 크게 망하는 시기이다. 인생에서 가장 처참한 실패는 성공 뒤에 오니 삶은 참으로 아이러니하다.

처참히 길에 내몰린 후에도 허세를 버리지 못하거나 울분에 못 이기면 더 위험한 절벽으로 떨어진다. 실패의 경고에 귀 기울여 순응하는 것이 현명하다. 이때 긍정적인 마음만이 큰 힘을 발휘하니, 드러내기보다는 안으로 자신을 다스리며 내면의 충실을 기하는 시간으로 삼는다.

주역의 비菌괘는 하늘이 위에 있고 땅이 아래에 있는 형상이다. 하늘의 강한 힘이 위로만 멀어지고 땅의 유약함이 아래로만 떨어지니 서로 통하지 못하고 분열되어 간다. 생명을 이루는 힘이 조화롭지 못하니 만물의 성장이 멈추거나 차단된 상태. 우리의 일생에 가장 커다란 악재가 끼는 시기이다.

화려했던 성공과 부귀영화가 한순간의 꿈처럼 사라지면서 무섭도록 처참한 문제들이 연이어 발생한다. 직장에서든 가정에서든 모든 상황이 불만족스럽고 불리하게 돌아간다. 손을 쓴다고 해결되지도 않고 다른 사람에게 손을 내밀 수도 없으니 당분간 탈출구는 없다. 살던 집에서조차 쫓겨나고 장애물이 산적하여 발 딛는 곳마다 막혀 있는 상황이다. 짙은 먹구름이 하늘을 가리니 앞길이 춥고 까맣다.

예로부터 비괘에 달한 날에는 군자가 야산으로 쫓겨나고 소인이 득세해서 권력을 휘두른다고 했다. 현명한 사람은 시절이 수상할 때 자신을 드러내지 않는 법. **당분간은 바깥세상과의 연락을 끊고 조용히 은둔하며 과거의 부족함과 실수를 하나하나 다잡아 가도록 한다.** 이 괘에 달한 사람이 과거의 영화를 잊지 못하여 재물과 명예를 탐하면 크게 망한다. 평소보다 더욱 절약하고 절제하는 자세가 필요하다.

일단 비괘에 들어서면 아무리 애를 써도 일이 풀리지 않는다. 이미 한발 늦었더라도 지난 과오를 반성하고 자연과 시간의 흐름에 순응하며 물살에 맡겨 배를 움직이도록 한다. 후회하는 마음을 다스릴 수 있으면 변화를 시작할 용기가 생겨난다.

일이 순조롭게 풀리지 않으면 조급해지기 마련이다. 살다 보면 알게 되겠지만 세상에는 마음먹은 대로 되지 않는 일이 더욱 많은 법이다. 우리에게 성공이 다가왔듯이 지금의 실패도 어찌 보면 지극히 자연스러운 일일지도 모른다. 이럴 때 우리의 힘이 닿을 수 있는 곳은 오직 마음가짐뿐이다. 걱정스럽고 초조한 마음을 잠시 편안하게 놓아두는 것, 어렵고 부정적인 생각을 긍정적으로 돌려놓는 것, 그동안 참고 무시했던 피곤함을 드러내 놓고 편안해지도록 애쓰는 것이 최선이다.

순탄하게 잘 나가다가 돌연 커다란 실패를 겪듯, 악재는 호재와 맞물려 있다. 가장 큰 성공을 의미하는 태괘가 극에 달하면 비괘가 되고 가장 큰 실패를 뜻하는 비괘가 극에 달하면 태괘가 되는 것이 바로 이러한 이치이다. 자신의 인생이 실패투성이라고 너무 걱정할 필요가 없다. 이 어둠이 지나가면 다시 아침이 오리라는 진리를 되새기면서.

겨울은 봄을 품고 있으며 우리의 일상사도 이와 다를 바 없다. **내 뜻대로 되지 않을 때는 자신의 무게를 줄이고 자연의 흐름에 몸을 맡기도록 한다. 어두운 밤이 지나면 찬란한 새벽이 밝아오듯이, 실패한 뒤에 더 큰 성공이 찾아오는 법이다.** 우울한 잡념들은 흘려보내고 시간에 몸을 맡겨 순응하는 법을 배울 것. 인생에 가장 짙은 어둠이 찾아올 때 너무 실망하지도 좌절하지도 않기로 한다.

## 비괘 否

소인에게 앞을 가로막히니 군자에게 불리한 시기. 성공의 절정에서 망해가기 시작한다. 하늘과 땅이 서로 교감하지 못하니 만물의 성장이 차단되고, 임금과 신하가 소통하지 못하니 나라가 쇠퇴의 길로 접어든다. 소인이 조정에 득세하고 군자는 야산으로 쫓겨난다. 군자는 비괘에 처하면 녹봉과 명예를 탐하지 말며 차분히 은둔하여 절약과 절제로 재난을 피하라.

否之匪人, 不利君子貞, 大往小來. 天地不交而萬物不通也 上下不交而天下無邦也 內陰而外陽內柔而外剛 內小人而外君子, 小人道長, 君子道消也. 君子以儉德辟.

# 27편

## 인생을 파먹는
## 고약한 기생충

작은 실수와 사건·사고가 연발할 때

내 노트북은 최고 성능을 자랑하는 모델이다. 고사양은 물론 슬림한 외관에 친환경 인증까지 받은 프리미엄 노트북. 구매한 뒤 여태까지 만족스럽게 사용하고 있었는데, 며칠 전부터 이상한 징조가 나타나기 시작했다. 부팅 시간이 점점 길어지는가 하면 충전기 부분이 뜨겁게 달아올랐고 인터넷 동영상을 열면 종종 다운되기까지 했다. 상태가 조금 불안했지만 별일 아니려니 여기고 지나갔다.

그러던 어느 날, 기획서를 작성하느라 손가락에 땀이 나도록 키보드를 두드리는데 컴퓨터가 '뚜우!' 하는 신음을 내더니 갑자기 다운되는 것이 아닌가. 당황한 나머지 전원 단추를 사정없이 눌러보았지만 한번 나간 전원은 다시 돌아오지 않았다. 하고 있던 모든 작업이 중단되었다.

좀처럼 하지 않던 실수, 어처구니없는 사고가 연이어 발생하는 시기. 작은 실수가 이어지면 괜찮게 흘러가던 인생이 절벽으로 몰아세워진다. 이때 일부는 나락으로 떨어지고 일부는 이 시기를 이용해 더 나은 미래로 올라선다.


고蠱괘는 산 아래 바람이 있는 형상이다. 산들산들 불던 바람이 산에 막혀 흩어지고 만다. 만물이 흩어지고 마음도 흩어지니 주변이 어지러워 손해를 불러온다. 신변 정리와 마음의 다스림이 필요한 시기. 고괘는 자신의 잘못된 습관이나 주위의 모순을 바로잡아야 할 때임을 뜻한다. 독벌레를 그릇에 풀어놓으면 서로가 서로를 잡아먹는데 그중 끝까지 살아남은 독종을 고蠱라 한다. 사람의 배 속에서 건강을 해치는 기생충 같은 존재이다. 이 벌레를 발견하면 만사를 제치고 즉시 박멸부터 해야 한다.

자꾸 제동이 걸리던 노트북을 미리 손봤어야 했다. 바탕화면에는 작업 중간에 저장해 둔 파일들이 뒤죽박죽 엉켜 있고, 내장하드에는 고화질 드라마 파일들이 시리즈별로 쌓여 있었다. 호기심은 많아서 새로 개발된 프로그램은 모두 설치해 보는 반면, 일 년에 한 번 쓸까 말까 하는 프로그램까지 제거도 못 하고 꼭 껴안고 있던 상황이었다.

주변이 어수선하고 실수가 잦아진다면 우선 자신을 일신하도록 한다. 과거를 차분히 되돌아보고 자신의 실수와 잘못된 습관을 하나하나 되짚어본다. **새로운 일을 계획하기보다는 이미 저질러진 사고**

**를 바로잡는 데 노력해야 하는 시기이다.** 마음속에 큰일을 계획하고 있더라도 우선은 현실에 닥친 문제를 해결하는 데 충실하라. **주변 상황을 분석하다 보면 자신이 어떤 잘못을 하고 있는지 파악할 수 있고 앞날에 도움이 되는 지혜를 발견하게 될 것이다.**

컴퓨터 수리 업체를 불러 파괴된 시스템을 복원하는 데 성공했다. 디스크 용량이 가득 찬 상태에서 외부 사이트로부터 바이러스에 감염된 것이 하드가 망가진 컴퓨터에 대한 진단이었다. 혹시 이전 파일들이 다 날아갈까 걱정했는데 하나도 빠짐없이 원상태로 복구되었다. 역시 컴퓨터에 탑재된 최첨단 복원 솔루션 덕택이었다. 바쁘더라도 업무를 재개하기에 앞서 전문가의 조언에 따라 컴퓨터 정리에 들어갔다. 기존 파일들을 백업시키고 안정된 저장 공간을 확보한 후, 백신 프로그램으로 바이러스의 공격에 대비하였다.

고괘에 달한 하루에는 일을 진척시키는 것보다 잘못된 부분을 바로잡는 것이 현명하다. 현재 하는 말과 행동이 앞날에 파생시킬 결과를 예상해 본다. 자신의 잘못이 아니라 주변 사람들의 실수로 일을 그르쳤을 때에도 당신에게까지 피해가 미치게 된다. 이때 옆 사람의 부족함을 탓하고 흠잡기보다는, 우선 그의 증상을 객관적으로 살펴주고 회복하도록 돕는다. 그 사람은 당장 힘이 되어주지 못해도 머지않아 당신이 필요할 때 귀인이 되어줄 것이다.

사건이나 사고가 자주 발생하면 침착하게 정비하고 잘못을 바로잡아라. 타인을 잘못으로 몰아세우기 전에 자신의 실수를 인정하고 반성하라. 새로운 음식을 먹기 전에 위장을 갉아먹는 기생충부터 없애야 자신도 살리고 주변이 건강해진다.

## 고괘 蠱

잘못을 바로잡으면 크게 이롭고 형통하다. 물을 건너기에 좋은 시기. 단, 천지 운행의 순환 주기에 맞추어 시의적절하게 행동하라. 겸손하고 냉철하게 과거를 반성하고 현재를 다스리면 앞으로 좋은 일이 생긴다. 군자는 백성에게 도덕으로 베풀며 교육으로 육성하라.

元亨. 利涉大川. 先甲三日, 後甲三日. 剛上而柔下, 巽而止, 蠱. "蠱, 元亨", 而天下治也. "利涉大川", 往有事也. "先甲三日, 後甲三日", 終則有始, 天行也. 君子以振民育德.

# 28편

## 한 번의 반성이
## 열 부적 안 부럽다

인생이 어디로 끌려가는지 알고 싶을 때

하필이면 왜 나에게 이런 일이 일어났을까…. 용한 점집에라도 찾아가고픈 심정이었다.

내 앞에 닥친 상황이 용납되지 않을 때, 밤잠을 설칠 때, 훌훌 털어버리고 기약 없는 여행을 떠나고 싶을 때. 바로 그 순간이 마음의 빗장을 열고 자신의 내면으로 걸어 들어갈 시간이다. 걸음을 앞으로만 향하던 방향을 틀어 한 발짝 한 발짝 뒷걸음질 쳐본다. 지나간 날을 조용히 떠올리다 보면 오늘의 상황이 조금씩 이해되기 시작할 것이다. 그런 다음에 자신의 옆에 있는 사람들이 해주었던 말과 행동을 떠올려 본다. 그렇게 하다 보면 지금 자신이 처한 상황이 더욱 명확히 드러난다. 따지고 보면 나에게 일어난 일들은 모두 그럴 만한 이유가 있다.

　관觀괘는 땅 위의 바람, 즉 바람이 대지 위로 불어오며 세상을 관찰하는 형상이다. 유심히 관찰한 이후에야 상황이 분명해진다. **인생을 차분하게 둘러본 후에야 삶의 목표를 바르게 세울 수 있다. 더불어 다른 사람의 말과 행동을 유심히 관찰하다 보면 나와 함께하는 사람들의 진가를 알 수 있다. 어제의 경험을 떠올리고 오늘을 깊이 있게 바라보면 자신을 둘러싼 세상이 골격을 드러낸다.**

　대부분의 사람이 스스로를 잘 안다고 생각하지만, 사람들이 경험하는 대부분의 실패는 자기 자신에 대해 무지한 데서 시작된다. 어떤 일을 좋아하는가, 어떤 일을 잘하고 어떤 일에는 소질이 없는가, 우선 이 두 가지만 확실해도 노력에 대한 성과가 달라질 수 있다. 이것들을 알고서 보낸 시간이 길어지면 그 사람의 삶의 질마저 달라질 것이다. 다른 사람을 이해하는 것보다 자신을 알아가는 것이 더 어려운지도 모른다. 두 눈은 늘 바깥세상을 바라보고 있으며 조그마한 귀는 세상의 소리를 듣기에도 버겁기 때문이다.

　자신과 대면할 수 있는 꽤 괜찮은 방법이 하나 있으니, 그것은 반성이다. 저녁밥을 먹고 잠자리에 들 무렵 오늘 하루 나의 행동 하나하나를 다시 떠올려 본다. 그리고 친구나 동료들이 나에게 건넨 이야기들을 담담하게 재생시켜 본다. 반성하기가 습관이 되면 마음을 억누르던 걱정과 불안이 어느새 사라진다. 그리고 그 자리에는 내일을 준비하는 반짝반짝한 지혜가 스며들 것이다. 반성하기를 즐기는 사람은 자신이 제자리를 찾아가는지 부단히 조율하기 때문에, 하루빨리 안정 궤도에 올라서서 순항해 나간다.

그러다가 한 달에 한 번 정도는 자신과 대면하여 본격적인 심야 토론을 벌인다. 해결되지 않은 문제와 앞으로의 과제를 책상에 올려놓고 전문가 집단과 함께 심층적으로 토론해 나간다. 과거의 실패 중 한 가지라도 바로잡는다면 앞으로 닥칠 사고 열 가지쯤은 아무렇지도 않게 예방할 수 있다.


아이일 때는 하고 싶은 대로 해도 흠이 되지 않는다. 아이들이 도화지에 뒤죽박죽 세상을 그려도 귀엽게 바라볼 뿐 틀렸다고 탓하지는 않는 것처럼 말이다. 그러나 성인이 된 후 스스로가 중요하고 괜찮은 사람이 되고 싶다면, 여기서 가장 필요한 것은 사태를 파악하는 통찰력이다. 나의 잘못된 판단 하나가 자신뿐만 아니라 주변에까지 비참한 결과를 안겨주게 되니 말이다.

특히 한 집의 가장이나 회사의 리더들은 사소한 행동 하나에도 통찰이 깃들여져야 한다. 많은 이들이 당신의 행동을 주목하게 되니 경거망동을 삼가라. 무지하고 자만해도 안 되고 한쪽으로 치우친 마음도 금물이다. 구체적인 데이터를 살피며 균형이 잡힌 견해를 지니되, 보이지 않는 사태의 흐름까지 바라볼 수 있어야 한다. 주관도 필요하나 원칙은 고수한다. 너른 벌판에 바람이 불어오듯 세상을 폭넓게 바라보며 부드러움과 겸손으로 아랫사람들을 교화시키도록 한다.

하루에 한 번 반성하는 사람에게 실패의 아픔은 사라진다. 다른 사람을 유심히 관찰하며 자신을 이해하는 거울로 삼아도 좋다. 오늘 하루에 발생한 일들은 지난날의 결과이자 동시에 미래를 결정짓는 씨앗이 된다. 오늘 이 순간에도 자신을 돌아보고 조금 더 나아지려고 애쓰는 가운데 미래의 결실이 생겨나고 많은 사람들의 존경은 덤으로 따라온다.

### 관괘 觀

사람이나 가축이 죽으면 머리가 부으니 제물로 쓰지 않는다. 군왕은 하늘에 제사를 지낼 때 술을 올려 신을 받드니, 생명의 희생을 피하면서 성의와 공경의 마음을 다할 줄 안다. 덕성을 갖춘 군왕은 바람처럼 부드럽고 겸손한 덕성으로 나라를 보살피니 신하와 백성들이 마음을 다해 따른다. 사시사철의 변화는 그 안에 질서가 존재하여 이를 관찰하면 존귀한 원칙을 발견할 수 있다. 성인들은 일찍이 자연의 원리로 서민들을 교화하고 제도를 세워 천하 만백성을 훈화시킬 수 있었다. 바람이 대지 위로 불어 만물을 쓰다듬으니, 관찰하는 형세이다. 선왕은 이 괘에 달하면 나라를 순찰하며 민정을 관찰하고 민심을 교화하는 데 힘썼다.

觀. 盥而不薦, 有孚顒若. 大觀在上, 順而巽, 中正以觀天下, 觀. "盥而不薦, 有孚顒若", 下觀而化也. 觀天之神道, 而四時不忒. 聖人以神道設教, 而天下服矣. 風行地上, 觀. 先王以省方, 觀民, 設教.

**29편**

# 돌이킬 수 없는
# 실패란 없다

커다란 실패에서 회복되는 시간

저녁에 과일을 깎아 먹으며 어머니는 아버지에게 농담 삼아 이런 말씀을 건네셨다. 당신이 살았던 일생을 책으로 써내면 아마 큰 베스트셀러가 될 거라고. 제목은 "이렇게 하면 실패한다". 토마토를 먹다가 울컥하신 아버지는 이내 멋쩍은 웃음을 지으셨다. 우리 아버지는 언제부터인지 더 이상 "왕년에…"라는 말씀을 하지 않으신다.

복復괘는 땅 아래에서 천둥이 꿈틀거리는 형상이다. 천둥은 강하게 움직이는 속성이 있고 대지는 유순한 성격을 지니니, 역동적인 힘이 대지의 부드러움 덕택에 마음껏 꿈틀거리며 본래의 상태로 회복됨을 의미한다. 강한 기운이 생겨나 안으로부터 생동하니 앞날이 형통하고 길하다. 처참하고 각박했던 세상이 조금씩 풀리며 우리 주위를 감싸 안으니 더 이상 위험할 것도 장애물도 없다. 움츠렸던 어깨를 바로 세우고 일어서기에 좋은 시절이다. 겨울의 끝자락에 봄이 찾아오고 딱딱하게 얼었던 땅이 부드럽게 해빙되니, 어려운 일이 지나가고 좋은 일이 생겨난다.

아버지는 왕년에 건실한 토목 회사를 운영하셨다. 부지런한 성품 덕분에 일이 끊이지 않았고 막내인 내가 대학에 갈 무렵에는 최고의 건축설계사에게 의뢰하여 연못이 딸린 정원이 있는 아름다운 저택을 장만하셨다. 골프와 낚시로 주말에도 집에 머물 일이 없었으며, 술을 좋아하셔서 맛있는 음식이 있으면 집에 늘 손님을 부르시곤 했다. 전날 아무리 술을 많이 드셔도 아침 일찍 정갈한 와이셔츠로 갈아입고 집을 나서시던 아버지. 다른 사람은 몰라도 우리 아버지라면 하늘이 두 쪽이 나고 땅이 갈라져도 꿈쩍하지 않고 당당히 그 자리에 서계실 줄 알았다.

그러다 내가 몇 년 정도 집을 떠나 있는 동안, 전화로 들려오는 어머니의 목소리에 이상한 낌새가 느껴졌다. 애써 침착하려던 어머니가 마침내 울음을 터뜨리시던 날, 그날이 바로 우리의 아름다운 저택이 팔리던 순간이었다. 솔직히 나는 아직도 아버지의 잘못을 구체적으로 이해하지 못한다. 다만 어머니가 아버지로 하여금 술과 담배의 그림자도 보이지 않게끔 하시는 모습과, 대궐 같은 집보다는 작고 소박한 살림이 좋다 하시는 말씀에서 짐작해 볼 뿐이다.

**복괘에 들어서면 과거의 잘못과 습관을 바르게 고치고 새로운 마**

**음가짐이 되어야 한다.** 아직은 자신이 얼마나 회복되었는지 알 수 없으니, 길이 외로울지라도 당분간은 홀로 서도록 한다. 한동안은 나그네를 받아들이지도, 너무 먼 곳으로 움직이지도 않는다. 밖으로 나가더라도 되돌아올 수 있는 거리쯤에서 멈춘다. **무엇보다 혼란스럽게 뒤엉킨 과거를 정리하고 자신의 잘못을 반성하는 시간으로 삼으면 앞날에 희망이 보인다.**

과거의 잘못은 뼛속 깊이 뉘우치고, 욕심을 부려 빼앗은 물건은 제자리로 돌려놓는다. 지금까지 조그만 성공을 과시하고 다녔다면 앞으로 자기 자랑은 백 번, 천 번 입안으로 삼키고 삼간다. 이 상황에서도 자신의 잘못을 인정하지 못하고 허황된 욕심을 부린다면 모처럼 마음을 연 하늘은 썩은 동아줄을 내려줄 것이다.

최근에 아버지는 환갑이 넘은 연세에 다시 일자리를 얻으셨다. 새벽에 출근하는 아버지를 위해 어머니는 더 일찍 일어나 어묵 반찬도 하고 가끔은 비엔나소시지도 구워서 도시락을 챙기신다. 그러다가 손자 백일이나 돌을 맞이하면 특별한 날이라며 깊이 묻어두었던 술병을 꺼내 딱 한 잔의 축하주를 즐기신다.

서른이 가기 전, 내 인생에는 아직 이렇다 할 성공이 없었기에 커다란 실패도 경험하지 못했다. 그러나 아버지와 어머니의 삶을 통하여 주역의 복괘에서 말하는 '회복력'의 가치를 바라본다. 실패한 후에도 되돌아갈 수만 있다면 좁은 방 한 칸도, 복분자주 한 잔도, 아주 가끔 걸려 오는 자식들의 전화도 그렇게 고마운가 보다.

## 복괘 復

형통하다. 이제 문밖을 나서도 바깥세상에 해로움이 없으며 경제적으로도 회복되는 시기이니 앞으로 사는 데 어려움이 없다. 바깥세상에 나서더라도 너무 길게 머물지 말고 7일 이내에 집으로 돌아오라. 편히 몸 쉴 곳이 있으니 이로움이 있다. 반복하고 순환하되 정도를 지키면 이롭다. 그동안 하늘이 춥고 땅이 얼어 있었으나 천둥이 대지 아래로 진동하니 소리 없이 생명의 계절이 다가온다. 선왕은 복괘를 보면 동짓날 성문을 닫고 나그네를 받지 않았으며 자신도 나라를 떠돌지 않고 제자리를 지켰다.

亨. 出入無疾. 朋來無咎. 反復其道, 七日來復. 利有攸往. 剛反. 動而以順行, 是以 "出入無疾, 朋來無咎". "反復其道, 七日來復", 天行也. "利有攸往", 剛長也. 復, 其見天地之心乎! 先王以至日閉關, 商旅不行, 後不省方.

**30편**

# 작은 물줄기가 모여
# 대해를 이룬다

바닥을 치는 슬럼프에 빠질 때

연휴가 끝났다. 회사 사람들이 제자리로 돌아왔고 중단되었던 일들이 삐걱거리며 다시 돌아가기 시작했다. 그렇지만 새로운 일을 구상하기에는 몸도 마음도 지쳐 있었다. 앞으로 나아가기보다는 이미 벌여놓은 일을 마무리하기도 벅찼다. 가끔 이렇게 바닥으로 떨어질 때가 있다. 이때는 아무런 약도 처방도 없다. 그대로 바닥까지 떨어지는 수밖에.

이럴 때는 부쩍 혼자라는 생각이 든다. 고향에 계신 어머니와 통화를 했는데 평소에는 웃고 떠들었던 일상사가 그저 먼 나라 이야기처럼 들리고, 조금만 서운하게 말씀하셔도 가시처럼 가슴이 콕콕 찔렸다. 자꾸 눈물이 나려고 했다. 멀리서 '뭐가 필요해' 하고 묻는 사람보다는 옆에서 묵묵히 어깨를 빌려주는 한 사람이 있었으면 좋겠다 싶었다. 그나마 가장 위안이 되는 것은 커피 한 잔과 초콜릿 쿠키였다. 이 둘을 절대로 끊지 못하는 이유는, 내 안의 외로움이 아직 나이만큼 성숙하지 못했기 때문인지도 모르겠다.

주역의 감坎괘는 위아래로 물이 가득한 형상이다. 주역에 나오는 물은 함정을 의미한다. 어려운 시기에 더한 어려움이 겹치는 시기. 위험한 사건 및 사고가 겹겹이 밀려온다. 위험과 악재가 도사리고 있는 시기라, 감괘에 걸린 하루에는 인생의 바닥을 치는 슬럼프가 찾아온다. 그 소용돌이에서 헤어날 수 있는 힘은 오직 자신의 마음에 있으니, 눈물을 떨구거나 고개를 숙이지 않도록 한다. 다행히 이 슬럼프는 자신이 견뎌낼 수 있는 만큼의 아픔이다. 가슴속에서 자신에 대한 믿음을 잃지 말고 묵묵히 중심을 지키며 바른길로 가도록 한다.


회사에서 돌아온 후 아무 생각 없이 텔레비전을 켰다. 케이블 채널에서 예전에 히트했던 드라마 〈아이리스〉를 재방송하고 있었다. 이미 본 드라마여서 줄거리보다는 거침없는 액션과 카리스마 넘치는 연기를 보여주는 남자 주인공이 눈에 들어왔다. 그는 자신의 한계를 뛰어넘어 한 배우로서 극중의 역할에 100% 몰입하고 있었다.

새벽에는 김연아 선수가 출전한 피겨 그랑프리가 방송되었다. 빙판을 압도하는 자신감과 한 치의 오차도 허용하지 않는 테크닉, 거기에 아름다운 몸의 선까지, 이 모든 것들이 어우러져 예술에 가까운 감동을 선사했다. 어린 나이에도 참 대단하다는 생각이 들었다. 챔

피언이 되기 위해 쌓아 올린 연습량은 또한 얼마나 될까….

가끔 우리 주변에는 자신이 가진 능력의 최대치를 보여주는 사람들이 있다. 운이 좋은 경우에는 어린 나이에 두각을 나타내기도 하고 서른이나 마흔이 훌쩍 넘은 나이에 느지막이 등장할 수도 있다. 그런 사람들은 절대로 여타의 군중 속에 묻히지 않는다. 이들도 슬럼프를 겪지만, 타인의 눈을 의식하기보다 자신에게 솔직해지고 이때를 자신을 이해하는 시간으로 삼는다. 이들이 어두운 동굴을 빠져나와 자신의 최고치를 발휘하는 모습은 보는 사람들에게 짜릿한 흥분과 감동을 준다. 나도 남들이 뭐라고 하든 나 자신의 100%를 찾으며 살아가고 싶었다.

주역에서는 위기의 시간이 찾아올 때 두려움에 묻혀 있지 말라고 이야기한다. **담담하고 가벼운 마음이 되면 하루하루가 리듬에 맞추어 가볍게 흘러간다. 마음이 환하면 내적인 힘에 탄력이 붙어서 다시 일어설 수 있는 기운이 생겨난다.** 물이 흘러간 다음에는 그 아래 대지가 비옥해지니 앞으로 풍요로운 결실을 기대할 수 있다. 그러니 슬럼프를 조용히 힘과 역량을 축적하는 시간으로 삼아야 한다.

감괘의 하루가 위험한 시간인 것은 맞다. 그러나 어렵고 힘들수록 다 잘될 거라는 긍정적인 마음으로 중심을 잃지 않도록 한다. **힘들다고 주저앉아 버리면 슬럼프는 영원히 빠져나오지 못하는 늪이 되어 버린다.** 이 시기의 어려움은 물의 속성을 살펴보면 벗어날 방법을 찾아낼 수 있다. 첫째, 물은 흐르되 머무르지 않는다. 어려움 또한 그저 내 옆을 흘러가는 것일 뿐이다. 둘째, 물은 일단 고이면 커다란 에너지를 갖는다. 어려운 시기를 극복하는 과정에서 내적인 역량이 강해지며 앞으로의 인생에 더 큰 힘으로 작용한다.

잘나갈 때에는 누구나가 스스로를 꽤 근사한 사람이라고 자신할 수 있다. 슬럼프 중에도 그 믿음을 유지하고 행동할 수 있다면 당신은 이미 위대한 사람이다.

## 감괘 坎

물살이 겹쳐 흐르니 위험이 곳곳에 깔려 있다. 포기하지 않고 계속해서 걸어가야 얻는 바가 있다. 가는 길이 험하고 멀지라도 신뢰와 약속을 저버리지 말고 중도를 지켜라. 그럴 수 있다면 자신의 가치가 높아지고 앞날이 형통하다. 하늘의 재앙은 극복하기 어려우나 땅의 어려움은 극복할 수 있는 법. 왕은 성벽을 높이 쌓고 도랑을 깊게 뚫어 나라의 안전을 도모하라. 침체의 시기에 차분히 준비해 나가면 앞날의 기회에 위대한 힘을 발휘한다. 작은 물줄기가 모여 대해를 이루듯이, 군자는 어려울 때 덕행을 실천하고 백성을 교화하고자 한다면 작은 노력부터 시작하여 크게 쌓아가라.

習坎. 有孚, 維心, 亨. 行有尙習坎, 重險也. 水流而不盈. 行險而不失其信, 維心亨, 乃以剛中也. 行有尙天險, 不可升也. 地險, 山川丘陵也. 王公設險, 以守其國. 險之時, 用大矣哉. 水洊至, 習坎. 君子以常德行, 習敎事.

# 31편

## 물에 젖은 꼬리를 슬퍼하지 않는다

성공에 닿기 위한 좌절

큰일을 이루기 위해 애쓰는 과정. 뜨거운 노력을 쏟아붓지만 상황이 엉켜 있어 어려움에 처한다. 전력을 다해 질주하다가 돌에 걸려 넘어지면 그 상처는 자신의 탓이 아니다. 아프더라도 눈물을 닦고 희망으로 나아가야 할 시기이다.

미제未濟괘는 물 위에 불이 타오르는 형상이다. 곧 사물의 위치가 뒤엉킨 상황을 의미한다. **일이 진전되는 과정이나 아직 성사되기 전 단계로, 지금 당장에는 이로움이 없다. 그러나 강한 힘과 부드러운 힘이 서로 맞물려 작용하는 중이니 앞으로 발전할 가능성이 충만하다. 혼란스러움을 바로잡고 꾸준히 노력한다면 앞으로 형통하다.**

미제괘는 큰 강을 두 다리를 적시고 건너가는데 아직 언덕에 닿지 못한 시기이다. 비록 완성되지 않았지만 성공이 앞에 있으니 조금 더 노력하고 애쓸 필요가 있다. 물 위에 놓인 불은 재앙을 상징하나 물을 이기지 못하고 머지않아 꺼지기 마련이다. 주변 정황을 냉철히 분석하여 흩어진 사물의 위치를 제자리로 돌려놓도록 한다.

바쁜 사람들의 인터뷰는 늘 주말에 이루어졌다. 오랫동안 인터뷰 프로그램을 진행한 어느 선배는 그들의 말에 반복되는 메시지가 있다고 했다. 그것은 바로, 자신이 누구인지를 잘 알고 무엇을 잘하는지를 파악해서 성심껏 실행하면 누구나 성공한 삶을 살리라는 것이다. 물론 겪어보지 않으면 자신이 무엇을 좋아하는지도 제대로 알 수 없으니 시도는 이것저것 해봐야 한다는 말도 덧붙였다. 이것저것 해볼 때는 다소 무모하고 소득도 없겠지만, 되돌아보면 그때의 경험이 자신을 오랜 시간 동안 살아남게 해주는 저력이 된다고.

선배는 여우의 이야기도 해주었다. 한 여우가 강을 건널 때 꼬리가 물에 빠져 젖게 되었다. 신체 중 꼬리야말로 자신의 가치를 증명하는 것이었기에, 볼품없는 꼬리를 보는 것은 여우에게 어마어마한 충격이자 슬픔이었다. 그런데 그 상황에서 어떤 여우는 젖은 꼬리 때문에 몸이 무겁고 힘이 빠지더라도 눈을 질끈 감고 물살을 헤쳐나가고, 어떤 여우는 축 늘어진 꼬리를 안타까워하며 하염없이 눈물만 흘리고 주저앉는다. 똑같은 처지에서 몇 걸음 더 걸어간 여우는 이내 햇볕이 따스한 언덕에 도착하지만, 자존심에 무너진 여우는 더욱 거세지는 물살에 못 이겨 떠내려간다.

지금은 비록 답도 보이지 않고 시련이 닥쳐오는 막막한 상황이지만 섣불리 좌절하거나 포기하지 않도록 한다. 자신이 보잘것없어 보이는 시간이야말로 앞으로 오랫동안 살아남을 수 있는 자양분을 기르는 때이다. 비록 이루어지는 것이 없어도 걱정하거나 상심하기보다는 할 수 있다는 희망으로 그 여백을 채우도록 한다. 무너진 자신의 모습마저 웃으며 치유할 수 있는 당신에게 세상의 성공은 엄마의 마음으로 팔 벌려 기다린다.

### 미제괘 未濟

여우가 강을 건너려는데 꼬리가 물에 젖는다. 지금 당장은 이로움이 없으나 이 시기를 힘써 보내면 앞으로 형통하다. 부드러움과 강한 힘이 제 위치를 잃었으나 서로 맞물려 작용하니 어려움은 커지지 않고 금세 지나간다. 스스로 힘써 앞으로 나아가야 주변에서 돕는다. 군자는 사물의 본질을 바로 파악하여 제자리로 돌려놓도록 애쓰라.

亨, 柔得中也. 小狐汔濟, 未出中也. 濡其尾, 無攸利, 不續終也. 雖不當位, 剛柔應也. 君子以慎辨物居方.

# 32편

## 천둥은 요란하나 해치지 않는다

큰 문제가 생기면 신중하게 반성한다

40도에 육박하는 여름 날씨. 냉장실도 사람처럼 더위를 타는지, 산지 이틀밖에 안된 방울토마토에 벌써 곰팡이가 피기 시작했다. 일기예보는 오늘까지 덥고 내일과 모레에는 많은 양의 비가 내리며 천둥이 친다고 했다.

정말 일기예보대로 밤이 깊어진 시간에 하늘에서 천둥과 번개가 치기 시작했다. 아파트를 뒤흔들 정도의 우렁찬 천둥소리가 들리더니 길고 날카로운 번개가 하늘을 두 쪽으로 갈랐다. 이내 비바람도 시작됐다. 천둥과 번개를 동반한 폭풍우…. 거센 비바람 소리를 듣고 있으려니 잠이 화들짝 깨면서, 그동안 내가 함부로 행했던 일과 잘못들이 하나둘 떠올랐다.

진震괘는 아래위로 천둥과 번개가 겹쳐진 형상이다. 경고가 사방에 울려 퍼진다. 무서운 재난이 불어닥칠 수 있으니 과거의 잘못을 반성하며 사소한 일 처리에도 신중해야 한다. 천둥과 번개가 몰아치는데 밖으로 돌아다니거나 경거망동하는 자에게 시퍼런 벼락이 내리꽂힌다.

참으로 어렵고 무서운 시간이지만 그리 오래가지는 않는다. 커다란 위기가 있은 다음에야 편안한 시기가 찾아오는 법. 천둥과 번개가 치면 두려워할 줄도 알아야 한다. 신중한 마음으로 더 나아지고자 한다면 이 시기야말로 좋은 일이 시작되는 출발선이 된다.

미처 예상치 못한 사고가 발생하지만, 이는 조금 더 신중하라는 하늘의 경고로 여긴다. 이미 불어닥친 상황을 회피하지 않아야 하며 진척되는 상황을 살피고 손해를 최소화하는 방향으로 노력을 기울인다. 앞으로 나아가기보다는 사후의 피해 복구가 관건이다. 평소에 조심하고 경계하는 마음을 잃지 않는다면, 큰 사고가 발생하기 전에 미리 재난을 방지할 수도 있다.

하늘이 천둥과 번개로 사람을 위협하여 그 사람의 조급함을 시험하는 시간이다. **큰 문제가 발생해 위태로우나 자신을 스스로 반성하기에 가장 좋은 시기이다. 신중하게 처신하되 주변 사람에게 너그럽게 한다면 어느 하나 빼앗길 것이 없다.** 상황이 어려울수록 미소를 잃지 않고 자신의 것을 나누다 보면, 벼락도 비켜가고 천둥과 번개도 두렵지 않다.

큰 문제가 생기면 자신을 반성하라. 자신의 잘못된 행동을 고치고 모든 사람에게 너그럽게 대하며 사소한 일이라도 신중하게 임하고 평소의 언행을 바로잡도록 한다. 천둥과 번개는 요란하지만 생명을 해치거나 수중의 것을 빼앗지 않는다.

오늘은 밤 새도록 엄청난 양의 비가 쏟아졌다. 폭풍우가 휘몰아칠 때면 집 안에 있다는 사실 하나만으로도 참 다행이라는 마음이 든다. 천둥과 번개가 지나간 다음 날은 촉촉하면서도 향긋한 녹차 카스텔라 같은 아침을 맞았다.

### 진괘 震

하늘로부터 천둥이 몰아치니 놀랍고 두려운 시기이다. 벼락으로 하늘이 갈라지고 천둥소리가 백 리에 퍼져도, 마음이 신중한 사람은 작은 숟가락으로 술을 옮김에 단 한 방울 흘리지 않는다. 하늘의 경고를 두려워할 줄 아는 사람이라면 재앙은 멀어지고 복이 다가오니 형통하다. 천둥이 지나가면 이를 돌이켜 보며 좋은 경험을 했다 하며 웃을 수 있는 시간이 다가올 것이다. 어려운 시기에 두려워할 줄 아는 자는 종묘와 사직을 지키며 제사를 지내는 주인이 된다. 군자는 천둥과 번개를 보며 경계심을 잃지 않고 스스로 반성하는 시간으로 삼는다.

亨, 震來虩虩, 笑言啞啞. 震驚百裏, 不喪匕鬯. "亨". "震來虩虩", 恐致福也. "笑言啞啞", 後有則也. "震驚百裏", 驚遠而懼邇也. "不喪匕鬯", 出可以守宗廟社稷, 以為祭主也. 洊雷, 震. 君子以恐懼修省.

제5장

## 재물의 덕성德性

나누어 담는 지혜란, 많은 것을 얻었을 때
절박한 사람들을 구하는 것을 의미한다. 넘치는 재물을
부족한 이들과 나누면 재물의 가치는 곱절로 늘어난다.
왜냐하면 그들은 당신이 더 많은 것들을 들고 갈 수
있게 하는 당신의 또 다른 빈손이기 때문이다.

# 33편

## 어머니는
## 늘 아버지보다 넉넉하다

키워내는 성품이 부자를 만든다

가지고 싶고 이루고 싶은 것이 많아질수록 나는 내 몫이 아닌 것에 집착했다. 욕망이 근본을 뒤흔들고 욕심이 온몸을 삼키려 하는 순간에 어떻게 대처해야 할까.

주역에서는 부자가 되기 위해 가장 우선시되는 자질을 욕심이나 열정이 아닌 모성에서 찾는다. 세상의 모성을 대표하는 것은 다름 아닌 우리가 발 딛고 있는 대지이다. 대지는 우선 하늘의 흐름에 순응한다. 시간과 계절의 흐름에 맞추어 만물을 안아 키우며 성장시킨다. 생명을 창조하는 것은 하늘이지만 이를 키우고 쌓아가는 곳은 대지이다.

주역에서 가장 부드럽고 인정 많은 괘, 곤坤괘는 땅을 의미한다.

대지는 생명을 안아 키우는 만물의 어머니이다. 산처럼 너른 품을 지니고 샘물처럼 맑은 젖줄이 흐르니 계절마다 풍요롭고 아름다운 생명의 잔치가 열린다. 자신을 고집하지 않되 상대방을 이해하고자 하니, 하늘 어디에서나 찾아온 생명을 한결같이 품에 끌어안는다.

나는 언제부터인가 욕심이 많아지는 날에는 곤괘의 부분을 찾아 읽게 되었다. 마음이 대지가 되어 편안하고 너그러워지려면 다음과 같은 마음가짐이 필요하다는 소리에 귀를 기울였다.

**우선 세상의 초점을 자기 안에 가두어 두지 말고 밤하늘 저 너머 우주의 관점에서 바라보아라.** 내가 중심이 되면 나를 둘러싼 세상의 재물은 유한할 수밖에 없다. 따라서 내 것보다 남의 것이 커 보이고 남의 것이 많아질수록 내 몫이 작아진다.

반면 멀리 우주로부터 나를 포함한 세상을 바라보면 확연한 차이가 느껴진다. 그토록 욕심냈던 돈과 재물들은 멈춰 있는 것이 아니라 흐르고 있는 상태라는 것을 알게 된다. 지금은 나에게 재물이 많이 쏟아질 수 있으나 머지않아 그 흐름의 방향이 다른 이를 향할 수도 있고, 지금은 내가 처참하게 부족한 상황이지만 메마른 땅에 단비가 내리듯이 재물의 물꼬가 터질 수도 있다.

**또한, 자신의 것이 작다고 한숨 쉬지 마라.** 땅은 하늘에 대고 불평하는 법이 없다. 동물이나 식물은 철마다 이동을 하거나 추위와 더위를 가리기 위해 계절마다 옷을 갈아입지만, 대지는 맨살로 사계절을 지내도 차분히 세월을 지켜나간다. 하늘의 순리를 따르며 생명을 지키기에 만물을 모두 품는 안주인이 되는 것이다.

**마지막으로는 마음의 공간을 넉넉히 잡아라.** 땅처럼 든든하고 평온한 마음이 바탕이 되면 자신이 맡은 소임에 충실할 수 있으니 재물이 차곡차곡 쌓여간다. 당신의 덕성 위에 쌓인 재물들은 한 사람의 분량이 아니라 더 많은 생명을 먹여 살릴 수 있을 정도가 된다. 마음의 공간이 넉넉해질수록 당신을 둘러싼 세상은 더욱 풍요로워질 것이다.

오늘처럼 욕심과 욕망으로 마음이 휘청거릴 때는 동네 산으로 올라가 황톳길을 밟는다. 촉촉한 황토는 외부의 자극과 무게를 말없이 감싸 안는다. 이방인의 발걸음조차 포근히 감싸고 수용하는 땅을 감지하며 땅의 덕성을 온몸으로 느껴본다.

대지의 마음을 따라 할 수만 있다면 하루를 보내기가 한결 수월해질 것 같다. 오늘 하루 동안 아무리 힘든 일이 있었어도, 평온한 마음으로 최선의 결정을 내린다면 아무 탈 없이 내일을 맞을 것이다. 오늘의 힘든 일은 땅을 다지는 비바람이 될지니, 그저 스쳐 가게 놓아둔다면 우리의 품에는 더욱 풍성한 화원이 차려지리라. 대지처럼 담담하게 하늘을 맞이할 때 나를 찾아오는 사람들의 진면모가 보이고, 대지처럼 너그러운 덕성을 지닐 때 여럿을 먹이고도 충분히 남을 부자가 될 것이다.

## 곤괘 坤

크게 길하고 크게 이롭다. 대지는 모든 생명의 모태이니 숭고하다. 하늘의 변화에 순응하며 만물을 키워내는 미덕이 있으며, 넓음이 한계가 없어 풍요롭고 충만하다. 저장할 수 있는 공간이 깊고 품의 경계가 없으니 만물의 근본이 될 만하다. 소와 말은 그 성질이 대지를 닮아 넓은 땅에서 뛰어놀기 좋아하며 성격이 유순하고 민첩하다. 군자는 세상을 떠돌다가도 곤괘에 달하면 결국 머물 곳을 찾게 된다. 서남향에서는 친구를 만나 뜻을 함께하고 동북향에서는 친구와 잠시 이별하나 결국에는 길하고 형통하다. 어려움이 없고 가는 곳마다 길하니 이 또한 너른 대지의 품성이다. 군자는 깊은 덕행을 바탕으로 재물을 쌓아가니 중요한 자리에 오르게 된다.

元亨. 利牝馬之貞. 君子有攸往, 先迷後得主, 利. 西南得朋, 東北喪朋. 安貞吉. 至哉坤元, 萬物資生, 乃順承天. 坤厚載物, 德合無疆. 含弘光大, 品物咸亨. 牝馬地類, 行地無疆? 柔順利貞. 君子攸行, 先迷失道, 後順得常. 西南得朋, 乃與類行. 東北喪朋, 乃終有慶. 安貞之吉, 應地無疆. 地勢坤. 君子以厚德載物.

**34편**

# 재물에 인덕이 더해지면

인생 최대의 재물을 축적하는 시기

정동진에서 바라보는 일출이 화려하고 감동적이라면, 성산일출봉에서 바라보는 아침 해는 현실적이고 믿음직스럽다. 후덕한 산 위에 태양이 떠오르니, 사람의 인생에는 연이은 성공을 얻어내며 막대한 재산을 벌어들이는 시기가 찾아온다. 남아도는 재물을 나누고 덕행을 실천하니, 이러한 사람의 주변에는 현명한 사람들이 모여들어 따뜻한 동네를 이루어 나간다. 풍부한 재력과 뛰어난 인재들은 당신의 앞날에 큰일을 도모하는 소중한 기반이 될 것이다.

대축大畜괘는 산 가운데 하늘이 있는 형상으로, 재물이 산처럼 두둑하게 쌓이고 자신의 하늘을 넓혀줄 인재들이 병풍처럼 둘러싸는 시기를 말한다. **일단 재물이 든든하게 쌓이면 행동과 몸가짐을 바로 하고 덕행을 쌓도록 한다. 부자가 된 후에 베푸는 이에게는 그 후로 도 오랫동안 좋은 일들이 생기지만, 재물을 앞세워 권력에 욕심을 내는 이에게는 소화불량 같은 뒤탈이 틀림없이 발생한다.**

일단 자신의 전문 분야에서 일터를 잡은 사람들은 상황과 기회를 살피며 대축괘의 시기가 오기를 기다린다. 이 과정에서 가장 중요한 것은 함께하는 사람들과 얼마나 화목하게 지내는가이다. 재산을 쌓 아가기 위해서는 재물을 옮겨줄 사람들의 도움이 필요하다. 자신보 다 현명한 사람에게 충고와 도움을 구하고 자신보다 부족한 이들에 게는 선행을 베풀라. 주변에 사람들이 따르면 이 시기가 더 빨리 찾 아와, 일생을 두고 커다란 재산을 축적하게 된다.

당신의 인생에 대축괘가 찾아오면 충분히 베풀고도 남을 만한 막 대한 재물이 쌓인다. 이때를 놓치지 말고 대접을 즐겨라. 특히 현명 한 사람을 사랑하며 그들에게 따뜻한 옷과 음식을 대접하도록 한다. 능력은 있지만 가난한 사람에게 따뜻한 밥과 고기를 대접하면 그 사 람이 훗날 당신을 위해서 자신의 능력을 아낌없이 발휘하니, 당신의 나라는 더욱 풍요롭고 태평성대는 오래가리라.

착한 사람에게는 물론 악한 사람에게도 베풀라. 정의로운 사람에 게도 선한 마음으로 대하고 설사 나를 속이려 하는 이에게도 선하게 베풀라. 성실한 사람에게도 불성실한 이에게도 너그럽게 대해라. 우 리가 한 사람을 이렇다 하고 판단하기에는, 시기적인 한계와 개인적 인 편견이 있기 마련이다.

이 시기에는 나에게 이로운 사람을 골라 사귀지 말 것이며 될 수 있는 대로 많은 사람들을 품도록 한다. 자연의 풍요로운 섭리에 힘을 얻어 나에게 인연으로 다가온 사람들을 껴안는다. 당신이 베푼 선행에 대해서 상상을 뛰어넘는 결실을 얻게 될 것이며 뜻하지 않은 사람들마저 당신을 비바람으로부터 감싸주는 바람막이가 되어줄 것이다.

착한 사람들은 부족함 없이 살고 일생이 편안하다. 또한 그가 쌓은 덕행은 자신에게뿐만 아니라 아들과 딸에게까지 고스란히 전해진다. 반면 악행을 서슴지 않고 범하는 사람들은 자신에게 직접적인 피해가 없더라도 그 화가 후손에게 고스란히 이어질 것이다.

## 대축괘 大畜

길하고 이로운 징조. 집에서 먹던 밥을 조정에서 먹으니 출세의 운이다. 하늘의 강건한 기운이 산의 너그러움과 풍요로움을 얻으니 재물이 풍요롭게 쌓여간다. 하늘의 빛이 산의 기운과 어우러져 찬란하게 퍼지니 새로운 아침이 열린다. 강한 힘이 세상을 향해 마음껏 뻗어나가고 현명한 사람들이 제자리를 찾으며 정의와 덕성이 세상의 중심이 된다. 현명한 사람들이 풍부한 녹봉을 받고 위정자가 되니 자연의 섭리에 따른다면 큰 강을 건널 만하다. 산 위로 찬란한 태양이 떠오르니 아침 이슬로 갈증을 달랜 생명들이 크게 기지개를 켠다. 군자는 대축괘를 맞으면 조상들의 훌륭한 가르침과 지혜를 익혀 자신의 덕행으로 쌓아가라.

利貞. 不家食, 吉. 利涉大川. 剛健篤實, 輝光日新. 其德剛上而尙賢, 能止健, 大正也. "不家食, 吉", 養賢也. "利涉大川", 應乎天也. 君子以多識前言往行, 必畜其德.

# 35편

## 내가 가진 것으로
## 타인의 길을 열다

재력뿐만 아니라 권력까지 얻는 시기

어렸을 때부터 나는 유난히 엄마 손을 잡고 시장에 가는 것을 좋아했다. 엄마는 시장에서 사과도 사고, 돼지고기도 사고, 고등어도 사고, 바나나도 사고, 내가 조르면 김이 폴폴 나는 순대도 사주셨다. 큼지막한 장바구니를 가득 채워 집으로 돌아가는 길에 우리는 늘 모퉁이에 얌전히 앉아 있는 붕어빵 가게에서 잠시 숨을 돌렸다.

"집까지 길이 멀지 아가야. 우리가 산 것들을 어떻게 잘 가지고 갈 수 있을까?"

갓 구운 붕어빵을 건네주시며 엄마는 어린 딸에게 많은 물건을 멀리까지 들고 가는 법을 가르치셨다.

"이 물건들을 장바구니 하나에 담으면 줄이 끊어지기도 하고, 한쪽 어깨에 메면 아파서 오래 걷지도 못한단다. 장바구니가 충분히 크더라도 하나에 가득 채우지 말고, 소중한 것을 골라서 나머지 한 손에 나누어 담으렴…."

엄마의 두 손과 내 작은 두 손이 보태어져 우리는 많은 것을 가뿐히 들고서 집으로 돌아왔다.

살다 보면 오랫동안의 준비와 노력이 한꺼번에 열매를 맺을 때가 있다. 재물이 갑자기 몰려들면 한곳으로 쏠려 담길 수 있다. 이를 좋다고 펑펑 쓰기 전에 숨을 돌리고 나누어 담는 지혜가 필요하다. 나누어 담는 지혜란, 많은 것을 얻었을 때 절박한 사람들을 구하는 것을 의미한다. 넘치는 재물을 부족한 이들과 나누면 재물의 가치는 곱절로 늘어난다. 왜냐하면 그들은 당신이 더 많은 것들을 들고 갈 수 있게 하는 당신의 또 다른 빈손이기 때문이다.

주역의 익益괘는 천둥 위에 바람이 불어오는 형상이다. 역동적인 두 덩어리가 엉겨 붙으니 커다란 힘을 얻는다. 사람으로 치면 노력하던 일에 대박이 터지거나 돈벼락을 맞아서 엄청난 이득이 생기는 시기이다. 누구에게나 이러한 기회는 꼭 오기 마련이지만, 누구나 이로 말미암아 부자가 되지는 않는다. 오히려 갑자기 찾아온 횡재를 주체하지 못하고 패가망신하는 경우가 더 많다. 그럼 어떤 사람들이 익괘를 맞아 큰 부자로 성장하게 될까?

이는 바로 얻은 것을 제대로 다스릴 줄 아는 사람들이다. **이들의 공통점은 재물이 쏟아짐을 기쁘게 받되 흥분하지 않고 잠시 마음을**

다스리는 시간을 갖는다는 것이다. 그리고 재물이 자기의 그릇에 넘쳐나면 주변의 부족함을 떠올리며 나누어 담을 줄 안다. 자신의 곳간 뿐만 아니라 다른 사람들의 밥그릇도 채울 줄 아는 것이다. 많이 얻은 사람이 정성을 다해 주변을 돌보니 그를 둘러싼 이들에게 새로운 길이 열린다.

윗사람이 자신이 가진 것으로 아랫사람들을 돌보면 존경으로 따르는 사람들이 많아진다. 타인을 도울 때에도 반드시 순수한 마음으로 정성을 다해라. 무작정 퍼주기보다 도움이 필요한 적절한 시기를 알아보는 것도 중요하다. 그렇게 할 수만 있다면 주변으로부터 흔들림 없는 믿음과 지지를 받게 된다. 모래처럼 흩어졌던 사람들을 자신이 가진 것으로써 하나로 모을 수 있으니, 앞으로 위기가 닥쳐도 부드럽게 극복하며 결국은 큰일을 이루게 될 것이다.

**익괘에 달한 하루는 그 자체로도 기쁜 날이지만 자신의 재물로 다른 사람들을 도우면 그 위력이 더 오래간다.** 나의 힘으로 많은 사람들의 길을 열어줄 수 있으니 선행을 베풀기에 좋은 시기이다. 재물의 덕성을 깨우치고 잘 다스릴 수 있는 사람은 앞으로 더욱 큰돈을 만진다. 은혜로운 마음을 지니면 하늘이 당신에게 은혜로워지기 때문이다.

마음으로 도와주되 단순히 한 끼 먹이기보다는 재물을 통하여 길을 열어주는 방법을 선택한다. 좋은 사람이 되어주고자 한다면 훗날 상대방도 나에게 은인으로 다가올 것이다. 세상에는 나쁜 사람들보다는 좋은 사람이 많은 법. 다른 사람을 사랑하면 그 사람도 나를 아끼고 사랑하니, 다른 사람을 사랑하는 것이 곧 스스로를 사랑하는 또 다른 방법이다.

이 시기에 큰 재물을 얻었다고 절대로 더 가지려 들거나 급히 질러가지 마라. 재물이 많지만 한곳으로 쏠린 상태이니, 자신의 무게중심을 바로잡고 부족한 부분을 메꾸는 게 관건이다.

## 익괘 益

커다란 이로움이 있다. 큰일을 도모할 만하다. 윗사람의 밥으로 아랫사람들의 배고픔을 달래니 만백성이 행복하다. 군주가 스스로를 겸허히 낮추고 저잣거리로 들어가 민심을 보살피니 그 정의와 덕성이 백성들 마음까지 닿는다. 임금과 신하, 백성이 모두 제 직분을 다하니 크게 길하고 평안하다.

든든한 배가 있으니 물살을 건너라. 함께하면 큰 강도 거뜬히 넘을 수 있다. 마음을 겸허히 하고 진심을 다해 도울 줄 아는 사람은 나아갈 시기와 물러설 시기를 판단하는 자질이 생긴다. 하늘은 만물을 윤택하게 하고 대지는 생명을 안아 기르니 천지가 한마음이 되어 그 은혜로움이 닿지 않는 데가 없다.

하늘과 땅은 세상에 태어난 생명들에게 베풀고 군자는 마을의 가난한 백성들에게 베푸는 시기이다. 단, 나눔에도 적절한 때가 있으니 신중히 판단하되 급한 곳을 우선 보살피라. 군자는 익괘를 보면 폭풍우의 위력에 두려워할 줄 알고 마음을 선하게 지니어 잘못을 고쳐야 한다.

利有攸往. 利涉大川. 損上益下, 民說無疆, 自上下下, 其道大光. "利有攸往", 中正有慶. "利涉大川", 木道乃行. 益動而巽, 日進無疆. 天施地生, 其益無方. 凡益之道, 與時偕行. 君子以見善則遷, 有過則改.

# 36편

## 조용히
## 부를 누리는 사람들

풍요로움이 절정에 달하는 시기

스스로 가진 것을 떠벌리는 사람은 부자라기보다 부자인 척하는 사람들이다. 진짜 가진 게 많으면서 거들먹거리는 사람은 머지않아 그 재운이 다하는 사람이라고 보면 된다. 진정 큰 재산을 품은 부자들은 조용하다. 소박한 옷차림에 차분한 걸음걸이로 길을 걷는다. 부귀영화는 드러내 놓고 떠들어대는 순간 번개처럼 한순간에 사라진다는 진실을 그들이 누구보다도 잘 알기 때문이다.

풍▦괘는 불 위에 다시 번개가 치는 형상으로, 화려하고 거대한 부를 누린다는 의미이다. 생명의 풍요로움이 절정에 달하는 시기. 들판에 꽃들이 만개하여 온 세상에 아름다운 향이 깃들고 정오의 태양이 높이 솟아 만물의 살림이 빛깔 곱고 따스하다.

조용한 부자들은 거북이걸음을 좋아한다. 느긋하지만 멈춤이 없어 풍요로움으로 차분히 다가서기 때문이다. 오늘 걷는 한 걸음 한 걸음으로 내일 맞을 미래를 준비하고 만일의 사태에 안전장치로 대비하니, 나쁜 일이 생겨도 큰 화로 번지지 않는다. 전속력으로 달려가는 능력자보다는 조용하게 쌓아가는 사람들이 결국 더 큰 위력을 발휘한다.

당신이 풍패의 하루를 맞이했다면 집안도 평소보다 더 빛나는 것 같고 주변의 분위기가 화사하게 느껴질 것이다. **걱정과 고민이 사라지고 가진 것을 누리며 사는 풍요로운 때이다. 이때 당신이 잊지 말아야 할 일은 잠들기 전에 감사하는 시간을 갖고 마음의 기도를 드리는 것이다. 거기다가 이웃과 함께 풍요로움을 나눌 수 있다면 앞으로 더 큰 부유함이 찾아온다.** 그런데 풍패는 누구에게나 찾아오는 것이 아니다. 오직 마음에 덕성을 품고 작은 선행이라도 꾸준히 실행했던 사람들에게 하늘이 표창장처럼 건네주는 상이다. 덕을 쌓는 이들은 반드시 복으로 보답받고 악을 행하는 이들에게는 반드시 재앙이 뒤따르니, 아직 그 시간이 다가오지 않았을 따름이다.


행실의 결과가 하늘에 달려 있다고 해서 사람의 힘이 하찮은 것은 아니다. 자신의 운명은 분명 예측을 뛰어넘는 부분이 있지만, 그 결과를 어떻게 받아들이고 행동하느냐에 따라 앞날의 판도가 달라지기 때문이다. 자신의 운명을 따지는 일이 영양가 하나 없는 솜사탕처럼 느껴진다면, 우선 자신이 사는 오늘 하루를 성실하게 연출해 보도록 한다. **착한 일을 작다 하여 무시하고 넘어가지 말고 악한 일을 작다 하여 함부로 행하지 마라.** 하루하루를 정성으로 살아가는 이에게 하늘은 신뢰를 보내기 시작한다.

풍괘에 들어서면 과거에 눈물 흘렸던 시간과 처절했던 고생이 충분히 보상을 받게 된다. 행복한 마음으로 이 시간을 충분히 누려라. 이때 잊지 말아야 할 것은 절제의 마음이다. 풍요로움이 정점에 달하면 머지않아 아래로 떨어지기 마련이니 현명한 이들은 편안함의 여유를 누리기보다 위기에 대비한다. 재물이 풍부하고 위대한 힘을 지닌 때에 스스로 겸손하고 절제하면 번영의 시기가 오래오래 지속된다.

---

### 풍괘 ䷶

하는 일이 형통하고 재물이 풍성하다. 왕이 하늘과 선조들께 감사의 제를 지내는 시기. 걱정할 일이 없는 가장 풍요로운 시절이다. 만물의 이치를 잘 이해하고 실행하는 사람에게는 반드시 크게 얻는 시기가 찾아온다. 정오의 시간에 태양이 온 세상을 비추니 어두운 곳이 없다. 그러나 가장 높이 떠오른 태양은 서서히 지기 마련이니 다시 찾아올 밤을 대비하라. 세상의 만물이 항상 가득찰 수만은 없으니, 증가하는 때가 있으면 소멸하는 시기도 찾아온다. 사람의 일이라고 어찌 늘 좋은 시절만 있겠는가. 군자는 평화로운 시대를 맞이하여 광명정대한 위엄으로 나태함을 바로잡고, 세상의 죄는 벌로 다스려라.

亨, 王假之. 勿憂, 宜日中. 豐, 大也. 明以動, 故豐. "王假之", 尚大也. "勿憂, 宜日中", 宜照天下也. 日中則昃, 月盈則食, 天地盈虛, 與時消息, 而況於人乎. 況於鬼神乎. 君子以折獄致刑.

---

# 37편

# 잡어를 놓아주니
# 잉어를 물고 온다

## 과감하게 손해 보기

사람들과 만나다 보면 내가 밑지고 손해 보는 일들이 종종 생긴다. 자기 것은 지키면서 덤으로 얻길 바라고, 내놓은 것보다 많은 것을 챙기고 싶은 본성이 누구에게나 있기 때문이다. 그런데 내가 손해를 보면 다른 사람에게 그만큼 이익이 생긴다는 것을 가끔은 기쁘게 받아들이자. 내 것 하나를 내주어서 상대방을 춤추게 할 수 있다면 그 두 사람은 힘이 되는 관계로 발전하게 된다.

손損괘는 연못 속에 산이 빠진 형상으로 손해나 감소를 의미한다. 그러나 아무리 산이 빠졌다 한들 조그마한 연못 속에 함몰되지는 않는다. **지금 당장은 돈이나 재물이 줄어들지만, 앞으로 크게 더해질 시기인 것이다. 손해를 과감하게 받아들이고 부족한 부분은 절약과**

**절제로 메우면 앞으로 커다란 이익이 더해진다.** 잡어를 놓아주니 잉어를 몰고 오는 형상이다.

모처럼 해외 출장이 잡힌 날이었다. 얼마간 소식을 전할 수 없을 것 같아 친구에게 전화를 걸어 만나자고 했다. 커피를 마시면서 해외 출장 일정을 은근히 자랑삼아 말했더니, 그 친구의 표정이 갑자기 환해졌다. 그러고는 전에 꼭 사고 싶었는데 가격 때문에 참고 있었다며 명품 브랜드의 스킨과 로션 세트를 부탁하는 것이 아닌가. 괜히 자랑했나 싶었다. 그날 밤, 내가 잊어버리기라도 할까 봐 친구는 제품명을 친절하게 문자로 남겨주었다.

며칠 후, 출장을 마치고 공항 면세점에 들러 친구가 부탁한 화장품을 구입했다. 스킨이나 로션 하나만 산다고 해도 꽤 비싼 가격이었다. 이럴 줄 알았으면 친구에게 굳이 연락하지 말걸. 잊혀진 것 같았던 후회가 밀려들었다. 그래도 일단 부탁을 받은 일이라 수중에 있었던 할인 쿠폰과 카드 포인트를 총동원해 구입하고 돌아왔다. 화장품 값은 꼭 받아야지 생각하면서.

다시 친구와 만난 날, 친구는 고맙다고 환하게 웃으며 화장품을 기쁘게 받았다. 돈이 얼마 들었는지 물어 오는데, 그 순간만 해도 받을까 말까 열 번은 족히 망설였다. 결국은 '선물이야' 하고 말하며 만지작거리던 영수증을 구겨 넣은 채 민망해진 손을 올려 커피를 마셨다.

주역에서는 손해나는 일이 항상 나쁜 것만은 아니라고 가르친다. 손해 중에는 더 큰 복을 불러오는 경우가 있다. 산을 옮겨 바다를 메울 때 표면적으로는 산이 하나 손실된 것 같지만 그 자리에는 많은 백성을 먹여 살리는 비옥한 평야가 남는 법이다.

얻음 가운데 잃음이 있고 잃음 가운데 얻음이 있다. 세 사람이 길을 가는 경우 마음이 맞지 않는 하나가 내 곁을 떠날 수 있지만, 또 다른 한 사람이 그 외로움마저 달래주는 소울메이트로 남을 수 있다. **그러니 잃었다고 해서 너무 상심할 필요도 없고 얻었다고 해서 지나치게 좋아할 필요도 없다.** 잃음으로써 더욱 소중한 것을 얻을 수 있다면 그 둘의 사이는 앞으로 더욱 오래가고 깊어질 것이다.


그 후로 2주 정도가 지났을까. 화장품을 부탁했던 친구가 해외여행을 떠났다. '그럴 계획이었다면 자기가 사 오지…' 하는 괘씸한 생각이 들었다. 그러고 나서는 일상에 묻혀 지내고 있는데, 오랜 여행을 마치고 돌아온 친구로부터 전화가 걸려와 만났다.

"네가 좋아할 것 같아서 산 커피 원두야."

그 친구는 만나자마자 커피 명가로 유명한 숍에서 직접 공수해 온 커피 원두 두 봉지를 내밀었다. 프리미엄 원두라 한국에서는 구하기조차 어려운 품종이었다. 밀봉되어 있는데도 테이블 주변으로 그 향이 가득 채워졌다. 신선하면서도 품격 있는 아로마였다.

"하나는 케냐산, 하나는 좋은 원두를 골라 섞은 블렌드. 거기 주인장하고 알고 지낸 지가 10년이 넘었거든. 이번에 그분을 만나서 뭐라고 했는지 아니? 사장님은 10년 전이나 지금이나 한결같다고. 사람도 그렇고 커피 맛도 그렇고. 그래서 내가 사장님을 좋아한다고 했어. 그러니 지긋이 웃으시며 커피를 갈아 주시더라고."

커피를 받아 들고 좋아하는 나를 보다가 친구는 또 갑자기 생각났다는 듯이 여행 가방에서 무언가를 꺼내어 내밀었다.

"아 참, 이건 중국 여행을 하는 길에 구해 온 거야. 무이산 암벽에서 자라는 차나무 잎을 반발효시켜 만든 우롱차인데, 계피향까지 은은하게 입혀져서 맛이 특별하더라. 이건 선물이라기보다는 내가 가장 좋아하는 차라서 함께 마시려고 가져왔어."

우롱차는 아담하고 정교한 은색 상자에 담겨 있었는데 소량이지만 아주 귀한 차라는 것을 한눈에 봐도 알 수 있었다. "커피나 차를 마실래 아니면 밥을 먹을래?" 하고 물어 오면 주저 없이 차를 선택하는 나이기에 이 두 가지 선물은 돈을 주고도 살 수 없는 귀한 물건이었다.

앞으로 가끔은 손해를 보더라도 웃어넘길 수 있는 바보가 되기로 했다. 시간이 흐른 다음에는 내가 기대하는 것 이상의 보답으로 돌아온다는 것을 느끼는 중이기 때문이다. 이 세상은 100원을 넣으면 딱 100원어치 커피가 나오는 자판기가 아니다. 가끔은 동전을 집어삼키기도 하지만, 또 돈이 없을 때 툭 하고 치면 맛난 커피가 공짜로 나오기도 한다. 길게 난 길을 걷는 것처럼 멀리 바라보면 결국은 자신이 바라는 목적지로 흘러가게 되어 있다. 그 여정의 한가운데서 조금이라도 엇나가는 행동은 용납하지 않고 더군다나 손해는 조금도 보지 않으리라 긴장하고 악을 쓰다 보면, 우리는 길가에 흐드러진 더 멋진 선물들을 놓치게 된다.

**손괘** 損

내 것에 손해가 나더라도 주는 마음이 진실하면 크게 길하다. 비록 재물이 줄어 드는 순간이 있으나 해로울 것은 하나도 없는 시기. 바른 마음으로 행하면 머 지않아 커다란 이익으로 돌아온다. 가지고 있는 등나무로 소쿠리 두 개를 짤 수 있도록 자신의 재물을 조금 넉넉히 준비할 필요가 있다.

有孚, 元吉, 無咎, 可貞. 利有攸往. 曷之用二簋.

# 38편

## 가난한 미소는 담백하다

가난에 대처하는 지혜

갑자기 궁해진 사람들은 약속 장소에 나온 후에 지갑을 두고 왔다는 소리를 많이 한다. 여느 때처럼 근사한 식당에 앉아 늘 만나던 친구들과 여유를 부려야 하는데, 그럴 만한 돈은 없으니 지갑 대신 배짱만 주머니에 두둑이 넣고 온 것이다.

모처럼 나간 동창회에서 한 친구가 가까이 다가오더니 말을 걸었다. 사업체를 운영한다는 소식은 간간이 듣고 있었지만 별로 친한 사이가 아니어서 관심을 두지는 않았다. 그 친구는 가볍게 술 한 잔을 따르며 나에 대해서 좋은 소리를 많이 들었다며 말을 건네 왔다. 내가 시큰둥하게 반응하자, 잠시 머뭇거리더니 좋은 투자처가 있는데 관심이 있느냐며 이야기를 이어갔다.

들어보니 관심도 없는 분야였고 '투자만 하면 대박'이라는 레퍼토리가 신경에 무척 거슬렸다. 자리가 불편해져 슬며시 일어나려고 하는 찰나, 친구는 갑자기 내 손을 잡아끌었다. 조금 전의 호탕한 표정이 처참히 사라지더니 갑자기 울상이 되어 매달리는 것이 아닌가. 사연인즉슨 사업이 망해 아이들 학비를 댈 수 없으니 돈을 조금 융통해 달라는 이야기였다. 나는 친구의 사정이 안되어 보이기도 하고 아이들 교육비라니 마음이 약해져, 지금 당장은 어렵고 나중에 연락을 주겠다며 집으로 돌아왔다.

그 후로 며칠 동안 친구의 처지가 마음에 걸려 다른 동창들에게 전화를 걸어봤다. 나 혼자는 별다른 힘이 못 되니 십시일반 같이 도우면 어떻겠냐고 제안을 할 참이었다. 그런데 동창회 사정에 밝은 한 친구가 그에 얽힌 속사정을 전해주었다.

조그만 사업체를 운영하던 그 친구는 머리부터 발끝까지 명품으로 도배하고 수입차를 몇 종이나 가지고 있는 것으로 한때 유명했다. 사업이 잘될 때는 그의 라이프스타일이 아무런 문제가 되지 않았지만, 가세가 기울자 허세와 씀씀이가 고스란히 빚으로 남았다. 그래도 그는 자신의 처지를 아랑곳하지 않고 모임이란 모임에는 빠지지 않았다. 망한 것을 모르는 이들에게는 투자를 빌미로 돈을 뜯어내고, 사정을 이미 아는 친구들에게는 아이들 핑계를 대고 돈을 빌리러 다닌 것이었다.

그 소식을 전하는 친구는 화가 섞인 목소리로, 사정이 안 되면 아이들을 국공립학교로 보내면 되는데 여전히 부자들만 다닌다는 사립학교에 보낸다며 굳이 도와줄 필요가 없다고 말했다. 그와 친했던 친구들은 이미 모두 고개를 돌렸다. 그이가 가난해서가 아니라, 현실을 인정하지 못하고 남의 것으로 자신의 밑 빠진 독을 채우려는 거짓말과 욕심이 싫어서였다.

주역의 곤㊎괘는 연못은 있으나 물이 없는 형상이다. 집안에 재물이 메마르니 빈곤한 시기를 의미한다. 제아무리 뛰어난 능력을 가지고 살아보려고 발버둥을 쳐도 이 시기에는 하는 일마다 실패로 돌아간다. 이때 불의의 사고까지 겹치면 치명적인 상처를 입고 회복이 불가능해진다. 상태를 악화시키지 않기 위해서는 가장 먼저 자신의 처지를 인정하고 현실로 받아들이는 것이 중요하다. 무모하고 성급한 행동을 하거나 남의 것을 탐낸다면, 돌이킬 수 없을 정도로 처절히 망하게 된다.

우리 인생에 가난이 깃드는 이유는 몸과 마음이 쇠약해서가 아니다. 오히려 부유함과 사치가 극에 달할 때 처절한 가난이 뒤이어 찾아온다. 한때 방심하고 흥청망청 쓰던 사람들은 가세가 기울어 곤란한 상황이 되어도 다른 사람들에게 무시를 당할 뿐 제대로 하소연도 못한다.

일단 곤괘에 들어서면 과거의 허영과 욕심을 버리고 와신상담할 수 있어야 한다. 주말이 지나면 월요일이 오는 것처럼 즐겁게 놀고 난 다음에는 정신없이 일해야 하는 날도 돌아온다. **이때 아무리 노력해도 당분간은 과거의 화려한 날로 되돌아가지 못하니, 아등바등하**

기보다는 욕심을 내려놓고 현실을 인정해야 한다. 가난이라는 돗자리를 빌어 바닥에 주저앉아 보면 내일을 헤쳐나갈 담담한 용기도 생겨난다.

예로부터 현인들은 가난하고 누추한 상황에 부닥치면 잠시 대문을 닫고 방 안에 단정히 앉아 있었다. 허름한 도포를 입고 맹물에 밥을 말아 먹더라도 안분지족의 미소를 잃지 않으니, 담백한 행복에 몸을 기댈 만했다. 술자리와 연회를 멀리하고 일선에서도 잠시 물러나 있지만, 홀연히 책장을 넘기며 가슴에 품은 뜻은 버리지 않았다.

주역의 곤괘는 가난에 대처하는 지혜를 의미한다. 두 손에 가진 것이 없을 때 편안하게 웃는 마음이 되면 인생이 통째로 담백해진다. 어찌할 수 없는 빈곤이 찾아오면 상황을 바꾸려 하기보다 해파리처럼 물살을 타며 잠시 동안의 무력감을 즐긴다. 과거의 부귀영화가 모두 한때였음을 깨달으면 앞으로 특별히 어렵거나 두려운 일들도 없어 보인다. 가난한 시기에 가장 중요한 자세는 마음을 비우고 뜻을 바로 하는 것이다. 이때는 앞으로 나아갈 창과 방패조차 없으니, 신중하게 처신하여 외부로부터의 위험은 사전에 피한다.


신은 인간에게 희로애락의 감정을 선물하면서 기쁜 일과 슬픈 일, 좋은 일과 나쁜 일을 세트로 운명의 상자에 넣어주셨다. 살다 보면 가슴 벅차게 웃을 일도 있지만 때로는 눈물 나게 서러운 날들도 따라오기 마련이다. 가장 가난한 시절에도 담담하게 미소 지을 수 있다면, 앞으로 아무리 힘들거나 좌절할 일이 생겨도 무섭거나 두렵지 않게 된다. 궁하면 통하고 통하면 이루어지는 것이 세상을 움직이는 제일의 법칙이다.

## 곤괘 困

가난하고 어려운 시기이나 그릇이 큰 사람은 마음이 평화로우니 재난이 없다. 이 시기를 잘 보내면 앞으로 형통하다. 비록 처지는 곤궁하나 조급한 마음을 갖지 마라. 궁하면 통하기 마련이며 현명한 가난에는 덕성이 깃든다. 가난할 때는 아무리 언변이 좋아도 실제로 이루는 힘이 없으니, 말이 많아지면 자신을 더욱 부끄러운 상황으로 몰고 간다. 군자는 가난의 시기에 자신을 격려하며 현명함을 쌓아간다. 본연의 사명을 다하되 좋은 뜻으로 행동하라.

亨. 貞大人吉, 無咎. 有言不信. 剛揜也. 險以說, 困而不失其其所, "亨", 其為君子乎? "貞大人吉", 以剛中也. "有言不信", 尙口乃窮也. 君子以致命遂誌.

**39편**

# 마음을 비우고
# 작은 것을 사랑하기

겸허함은 인생 최선의 미덕

겸손이란, 화려한 포장지를 뜯어내고 자신의 맨살을 보이는 것이 아니다. 그보다는 내가 가진 것을 타인에게 보태어 나보다 부족한 사람도 함께 추켜세우고 공경하는 행동이다. 이 세상 많은 미덕 가운데 최고를 꼽으라 하면 성인들은 주저하지 않고 겸손을 말했다.

스스로 덜어낼 수 있으면 세상으로부터 지지와 존중을 받는다. **겸손은 조용한 힘으로 당신을 앞으로 밀고 가며 많은 사람들이 두 손 걷고 나서서 당신을 돕게 만든다. 자신이 지닌 약점을 솔직히 인정하고 겸손한 마음으로 다른 사람을 공경한다면, 지금보다 더 커다란 힘이 당신을 끌어올릴 것이다.**

겸謙괘는 땅 가운데 산이 있으니 높은 산이 만물을 껴안은 격이다. 많은 사물을 안으로 껴안으니 밖으로 자랑하거나 드러냄이 없다. 사람으로 따지면 산이 만물을 품에 안듯 조용하고 겸허한 마음으로 보내는 시기이다. 지금 당장은 조금 머뭇거릴 수 있어도 이 시기를 잘 보내면 앞으로 형통하다.

주역의 64괘 중에는 순전히 길하거나 순전히 흉한 괘는 존재하지 않는데, 신기하게도 오직 겸괘만이 여섯 개의 효가 모두 길함을 뜻한다. 태곳적부터 오늘에 이르기까지, 사람들의 세상뿐만 아니라 우주를 이루는 모든 생명체에 이르기까지, 겸손함이야말로 최선의 미덕임을 증명하는 것이다.

가득 차고 거만한 행동은 손해를 부르고 비우고 겸허해지는 행동은 이익을 부른다. 살다 보면 이익이 되는 일도 있지만 손해나는 일도 다반사이다. 인생의 일장일단을 서로 보완해 나갈 때 인생은 더 너른 지평에 도달한다.


나도 매사에 조금 더 나아지려고 애쓰다 보니 어느 사이에 일상의 재미를 잊고 있었다. 그래서 잠시 동안 마음을 비워보기로 했다. 삶을 그대로 인정하고 주변의 작은 것들을 사랑하다 보면 다양한 표정과 목소리를 들을 수 있을 것 같았다. 모자라면 모자란 대로 소소하면 소소한 대로 하나하나에 귀 기울이다 보면, 그 안에서 두근거리며 하루를 보낼 수 있으리라. 두서가 없고 앞뒤가 엇갈릴지도 모르지만, 사람의 삶이란 것은 본래가 기승전결이 분명하지도 않고 논리로 정의할 수 있는 것도 아니다.

겸괘는 현재 크게 부유하지 않지만 욕심을 버리고 담담히 살아가니 크게 잃을 것도 없는 시기이다. 행여 어려운 일이 생기더라도 겸손한 마음을 가지면 순조롭게 풀어나갈 수 있는 형국이다. 겸허한 마음을 지니면 이 시기에 좋은 사람들을 많이 만난다. 이제까지 사이가 좋지 않거나 칼을 갈았던 적마저 자신의 스승으로 되돌릴 기회이다. 자신의 앞에 산적한 어려움을 풀기 위해서 가장 우선시되는 마음은 겸손이다. 이 마음 하나만 있으면 결국은 안전하고 풍요로운 시절에 이르게 되니 앞날이 길하다.

사랑에도 겸손이 필요하다. 상대에 대한 기대나 욕심을 거둔다면 그 사람이 살아가는 모습을 그대로 받아들일 수 있다. 나 아닌 한 사람을 고스란히 사랑하는 시간은 영화처럼 극적이며 아름답게 흘러간다.

당신이 굳이 그 사람을 만나서 지금까지 그 사람을 놓지 못하는 이유에는 이미 당신이 손으로 꼽을 수 있는 것보다 많은 비밀이 깃들어 있다. 헤어질 핑계보다 만나서 사랑하기까지의 간절함이 많았기에 돌아서면 생각나고 자꾸 끌린다. 사랑하는 동안에는 비가 자꾸 눈물처럼 느껴지지만, 흐린 후 갠 날의 무지개를 누구보다 먼저 발견할 수 있을 것이다.

산처럼 묵직하게 세상을 바라보되 가슴에 품은 맑은 뜻은 하늘을 향할 것, 너른 품을 지닐 것, 비바람이 몰아쳐도 흔들리지 않을 것.

이렇게 겸허한 마음으로 하루를 보낸다면 내일은 당신을 둘러싼 온 세상에 밝은 태양이 비출 것이다.

**겸괘** 謙

형통하다. 선한 뜻을 품은 자에게 성과가 생긴다. 하늘의 강한 힘이 아래로 퍼지니 만물이 자라나고, 땅의 부드러운 힘이 상승하니 세상을 건강히 순환시킨다. 하늘의 원리는 부족한 부분을 보태어 채우는 것이며 땅의 원리는 비천한 부분을 감싸 안는 것이다. 신이 존재하는 이유는 가득한 부분을 덜어내어 겸허하게 하기 위함이며, 사람이 살아가는 이유는 질병과 상처를 인정하며 겸손해지기 위함이다. 겸허한 품성은 존귀한 사람을 더욱 존중받게 하고 비천한 사람도 억누르지 않으니, 겸손한 선행은 반드시 보상을 받는다. 이 괘를 보면 군자는 겸허한 마음이 되어 햇살을 충분히 모아 부족하고 결핍된 곳에 비추고, 재물의 많고 적음을 가늠하여 부족한 사람들과 공평하게 나누라.

亨. 君子有終. 天道下濟而光明. 地道卑而上行. 天道虧盈而益謙. 地道變盈而流謙. 鬼神害盈而福謙. 人道惡盈而好謙. 謙, 尊而光, 卑而不可逾, 君子之終也. 君子以裒.

# 40편

## 처음의 약속은
## 끝까지 지킨다

미래를 내 편으로 만드는 비결

어제는 하루 종일 비가 내렸다. 건조한 도시에 촉촉한 봄의 축복이 내린 날이었다. 회사 업무로 메말라 있던 내 가슴에도 허브 향 같은 봄비의 촉촉함이 스며들었다. 행복했던 추억이 유리창에 동그란 실루엣을 그리며 빗방울처럼 흘러내렸다. 그렇게 비가 마음껏 내린 후에는 산뜻하고 맑은 아침이 온다. 비와 맺은 약속을 화사한 태양은 잊는 법이 없었다.

중부中孚괘는 연못 위에 바람이 불어 오는 형상이다. 그 손길이 닿지 않는 데가 없고 위아래로 모두 통하니, 한 사람의 성실과 신뢰를 의미한다. 주역에서는 성실과 신뢰야말로 인간성의 기본이라고 말한다. 그리고 자신을 세상에 내어놓음에 겸허하게 행동하는 것이 바로 성실과 신뢰의 시작이다.

　사람들과 만나 일단 믿음이 근간이 되면 서로 허심탄회하게 자신의 의견을 말할 수 있다. 화기애애한 대화 가운데 힘이 하나로 모일 수 있으니, 혼자 해결하기 어려운 문제들을 함께 풀어갈 만하다. 여럿이 힘을 합치면 다가오는 위험에도 미리 대응할 수 있다. 내 편이 많은 사람은 어려운 일이 닥쳐도 두려움이 없는 법이다.

　문득 오늘의 다이어리를 정리하다 보니 빼곡한 일정이 눈에 들어왔다. 나의 하루는 절반 이상의 시간이 내 의지와 상관없는 일들로 채워진다. 이런 일들은 내가 아침에 눈뜨기를 기다렸다가 정신을 차릴 때쯤에 와락 하고 과일 바구니 엎어지듯 쏟아진다. 그리고 나머지 절반은 내가 원하지만 아직 일어나지 않은 일들이 약속이란 명목으로 기록되어 있다. 앞으로는 내가 바라는 일들 그리고 내가 좋아하는 사람들에 더욱 많은 시간을 쓰고 싶어, 부지런히 메일을 쓰고 전화를 걸어 약속을 잡았다.

　주역의 중부괘에는 사람의 마음이 흔들리기 쉬우니 약속으로 틀을 잡고 정성으로 실천하라는 의미도 담겨 있다. 신뢰와 성실함이 없으면 어떤 일도 끝까지 해내기 어렵다. 하는 일마다 중도에서 포기한다면 어느 누구의 사랑도 받기 어려우니, 자신의 편이 사라지는 것은 당연하다. **반면에 자신에게 주어진 오늘을 성실하게 살아가고 사람과의 약속에 믿음으로 답하면, 다가오는 내일의 일들이 순탄하게 진행될 뿐만 아니라 과거보다 점점 더 향상된 성과를 거둘 수 있다.**

수많은 타인 중에 내 편을 많이 만들려면 어떻게 해야 할까? 믿음의 관계로 서로 든든한 연결고리를 맺기 위해서는 우선 내가 먼저 상대방에 대한 정성과 진심 어린 마음을 준비해야 한다. 첫 만남에서는 서로 견해차나 오해가 있을 수 있지만, 이를 숨기지 않고 명백하게 풀어나가면 두 번째 만남으로 이어진다. 그리고 그와 일단 믿음의 끈을 맺을 수 있다면 설사 의심할 만한 상황이 생겨도 그럴 만한 사연이 있었을 거라고 서로 이해하게 된다. 물론 상대를 선택하는 것이 상당히 중요하다. 함께 뜻을 나눌 수 있는 자, 얼굴을 맞대고 싸우더라도 뒤돌아서서 나에 대한 의혹을 남기지 않는 자. 이들과 함께하면 앞날이 형통하다.

뜬금없는 소리일지 모르지만, 가끔 사람뿐만 아니라 물건들이 나에게 약속을 걸어오고 믿음으로 보답한다. 지금 내 책상 위에 있는 초콜릿 쿠키가 대표적인 내 편이다. 늘 내 곁을 떠나지 않고 까만 얼굴로 지켜보고 있다가, 내가 가장 슬프고 우울한 날에 세상 최고의 달콤함으로 마음을 위로해 주곤 한다. 그리고 책상 한쪽에서 결재를 기다리며 놓여 있는 서류도 나에게 미래에 대한 약속을 걸어 온다. 서류는 미래의 계획을 품고 있다. 서류와 맺은 약속에 내가 충실히 임하면, 아마도 지금보다 조금 더 나아진 미래를 맞을 수 있을 거다.

내가 보낸 과거에는 수많은 가능성이 존재한다. 그 가운데 나와 또 다른 사람이 만나 약속으로 남긴 일들은 며칠 후 나의 하루를 채우는 현실이 된다. 그러므로 조금 더 즐거운 미래를 만들기 위해서 오늘의 가능성을 소중히 살피고 키워둘 필요가 있다. 지금을 사는 일 가운데 미래의 밑그림을 그리는 약속의 작업이 그만큼 중요하다.

**처음의 마음을 지켜라.** 그리하면 사람에게서뿐만 아니라 당신을 둘러싼 세상으로부터 존중을 받는다. 신뢰라는 기반이 쌓이면 인간관계나 하는 일이 순조롭고 형통하니 미래에 풍부한 수확을 얻을 수 있다. 상대방을 믿기 위해서는 우선 자신에 대한 믿음이 자리해야 한다. 그렇다고 너무 자신만만하면 홀로 외롭고 고독하게 되니 겸허한 마음으로 중심을 잡는다.

## 중부괘 中孚

조상께 드리는 제사에 복어를 제물로 올리니 그 물건이 보잘것없어도 성심을 표현할 만하다. 그 마음이 큰 강을 건널 수 있을 만큼 이롭다. 부드러운 힘이 내재하고 강한 힘이 밖을 보호하니 기본 품성이 밝고 겸손하다. 이런 사람은 유순한 성품과 강한 추진력, 온화한 친화력과 겸손한 미덕을 모두 품고 있어 많은 사람들을 신뢰의 끈으로 단결시킬 수 있다. 이들이 모이면 세상을 교화할 수 있어 큰일을 도모해도 순풍에 돛 단 듯이 순조롭게 풀려나간다.

이 괘를 간직한 사람은 성실함이 몸에 배고 사람에 대한 믿음이 있으니, 타인을 이롭게 하고 재물을 키워 오래 유지할 수 있다. 하늘의 이치를 따르며 사는 삶에 어찌 풍파가 있겠는가. 군자는 중부괘를 보면 덕을 높이 들어 백성을 교화하고 형벌은 신중히 판단하여 법전의 가치를 진중하게 하라.

豚魚吉. 利涉大川. 利貞. 柔在內而剛得中, 說而巽, 孚乃化邦也. "豚魚吉", 信及豚魚也. "利涉大川", 乘木舟虛也, 中孚以"利貞", 乃應乎天也. 君子以議獄緩死.

제6장

**도전의 정도** 正道

기회는 모든 이에게 공평하게 주어진다.

올라탈 준비가 되어 있는 자만이 그것을 잡는 것이다.

기회가 다가왔는데 아무것도 준비된 것이 없다면

모처럼 다가온 기회를 그저 넋 놓고 보낼 수밖에 없다.

# 41편

## 들뜬 기운은
## 쓰는 것이 아니다

일의 시작 단계에는 함부로 나서지 말 것

동네에 새로운 대형마트가 들어섰다. 야채값이 100원만 차이 나도 갈대처럼 흔들리는 동네 아주머니들에게는 모처럼의 희소식이었다. 아침부터 바람 인형이 하늘을 향해 춤을 추고, 개점을 알리는 도우미들의 리드미컬한 멘트가 내 다락방까지 울려 퍼졌다.

새로운 마트는 개업하기에 앞서 동네 아파트에 전단지를 대량 살포하며 동네 사람들을 유혹하고 있었다. 농수산물들은 파격적인 가격을 선보였고, 5만 원 이상 구매 고객에게는 가루비누를 선물로 준다고 해서 동네 사람들이 잔뜩 기대하고 있었다. 마침내 찾아온 개점일, 조용하던 동네가 생기발랄해지기 시작했다. 과연 새로운 마트의 사장님은 경쟁 상대들을 제치고 변심의 귀재인 동네 아주머니들을 단골로 만들 수 있었을까.

새롭게 시작하는 사람의 주변에는 상서롭고 형통한 기운이 가득하다. 새로운 직장에 들어가거나, 자신의 회사를 창업하거나 가게를 연 사람에게서 들뜨고 흥분된 기분이 느껴지는 건 바로 이러한 분위기 때문이다. 일에 도움을 줄 수 있는 사람을 소개받고 새로운 일들을 의뢰받아 밝은 미래가 보인다. 그런데 명심할 것은 아직은 이 기운을 쓸 때가 아니라는 것이다. 아껴두어야 한다. 왜냐하면 주변의 여건이 아무리 좋아도 이를 운용하는 사람이 아직 갓 태어난 어린아이의 상태이기 때문이다.

둔屯괘는 시작, 초기를 의미한다. 구름 위에서 번개가 생겨나는 형상. 새로운 생명이 태동하는 단계이다. **만사가 형통하고 큰 이익이 생기나 아직은 쓸 때가 아니다. 좋은 일이 시작되나 아직은 상황이 안정되지 못하니 좋은 기운을 바로 쓰지 말고 성숙하기를 기다려야 한다.** 이 시기에 가장 중요한 것은 자신을 새로운 환경에 적응시키고 스스로를 엄격한 규율로 다스리는 일이다.

주역에서는 둔괘를 씨앗에서 새싹이 막 움트는 시기라고 설명한다. 여리고 무른 싹이 굳게 다져진 흙 표면을 뚫고 나와야 하니, 힘에 부칠 정도로 만만치 않은 일이다. 사람의 일도 마찬가지여서 시작하는 단계에는 어려움이 많다. 그러나 바른길로 행하고 성실하게 노력한다면 머지않아 밝은 태양과 마주하게 된다. 일의 분야를 불문하고 새로운 일에 첫발을 내딛는 사람에게는 순수한 신념이 가장 큰 도움이 된다. 다른 사람의 의견을 경청하되 받아들일 것과 넘겨들을 것은 확실히 분별하라.

떠들썩하던 오픈 행사가 있고 나서 한 달이 지났다. 동네의 슈퍼스타로 떠올랐던 신장개업 마트는 어느샌가 다시 조용한 동네의 평범한 마트로 묻혀가기 시작했다. 초기에 너무 힘을 들인 나머지 더 이상의 파격 할인도 대박 세일도 없었다. 원산지 직송을 강조하던 채소와 과일들은 하나같이 머리를 풀어헤친 듯 생기를 잃은 채 처분될 순간만 기다리고 있었다.

처음부터 서둘러 이루려 한다면 크게 힘만 들 뿐 이루어지는 것은 없다. 씨앗만 뿌리고 거두는 게 없는 격. 시작하자마자 여기저기 나서고 자신의 존재를 알리기 위해 경거망동한다면, 타인의 눈에는 마치 엄마의 손에서 벗어난 갓난아이의 모습으로 보인다. 몇 번은 신선하고 천진난만한 매력으로 비칠지 모르나, 정작 중요한 순간에 미숙한 일 처리로 주변에 민폐를 끼치는 결과를 낳는다. 성장에는 시간과 조건이 필요한 법이다.

시작이 순조로웠다면 이어져야 할 것은 자신의 역량을 조금 더 갈고닦는 과정이다. 일에 관련된 지식을 넓고 깊게 쌓아가며 기본기를 익히는 등 차분하게 실력을 키운다. 행운이 가득한 시기에는 마음으로 감사하되 그 힘을 실제로 운용하기 위해서 자신의 역량을 성숙시켜야 한다. 갓 태어난 새싹이 거목으로 자라나기 위해서는 비바람을 견뎌낼 뿌리를 견고히 해야 하고, 갓 태어난 어린 새가 비상하기 위해서는 하늘을 가로지를 건강한 날개를 마련해야 한다.

거대한 우주도 그 시작은 혼란이었다. 빗방울도 허공에 구름으로 떠돌다 온도 조건이 마련되어야 세상으로 떨어진다. 새로운 일이 시작되는 시기에는 주변이 순수하고 맑은 기운으로 가득하다. 사람에게도 갓난아이처럼 풋풋하고 순수한 에너지가 넘치는 시기이다. 그러나 큰일을 이루려는 이들에게 순수하고 맑은 기운은 좋은 의미만은 아니다. 일이 시작되는 초기에는 함부로 나서는 대신 조용히 새로운 질서를 익혀가고 일의 균형을 잡는 일에 집중한다. 들뜬 기운은 쓰는 것이 아니다.

**둔괘 屯**

크게 이롭고 크게 길하다. 집 문밖을 성큼성큼 나다니기에는 좋지 않으나 나라를 세움에 있어 시작으로 삼을 시기이다. 강함과 부드러움이 섞이기 시작하는 단계에는 갖가지 충돌과 어려움이 존재하나 그 가운데 만물의 생명과 성장의 기운이 탄생하는 법이다. 천둥에 단비가 섞이며 우주를 가득 채우니 넓고 커다랗고 순탄하고 현명한 덕성이 깃들어 있다. 그 은혜로움으로 산천의 초목이 성장하는 시기이다. 군자는 천둥 같은 위엄으로 법을 집행하고 비 같은 은혜로움으로 백성을 다스려라.

元亨, 利貞. 勿用有攸往. 利建侯. 剛柔始交而難生. 動乎險中. 大亨貞. 雷雨之動滿盈, 天造草昧. 宜建侯而不寧. 君子以經綸.

**42편**

# 아침 샘물은
# 산에게 조언을 구한다

### 좋은 시작을 예감하는 어리석음

살아오는 동안 대부분은 가르침을 받는 입장이었지만 이제 가끔은 내가 누구를 가르쳐야 하는 상황이 생긴다. 직장 생활이 10년을 넘어가면서, 신입 사원이라는 이름으로 열 살 아래의 후배들이 하나둘 찾아들기 시작했다. 대학을 갓 졸업하고 회사라는 무림에 갓 입문한 후배들은 호칭이며 서류 작업이며 모든 게 뒤죽박죽이다. 이것저것 꼬집어주자니 밑도 끝도 없고 한숨만 나왔지만, '열심히 해보겠습니다' 하고 천진난만하게 웃는 모습을 보니 나도 모르게 따라 웃게 되었다. 나도 가끔은 아침 샘물이 기댈 작은 산이 되어줄 필요가 있었다.

몽蒙괘는 '덮는다'는 의미이다. 산 아래로 샘물이 흘러나와 땅을 덮는 형상이다. 산 아래에서 맑고 투명한 물이 샘솟으나 아직 그 방향을 찾지 못하는 시기. **헤매지 않고 바로 가기 위해서는 선각자의 교육과 지도가 필요하다. 이 시기를 잘 보내면 산 아래 맑은 물이 올바른 방향으로 흐르는 격이니 앞날이 형통하다. 맑은 샘물이 산에 생명력을 더하듯, 가르침을 주는 사람도 더불어 크게 성장한다.**

몽괘를 이루는 여섯 가지 효는 어리석음에도 여러 가지가 있음을 의미한다. 자신이 부족하다고 느끼면서도 가만히 있는 것은 어리석음 중의 어리석음이다. 같은 출발선에서 시작한 동료들이 좋은 스승을 만나 단계별로 쑥쑥 성장하는 동안 노는 데 정신이 팔려 수수방관 자신을 내버려 둔다면, 오래지 않아 뒤로 밀려나고 결국은 낙오자의 처지가 된다. 자신에게 필요한 스승은 자기가 직접 찾아나서야 한다.

스승이 어리석을 때도 좋은 결과를 얻지 못한다. 올바른 가르침이란, 모범을 제시하면서 부족함과 어긋난 부분은 포용하고 뒤에서 받쳐주는 것이지 틀렸다고 벌로 다스리거나 험한 말로 몸과 마음에 상처를 주는 행위가 아니다.

팀에 신입 사원이 들어오면 업무에 도움이 되기는커녕 이제까지 안정적이던 업무 라인이 뒤죽박죽되기 일쑤였다. 그렇다고 커피 심부름이나 서류 복사 같은 간소한 업무만 시키기에는 그들이 애써 준비한 이력서와 자기소개서가 눈에 밟혔다. 어떤 경우에는 과하게 열정이 많은 신입이 이것저것 물어 오는 바람에 귀찮아 죽을 뻔했다.

"이것도 못해?", "이것도 몰라?"라는 말을 열 번이나 되삼키는 동안 점심시간이 다가왔다. 그들을 데리고 회사 근처 밥집에서 큰 냄비의 생태찌개를 주문해 함께 먹었다. 입맛을 다시며 돌아오는 길, 신입 하나가 "이거요…. 잘 부탁드립니다" 하며 막대 사탕을 하나 슬쩍 들이밀었다. 생전 처음 받아보는 뇌물이었다. 막대사탕에 발목이 잡힌 나는 다시 갑갑함에 허벅지를 찌를지언정 그들과 동고동락하는 선배의 역할을 자처하리라 마음먹었다.

처음 시작하는 사람들의 갖가지 어리석음을 뒤덮고도 남을 최악의 몽매함은 바로 선각자의 게으름이다. 게으름 그 자체에는 독성이 없어 우리의 신체를 직접적으로 해치지 않지만 마음과 영혼을 경솔하고 경박하게 만든다. 신중하지 않고 경솔한 상태에서 한 선택은 우리의 인생에 치명적인 독이 된다. 이와 동시에 게으름은 지금까지 어려움을 잘 해결해 왔던 지혜와 재능마저 뒤덮어 버린다. 편안하고 달콤하게 영혼을 마비시키는 독약이 바로 우리 곁에 다가온 게으름이다.

산 아래 솟아나는 샘물에 길을 터주면 물줄기가 멈추지 않고 흐르면서 산 귀퉁이의 생명까지 먹여 살리고 주변을 살찌우는 원천이 된다. 한없이 게으르고 싶을 때는 웅장한 산속에 흐르는 물줄기를 떠올리도록 한다. 산을 키우고 살찌우는 힘은 바로, 큰 소리를 내지 않지만 한순간도 멈추지 않고 흐르는 수많은 물줄기다.

## 몽괘 蒙

형통하다. 자신이 무지몽매한 것이 아니라 주변에 어리고 아직 배움이 필요한 사람이 나의 가르침을 원하니 나서서 도움이 되어주어라. 산 아래가 물로 덮여 어려움이 있으나 산의 힘으로 위기를 막는다. 적시적기에 어려움을 해결하니 앞날은 길하다. 무지몽매한 사람이 현자의 가르침을 따르며 바른 품성과 지혜를 겸비하게 되니 현자의 공로가 크다. 군자는 과감하고 부단한 노력으로 자신의 품위와 덕성을 길러나가라.

亨. 匪我求童蒙, 童蒙求我. 初筮, 告. 再三瀆, 瀆則不告. 利貞. 山下有險, 險而止, 蒙. 蒙, 亨, 以亨行時中也. "匪我求童蒙, 童蒙求我," 誌應也. "初筮告", 以剛中也. "再三瀆, 瀆則不告", 瀆, 蒙也. 蒙以養正, 聖功也. 君子以果行育德.

# 43편

## 크게 이루려는 자는
## 때를 기다린다

적당한 시기가 올 때까지 즐거운 백수 되기

회사 근처에 아주 예쁜 베이커리 카페가 있다. 이곳은 새벽 동안 불을 밝히고 반죽을 숙성시킨 후 갓 구워낸 빵 냄새로 문을 연다. 모처럼 일찍 일어난 날에는 이곳에 들러 아메리카노와 발효빵으로 아침을 먹는다. 모처럼 맞는 모닝커피 타임. 통유리 저편으로 바쁘게 걸어가는 사람들을 바라보다가 문득 무난하게 이어지는 내 일상을 돌이켜 본다. 회사 일로 하루하루를 바쁘게 지내다 보니 정작 나에게 남는 것은 무엇인지 생각해보질 않았다.

이곳의 빵은 쫄깃하고 탄력이 있다. 좋은 밀가루를 엄선하여 체에 잘 거르고 알맞은 분량의 물과 효모를 섞어 손으로 정성스레 치댄다. 관건은 숙성이다. 장시간의 기다림과 새벽의 온기에 제대로 발효된 반죽은 아침 창가의 해처럼 두둥실 부풀어 오른다. 그렇게 충분히 숙성된 반죽은 가지각색의 빵으로 빚어진다. 그 안에 달콤한 팥소를 넣어도 되고 부드럽게 녹아드는 생크림을 얹어도 된다. 사람들의 입맛을 자극하도록 정교하게 성형된 후에는 파티시에의 손을 떠나 오븐으로 들어간다. 치밀하게 조절된 온도와 시간을 모두 견딘 반죽들은 고소한 향기를 뿜어내며 노릇노릇하고 풍만한 덩어리로 세상에 태어난다.

**우리의 평범한 일상에 빵처럼 탄력이 붙기 위해서는 기다림이 필요하다.** 오븐에 구워내기 전 저장고에서 고요히 숙성되는 밀가루 반죽처럼, 내 지난 시간은 깊은 곳에서 숨죽이고 숙성돼야 하리라.

주역의 수需괘는 구름이 하늘에 떠 있는 형상이다. 구름이 창공을 떠다니며 비로 내리기를 기다리는 것처럼, 크게 이루려는 자는 여건이 갖추어질 시기를 기다려야 한다. 시작은 그 자체로 위대한 의미가 있지만 실효한 영향력은 미약하기 그지없다. **일을 시작한 사람은 시간의 흐름에 견주어 성숙해지기 위해 애써야 한다.** 또한 기다림의 밑바탕에는 잘될 거라는 믿음이 절대적으로 필요하다. 믿음이 있어야 기나긴 시간 동안 유혹에 흔들리지 않고 제자리를 지켜낼 수 있기 때문이다. 기다림의 시기를 잘 보내면 앞날이 형통하고 길다.

자신의 힘이 아직 미약하거나 주변 상황이 갖춰지지 않았을 때 섣불리 나섰다가는 혼란에 빠질 뿐이다. 논어에서도 정치는 위정자가 무언가 하려고 애쓰기보다는 천하의 도리에 순응하며 시의적절하게 다스림이 최상이라 하였다. **기다림은 내적인 힘을 축적하는 시간이 며 신념에 대한 조용한 실천이다.**

적당한 시기가 오기를 기다리는 동안은 사물에 대한 혜안을 키우 는 시간으로 삼도록 한다. 주역에서는 이때 맛있는 음식을 먹으며 편 안한 잠자리로 충분한 휴식을 취하라고 말한다. 제철을 기다리는 동 안에도 살아가는 날들의 즐거움을 맛보며 편안함에 몸을 맡길 줄도 알아야 한다. 그러나 아무것도 하지 않는 기다림은 무의미하다. 기다 림은 분명 중요한 과정이나 거기에는 반드시 마침표가 필요하다. 그 러기 위해서는 세상에 나설 적절한 시점을 판단하는 혜안이 갖추어 져야 한다. 고요히 침묵하며 준비할 줄 아는 사람, 정확한 시기에 나 설 줄 아는 사람. 이들에게는 세상이 아침의 영광을 준비하고 있다. 아무리 성숙해지더라도 미진한 부분이 남아 있기에, 내 편이 되어줄 사람들을 이 시기를 빌어 사귀는 것도 좋다.

빵집에 앉아 유리창 너머를 건너다보던 시선을 옆에 꽂혀 있던 잡 지로 돌렸다. 잡지에는 자신을 어필하려는 사람들의 이야기가 일 년 열두 달 빼곡히 들어차 있다. 표현과 소통을 즐기는 개인적인 성향이 든 비즈니스와 마케팅의 수단이든, 글과 사진으로 자신을 드러내고 자 하는 사람들이 성공할 인물로 평가받는 시대다. 수괘를 빌어 기 다림에 대해 장황하게 이야기했지만, 나 또한 드러내지 않으면 왠지 불안해하는 몸살 같은 노출증을 앓고 있다. 숙성시키지 못한 재능을 가졌으면서 내가 이룬 것을 통해 나를 드러내고 알리고 싶었던 거다.

스스로를 드러내고 싶어 하는 사람들은 행실과 표정이 달떠 있다. 시선이 상대방을 향하기보다는 모든 대상에 자신의 그림자를 거추장스럽게 드리우고 있다. 자신을 이해받기 위해서 대화를 시작하기 때문에 자신의 표현이 제대로 전달되지 못할 것을 두려워하고, 말과 행동의 호흡이 자연히 가빠질 수밖에 없다. 이러한 노력은 사람들에게 순간 강인한 인상을 줄 수 있을지 몰라도 깊고 영향력 있는 신뢰를 주지는 못한다.

위대한 성과의 주인공들은 오히려 드러내는 데 집착하지 않는다. 수괘를 보면서 앞으로 무언가를 세상에 내놓을 때는 숨 한 번 깊게 쉬고 기다리는 시간을 갖기로 한다. 욕심을 내는 대신 조금씩 더 알차게 세상을 익히고, 앎을 내세우는 대신에 그저 담백한 마음으로 사람을 대하기로 한다.

## 수괘 需

크게 길하고 크게 형통하다. 적절한 기다림이 있은 후에 큰 강을 건널 만하다. 위험이 앞에 도사리고 있으니 무모하게 덤비지 마라. 아무 일 하지 않고 기다리더라도 궁색할 정도로 가난하거나 크게 어려울 일이 없다. 올바른 기다림에는 성실함과 긍정적인 믿음, 현명함과 정의로움이 깃들어 있으니 앞으로 큰일이 다가왔을 때 위대한 성공을 이룬다. 군자는 수괘에 이르면 맛있는 음식과 편안한 잠자리로 충분히 휴식을 취하되, 시기가 되었다 싶으면 바로 행동하라.

有孚, 光亨, 貞吉. 利涉大川. 需, 須也. 險在前也, 剛健而不陷, 其義不困窮矣. "需: 有孚, 光亨, 貞吉", 位乎天位, 以正中也. 利涉大川, 往有功也. 君子以飲食宴樂.

**44편**

# 보폭이 작아야
# 제 방향으로 간다

## 순조로운 시작을 섬세하게 이어나가는 시기

어떤 일이든 시작하는 단계에서는 커다란 성과를 기대하기 어렵다. 초기에는 좋은 일보다 경계해야 할 일이 많은 법. 바쁘게 지나가는 하루 중에도 마음속으로는 지나간 날과 앞으로 다가올 일들을 총체적으로 점검해야 할 때이다.

회사에서 최근에 맡은 한 프로젝트는 시작부터 예감이 좋았다. 같이 일하는 동료들과 손발이 척척 맞아떨어졌고 일을 진행하기 위한 재원도 충분히 준비되었다. 일을 하다 보면 몇 가지 문제들이 발생하기 마련인데, 이번에는 그 고비마저 술술 풀려나갔다. 주말까지 연장되는 업무를 정리하며 팀원들 사기도 돋을 겸 조촐한 회식 자리를 마련했다. 간단히 고기나 먹자고 마련한 자리였는데, 어쩌다 보니 술이 술을 먹는 지경까지 취하고 말았다.

　주말을 그렇게 보낸 월요일 아침, 나는 해파리처럼 침대에 너부러져 있었다. 그간 쌓인 피로 때문에 간에서는 술을 해독시킬 여력이 없었다. 그래도 그날 빠뜨리면 안 되는 일이 있었기에 몸을 추스르고 회사로 나갔더니, 다들 나와 비슷한 상태였다. 사무실에는 알코올의 기운이 감돌았고, 다들 소매를 걷고 일을 하지만 눈은 초점이 풀린 게 어제 먹은 골뱅이 모양을 하고 있었다. 다시 입에 술을 대면 인간이 아니라며 옆자리에 있는 팀원이 숙취 해소 음료를 하나 건네주었다.

　주역의 대유大有괘는 하늘 위에 불꽃이 타오르는 형상이다. 태양이 높이 올라 만천하를 비추니 오곡이 풍성하고 커다란 수확이 있다. 시작이 좋으면 1년이 풍요롭고 커다란 재물이 쌓인다. 이미 좋은 출발을 보였으며 성공할 조건도 갖추었으니 앞으로 한 단계 더 발전하는 일만 남아 있다. 이미 얻은 수확을 낭비하지 않되 규율을 따르고 제 직분에 맞게 행동하면 많은 사람이 함께 큰 것을 누린다.

　새로운 일을 시작할 때에는 불안과 걱정이 앞서기 마련이다. 그러다 어느 정도 성과를 이루고 안전 궤도에 올라서면 사람의 마음에는 조금씩 여유가 생겨난다. 그런데 이때 방심하면 일을 완성하지 못한다. **꾸준히 앞으로 나아가되 작은 보폭으로 방향 잡기에 주력하라.** 자신감이 충만하여 성큼성큼 걸으면 오히려 목표와 방향에 혼란을 줄 뿐이다. 패기와 열정도 좋지만 이때는 실패할까 노심초사하는 자세가 오히려 도움이 된다.

이렇게 방심하지 않고 착실히 일하다 보면 머지않아 만루홈런을 치게 된다. 반면에 작은 성취로 만족해하고 거만해진다면 위대한 성공을 눈앞에서 놓칠 뿐 아니라 오히려 커다란 재앙을 불러오게 된다. 우쭐대는 당신에게 경쟁자들이 치열한 싸움을 걸어오고 아랫사람들은 당신의 약점을 잡는 데 혈안이 될 것이다. 저 뒤편에서는 당신에게 불만을 품은 사람들이 당신을 함정으로 몰아넣을 궁리를 할 수도 있다.

지금 도모하는 일이 순조롭게 풀려왔고 앞으로 한 단계 더 발전하고 싶다면 어떻게 해야 할까? 우선 겸손하게 행동하고 절제하는 습관을 기르도록 한다. 아무 생각 없이 내뱉던 말들은 조심스럽게 쓸어 담고, 번잡한 행동은 분리수거하듯 정리하며, 극과 극을 넘나드는 감정의 보폭은 명장이 악기를 다루듯 섬세히 조율해 나간다. 그리고 무엇보다 중요한 과제는 내 안의 욕망을 조절하는 일이다. 성공을 축하하느라 밤새도록 술잔치를 벌였다면 다음 날 하루가 피곤한 법이다. 드디어 손안에 성과물을 얻어 뿌듯하고 기쁘지만 이는 작은 시작일 뿐이다. 이때야말로 유순한 성품과 겸손함을 갖추어 갈 때이다. 그래야만 지금의 자리를 유지하면서 앞으로 한 단계 나아갈 수 있다.

한 사람의 성품에 자리한 부드러움이란, 우유부단하고 나약한 것이 아니라 강함을 감싸는 너그러운 힘이다. 이 힘은 평소에 쌓아둔 덕성으로부터 나온다. 인생을 걸 만한 커다란 꿈이 있다면 이러한 힘이 반드시 필요하다. 사람과 사귀면서 인간적인 신뢰를 돈독히 하되 다른 사람을 품에 안을 수 있어야 한다. 커다란 사업도 작은 부분으로 나누어 조용하고 섬세하게 준비해 나가도록 한다.

이왕 순조롭게 시작했다면 섬세한 방향 설정이 필요하다. 오늘 오르는 산은 어제보다 높고 험준한 봉우리임이 틀림없다. 이미 장비가 갖추어지고 여건도 이전보다 많이 나아졌으니 작은 보폭과 신중함으로 바른길을 찾아가라. 대유의 시기를 제대로 보낸다면 당신은 앞으로 중책에 오르게 되며 윗사람과 아랫사람이 힘을 모아 당신의 성공을 돕는다. **아직은 축배를 들 때가 아니다. 겸손과 절제, 섬세한 준비의 마음을 잊지 않아야 커다란 수확이 있다.**

### 대유괘 大有

앞날이 크게 형통하다. 부드러운 힘이 크고 귀한 자리에 있다. 백성과 신하가 바른 마음으로 자신의 직분에 충실하니, 세상이 조화롭고 평안하여 대업을 이룰 만하다. 백성들이 문화와 정의의 힘으로 마음을 강건히 하고 하늘의 순리에 따르며 시의적절하게 행동하니, 사회가 번창하고 하는 일마다 거침없이 이루어진다. 군자는 이때 횃불을 들어 선악을 판별하고, 죄는 벌하되 선함은 널리 표창하라. 하늘의 뜻에 따르면 성공의 운명을 얻는다.

元亨. 柔得尊位大中, 而上下應之曰大有. 其德剛健而文明, 應乎天而時行, 是以 "元亨". 君子以遏惡揚善, 順天休命.

# 45편

## 앞날에 대한
## 숨 막히는 예고편

조용히 노력한 자가 크게 성공한다

기회는 모든 이에게 공평하게 주어진다. 올라탈 준비가 되어 있는 자만이 그것을 잡는 것이다. 기회가 다가왔는데 아무것도 준비된 것이 없다면 모처럼 다가온 기회를 그저 넋 놓고 보낼 수밖에 없다.

예豫괘는 땅 위에 천둥이 울리는 형상으로, 앞으로 큰일이 다가옴을 뜻한다. 심사숙고하여 준비하되 앞날에 대비해 철저히 계획을 세우는 시기이다. **유비무환, 즉 철저히 준비해야 앞으로의 일들이 순조롭다.** 이때는 시기와 정세에 맞게 적절히 행동하며 자신을 객관적으로 관찰하는 시간으로 삼아야 한다.

모임에 나온 한 후배가 자기소개를 하는 시간에 이전 직장을 잠시 정리하고 이직을 준비 중이라고 말했다. 어떤 일을 할 계획이냐고 옆에서 물어보니, 아직은 이야기할 단계가 아니라며 수줍게 웃고는 자리에 앉았다. 그러고 나서 한 달 정도 지났을까. 업무차 한 대기업 기획실에 방문할 기회가 있었는데 팀장의 자리에 그 후배가 나오는 것이었다. 명함을 건네며 "선배님 인사가 늦었네요" 하는데, 그 인사가 참 반갑고 기분이 좋았다. 나이는 어렸지만 침착하게 준비하고 이루어가는 그를 보면서 주역의 예괘를 참 잘 보냈구나 하는 생각이 들었다.

반면에 같은 모임에 나오는 한 동기는 이야기의 시작이 늘 직장에 대한 불만이었고 마무리는 자기 처지에 대한 한탄이었다. 아니나 다를까, 얼마 지나지 않아 그는 직장을 그만두었다. 그리고 한동안 회계사 시험을 준비한다고 했다가, 다음 모임에서는 세무 분야가 대세이니 그쪽으로 방향을 바꾸었다고 이야기했다. 그러기를 반년이 지났을까, 아직도 그는 불만이 가득했고 불가능한 이유들에 시끄럽게 휩싸여 있었다. 준비하는 과정에서 이 사람 저 사람 붙잡고 떠들어 대느라 정작 본격적으로 일을 이루어야 할 시간에 진이 다 빠진 듯했다.

예괘의 하루에는 본격적인 실행보다 준비하는 데 중점을 두어야 한다. 준비하는 과정은 무료하고 지루할지도 모른다. 그러나 앞으로 다가올 승리를 떠올린다면 충분히 웃음 지을 수 있다. **지금의 어려움은 모두 자신의 행복을 위함이니, 더 큰 결실을 누리기 위해서는 보이지 않는 곳에서 꼼꼼하게 정비하라.** 준비하는 기쁨을 아는 자는 커다란 성공을 누릴 기본적인 자질이 마련된 셈이다.

철저히 준비한 뒤에 실전에 나서면 놀랄 정도로 탁월한 승리를 얻게 된다. 전쟁의 명수들은 평화의 시기에 강력한 병력을 조직하고 훈련에 임했으며 전쟁이 나면 즉시 나아가 적들의 침략에 대항했다. 준비하는 사람은 자신뿐만 아니라 함께 일하는 사람들까지 지켜낼 수 있다. 당신과 함께하는 사람들은 편안하게 자신의 자리를 지켜나가며 행복한 삶을 함께 누릴 것이다.

꿈꾸는 어떤 내일이 있다면 우선은 침묵하고 준비부터 시작한다. 당장은 성과가 없을지라도 준비하는 과정에서 삶의 또 다른 의미를 찾을 수도 있다. 준비하는 즐거움을 아는 사람은 머지않아 성공이 이어질 것이니 기쁨의 크기는 갈수록 배가된다. 일이 본격적으로 진척되는 과정에도 위기가 사전에 차단된 상태이니 큰일을 하더라도 고생스러움이 없다.

일단 사람의 마음이 즐거우면 바깥세상에 대해서도 존중하고 공경하는 마음이 생긴다. 머리를 맑게 하고 가슴을 평온하게 하며 바위처럼 곧은 심지로 제자리를 지켜라. 때때로 반성하는 시간을 가지면 극으로 치달을 뻔한 마음을 다잡고 중도를 지켜나갈 수 있다. 이 시기를 잘 보낸 사람은 앞으로 긴 시간 동안 좋은 일이 줄지어 생겨날 것이다.

땅 위에 천둥이 울리니 겨울이 물러가고 봄날이 다가옴을 노래한다. 꽁꽁 얼었던 대지가 꿈틀거리고 씨앗에서 움튼 새싹이 대지를 뚫고 나온다. 봄은 새로운 시작을 의미하는 경쾌한 시기이다. 아침에 일어나서 창으로 들어오는 햇살을 맞으며 큰 웃음을 지어본다. 담백하게 웃을 수 있는 사람은 그 마음이 늙지 않는 법. 청춘은 아직 우리에게 많은 기회를 예고하고 있으니, 단지 우리가 준비되길 기다릴 뿐이다.

## 예괘 豫

나라를 세우거나 병사를 이끌어 싸움에 나가기에 유리하다. 약자는 강자를 따르고 강자는 자신의 의지를 관철하며 실행으로 이끌어 나가는 시기이다. 천지의 운행과 자연의 변화도 시간의 흐름에 순응하기 마련인데, 사람의 일이야 거듭 강조할 필요가 없다. 성인은 시간의 흐름에 따라 행하되 이를 어긴 사람에게 명확한 형벌을 내리니 그 위대함에 만인이 복종한다. 선왕은 예괘를 보면 하늘의 천둥소리를 음악으로 삼아 공덕의 노래를 부르고 행했으며, 그 영광을 하늘과 조상에 돌릴 줄 알았다.

利建侯, 行師. 剛應而誌行, 順以動, 豫. 豫, 順以動. 故天地如之. 而況 "建侯行師" 乎. 天地以順動, 故日月不過, 而四時不忒. 聖人以順動, 則刑罰淸而民服. 豫之時, 義大矣哉. 先王以作樂崇德, 殷薦之上帝, 以配祖考.

**46편**

# 작은 실천으로
# 크고 높게 성장한다

### 능력과 덕성을 함께 키워야 하는 이유

하늘은 평화롭고 대지는 비옥하다. 하늘과 땅 사이를 태양과 달이 부지런히 오가며 아침과 밤을 이어간다. 가슴에 품은 꿈을 현실로 이루어 가는 시기. **자연의 덕성을 본받고 태양과 달의 부지런함을 닮으면 장차 크게 성공한다.**

주역의 승升괘는 대지의 한가운데에서 나무가 자라는 형상이다. **한 단계 한 단계 충실하게 성장하는 시기를 뜻한다.** 생명이 위로 솟아오르니 형통하고 길하다. 씨앗에서 새싹이 움트고 하늘을 향해 줄기를 뻗어가듯 과정마다 충실하면 크게 성공한다. 그런데 성장하는 과정에는 외부로부터 비바람의 시련과 우환이 끼어들 수 있다. 이때를 대비하여 덕성을 길러내라. 위로 솟아오르는 시간에도 선한 마음을 지니면 재난을 견디는 버팀목이 생긴다.

많다면 많고 적다면 적은 서른이라는 나이에 나는 기로에 서 있었다. 변할 것인가 아니면 만족하고 살아갈 것인가. 먹고 입는 데 부족할 것이 없었고 건강하고 여유롭게 살 수 있는 데에 감사한 마음이 들었다. 하지만 내가 완성되기까지는 앞으로 많은 시간이 남아 있었다. 숙제도 없고 시험도 없다면 군이 책을 들어야 할 필요가 있을까? 그 답을 나는 한 사람에게서 찾았다.

나에게 좋은 지침이 되어주는 이는 다름 아닌 우리 큰이모님이다. 남들보다 재능이 많지는 않지만 부지런하고 올바른 마음으로 늘 남을 위해 기도하시는 분. 큰이모는 환갑이 넘은 나이에도 간병인 일을 하셨다. 주말까지 부지런히 일하고 그렇게 모은 돈으로 전국 각지에 있는 동생들에게 계절 과일과 생선을 보내주시곤 했다. 젊은 시절을 일본에서 보내면서 큰이모는 티타임을 생활의 낙으로 삼으셨다. 나를 보면 늘 녹차 서너 봉지를 챙겨주시기에 나는 큰이모를 '녹차 이모'라고 부른다.

이모와의 각별한 인연은 30년 전으로 거슬러 올라간다. 서울의 모퉁이 단칸방에서 함께 지내던 시절이었다. 그 당시 이모의 집은 어린 내가 보기에도 모자라고 가난했다. 그런데 이모의 생활에는 돈으로 따지기 어려운 자산이 참 많았다. 수십 년 한결같은 성실함의 유물들, 타인을 아끼고 배려하는 몸에 밴 예절…. 유년 시절, 단칸방에 살더라도 부모님을 대신한 이모의 관심과 애정이 넘쳐났기에 지금도 그 사랑의 힘으로 살아갈 수 있다.

가끔 전화 통화를 하다 보면 이모의 세상은 그 어디보다 희망으로 넘쳐흘렀다. 내 주변에는 미래에 대한 희망을 이야기하는 사람들이 많지만 자기 자신을 믿는 데 있어서는 그분을 따를 자가 없다. 이것이 녹차 이모의 저력이다. 풍요롭지는 않아서 넘치거나 남는 게 있을 리 없는 살림이지만, 배고픔을 벗어난 데 감사하기에 이모는 누구보다 부지런히 일어나 새벽을 맞이하고 계셨다. 더러는 촌스럽게 말을 꺼내고 가끔은 사내 같은 표정을 하시지만 그 안에 담긴 순정과 애정은 찜통 안의 만두, 만두피 안의 속처럼 훈훈하게 넘쳐났다. 대쪽 같은 의리도 본능적으로 가지고 계셨다.


주역에서는 인생을 완성하기 위해서 재능뿐만 아니라 덕성이 곁들여져야 한다고 강조한다. 나무가 크기 위해서는 부드럽고 비옥한 대지가 필요하듯, 선한 덕성이 든든하게 밑받침되어야 잠재력이 꽃피는 것이다. 재능이 갖춰진 사람에게 기회가 찾아들고 선행을 베푸는 사람에게 우환이 멀어지는 법이다. 성공을 위해서 너무 급히 갈 필요는 없다. 비록 작은 실천일지라도 꾸준히 쌓아나가면 실력과 인품이 한 발 한 발 완전함으로 다가선다.

기반이 든든해야 새로운 도전을 할 수 있고 준비된 사람에게 기회가 찾아온다. 지금 하는 일에 어느 정도 만족감이 든다면 누가 시키지 않더라도 관련된 지식을 꾸준히 공부하라. 항시 변하는 상황에도 유연하게 대처하며 한 단계 성장할 기회를 모색해야 한다. 승패의 시기에 앞날을 대비하며 자금을 모아두는 것도 중요하다. **천 리 길도 한 걸음부터 시작하고 물 한 방울이 모여 바다를 이루듯이, 지금의 꾸준한 노력이 힘을 축적하고 든든한 기반을 이룬다.** 성실함은 신뢰로 다져지니 머지않아 조력자를 만나게 될 것이다. 앞으로의 일은 사람을 통하여 힘을 얻는다.

---

### 승괘 升

크게 형통하다. 도움이 되는 사람을 만나니 걱정할 것이 없다. 먼저 간 사람들의 발자국을 참고하고 다수가 기대하는 방향으로 향하면 길하고 이롭다. 마음에 겸손함의 미덕을 품고 밖으로는 유순한 태도를 지니면 위를 향해 성장하는 시기이다. 임금과 신하가 제 직분을 다하고 정도를 지키니, 하나로 단결된 힘을 발휘할 수 있고 나라가 태평하며 큰일도 완벽하게 이루어진다. 길을 나서면 도움이 되는 사람을 만나니 새로운 일을 시작하기에 좋은 시기이다. 군자는 도덕에 따르고 수양에 힘써 작은 것부터 실천하니 그 위대함이 크고 높게 쌓여간다.

**元亨, 用見大人, 勿恤. 南征吉. 柔以時升, 巽而順, 剛中而應, 是以大 "亨", "用見大人, 勿恤", 有慶也. "南征吉", 誌行也. 君子順德, 積小以高太.**

# 47편

## 지루할 수 있으나
## 자리를 뜨지 않는다

변치 않고 오래가는 사람들의 저력

오랫동안 살아남고 싶다면 부동의 자세로 자리를 지키기만 해서는 안 된다. 서슬 퍼런 칼날이라도 부지런히 갈고닦지 않으면 녹이 스는 법. **충만한 상태를 오래 지속시키고 싶다면, 혹은 사는 동안 한결같이 지키고 싶은 가치가 있다면 지루함을 감수하고 끊임없이 갈고닦으며 완숙해지고 평평해져야 한다.** 우주가 모든 것을 지켜올 수 있었던 것은 한시도 멈추지 않는 지속됨의 저력 때문이다.

요즘은 비가 자주 내린다. 간밤에도 비가 왔는지 아침에 나선 길이 젖어 있었다. 덕분에 내 기분은 물 먹은 건빵이 되었다. 좋지도 나쁘지도 않은 하루였다. 그다지 행복한 감도 없고 그렇다고 딱히 불행할 일도 없는 나날이다. 이런 날들이 사흘에 한 번 정도는 찾아온다. 새롭게 맞는 아침에 별다른 기대를 하지 않는 요즘. 그러고 보면 인생의 3분의 1은 어중간한 기분으로 살고 있다. 그렇다고 인생에 실망하거나 세상이 시시해진 것은 아니었다. 그저 콧노래처럼 '항상'이라는 단어를 흥얼거리는 중이다.

항恒괘는 바람이 천둥을 품어 안은 형상이다. 멈추지 않고 이동하며 널리 퍼져감을 의미한다. 바람은 부드럽고 산뜻하여 세상 구석까지 불고 천둥은 강인하여 상처받지 않을 저력을 지닌다. 서로 다른 둘이 껴안아 힘을 보태니 변치 않고 오래가며 길하고 이롭다.

하늘과 땅은 태초부터 지금까지 한순간도 멈추거나 변심한 적이 없이 자연을 안아 키워왔다. 태양과 달은 하루도 빠짐없이 뜨고 지면서 아침을 시작하고 밤으로 매듭지었다. 그 덕분에 우리의 시간은 일분 일초도 정지하지 않았으며 사시사철의 변화를 이끌어왔다. 시작이 있으면 끝이 있고 끝의 말미는 또 다른 시작을 품고 있다. 겨울의 끝자락이 봄이라는 새로운 시작을 품고 있듯이 말이다.

이러한 자연의 이치는 사람의 세상에도 고스란히 적용된다. 뜻을 세워 끝까지 밀고 가는 사람은 크게 성공한다. 공자는 제자들이 공부할 때도 꾸준히 배우고 익힐 것을 강조했다. 자만을 경계하고 배움과 사색을 그치지 말아야 하며, 지속적인 마음 가운데 만사가 성사된다고 가르쳤다.

우리 주변의 크게 이루는 사람들에게는 평범하지만 특별한 힘이 있다. 그것은 바로 아주 오랜 시간을 견뎌내는 힘이다. 이런 사람들은 하루하루를 배우는 자세로 임하며 자극적인 유혹에 현혹되거나 흔들리지 않는다. 가끔 바람이 불어오면 자신의 이곳저곳 패이고 엇나간 부분이 다듬어지고 단단해지는 시기라고 여긴다. 가끔은 아프고 가끔은 지루하고 또 가끔은 눈물 나게 힘이 들지만, 이 시기를 잘 견디다 보면 자신의 마음과 몸이 조금 더 안정되고 균형이 잡히리라 믿는다. 앞으로 다가올 시간 동안 예상치 못했던 어려움이 쏟아지지만 좌절하거나 낙담하지 않는다. 강물에 띄워진 배가 잠시 노 젓기를 멈추면 흐르는 물살에 뒤로 떠밀려 가는 법. 평온한 마음으로 침착하게 대응하다 보면 문제는 하나둘씩 스스로 허물어지기 마련이다.

이루고 싶은 꿈이 있다면 시간을 길게 두되 먼저 초석을 다지기 위한 노력이 필요하다. 그 과정에서 어려움을 두루두루 겪다 보면 심사숙고하는 진중함이 생기고, 거기서 얻은 사색과 깨달음이 삶을 더욱 깊이 있게 한다. 그날그날 주어진 일에 성심성의껏 임하고 힘든 순간마저 껴안을 수 있다면 성공은 어느새 눈앞에 다가와 있을 것이다.

## 항괘 恒

형통하고 이롭다. 오래가고 지속할 수 있으면 손해됨이 없다. 천둥은 강한 힘을 지니고 바람은 부드럽다. 부드러운 성품이 위에서 감싸고 강력한 재능이 아래를 떠받치니 두 힘이 서로 섞이며 조화를 이룬다. 군자는 항상 정도를 지키니 타인에게 겸손하고, 어려움이 있어도 포기함이 없다. 꾸준히 추진해 나가니 이로움이 있고 형통하다.

끝은 또 다른 시작이며, 완성되면 또 다른 세상이 열리는 것이 자연의 섭리이다. 태양과 달이 쉬지 않고 운행하니 세상을 비추는 빛은 멈춤이 없고 시간이 부지런히 달려 사계절의 변화가 끊임이 없으며, 성인은 나라를 복되게 하고 백성을 이롭게 함에 쉼이 없으니 천하를 교화시킬 만하다. 우주와 세상의 영원성을 통찰해 낸다면 시시각각 변화하는 만물의 정황을 이해할 수 있다. 군자는 항괘에 있으면 정도를 지키되 쉽게 포기하거나 변심하지 마라.

亨, 無咎, 利貞. 利有攸往. 恒, 久也. 剛上而柔下, 雷風相與, 巽而動, 剛柔皆應, 恒. 恒 "亨無咎, 利貞", 久於其道也. 天地之道恒久而不已也. "利有攸往", 終則有始也. 日月得天而能久照, 四時變化而能久成, 聖人久於其道而天下化成. 觀其所恒, 而天地萬物之情可見矣. 君子以立不易方.

# 48편

## 산처럼 성숙하고
## 거목처럼 성공한다

오랜 기간 쌓아 올린 노력이 빛을 발할 때

강하고 포악한 자가 약한 자들을 죽이고 살아남을 것 같지만 실제로는 그렇지 않다. 오히려 순하고 조용한 사람들이 주변의 관심과 애정 속에 조화롭게 살아가는 경우가 많다. 길게 오래가는 성공의 비결은 무엇일까. 산과 나무들은 그 비결을 알고 있다.

점漸괘는 산 위에 나무가 자라는 형상이다. 든든한 기반이 마련되어 생명이 위로 상승하는 시기를 의미한다. 산에서 만나는 장대한 고목은 아주 오랜 시간 동안 높고 거대하게 성장한다. **지속적이지만 서두르지 않는 성장, 움직이는 가운데 고요함을 머금은 성숙함. 이를 점漸이라 말한다. 사람으로 치면 견고한 덕성을 바탕으로 꾸준히 정진하는 시기이다.** 남녀가 성숙하여 가정을 다스리고 회사나 단체에 나아가면 중요한 직책을 맡는다. 사람에게 겸손하고 만사를 성실하게 행하면 크게 성공하니, 하는 일마다 길하고 두려움이 없다.

이 시기가 오면 신부가 종종걸음으로 혼례에 나서는 것처럼 조용한 걸음걸이로 걷도록 한다. 이런 걸음은 바른길로 이끄니 하는 일마다 길하고 이롭다. 물론 진중하게 나아가는 동안에도 걸림돌이 있을 수 있다. 그런데 사악함은 정의로움을 이기지 못하고 일은 바르게 돌아가기 마련이다. 정당한 방법으로 순서에 따라 처리하면 점진적으로 나아갈 수 있다.

연구에 따르면, 사람은 정신적인 노동만으로는 결코 피로를 느끼지 않는다고 한다. 아인슈타인이 연구에 몰두하던 강도로 두뇌 활동을 해도 뇌에서는 피로감을 느끼게 하는 호르몬이 생성되지 않는다는 것이다. 그렇다면 사무실에 일하면서 피곤한 이유는 무엇일까. 바로 조급한 마음이 피로를 느끼게 하고 그 피로감이 육체를 공격하는 것이다. 특히 불안감이나 스트레스는 신체 곳곳에서 피로감을 느끼는 호르몬이 분비되게 하여 혈액순환에 장애를 일으키고 노폐물을 쌓이게 하며 심장박동을 빠르게 한다.

큰 뜻을 이루는 대가들은 오히려 느긋하고 선하며 도덕적이다. 그들은 덕행을 꾸준히 쌓아 재물을 밑받침할 근간으로 삼는다. 평평한 대지 위에 거대한 산이 이루어지듯이 순리와 질서를 준수하며 소리 없이 덕행을 쌓아나간다. 품성이 후덕하니 그 위에 쌓이는 재물도 풍요로운 법이다.

위대한 성공을 이룬 사람들의 인생은 산에서 자란 거목과도 같다. 한 그루의 나무가 하늘을 향해 성장하기 위해서는 뿌리를 든든하게 내려야 하는데, 이때 덕성으로 쌓아 올린 언덕이 거센 비바람과 겨울철의 눈보라에도 뿌리를 안아 든든히 지켜준다. 흔들림 없이 자라난 거목의 곧게 뻗은 가지와 울창한 잎사귀는 다시 그를 안아 키운 언덕을 명산으로 만들어 낸다. 밑바닥부터 꾸준히 성장해야 오래간다. 밑바탕에 산이 없으면 나무의 종자가 아무리 좋아도 뿌리내리지 못한다. 성공을 꿈꾸는 사람에게 능력과 함께 산과 같은 덕성이 반드시 필요한 것도 그러한 이유이다.

점괘에 달한 하루는 성숙한 인품을 바탕으로 하는 일에 성공을 거두며 인생의 목표에 한층 가까이 다가가는 시기이다. 이때를 잘 보내는 사람들은 주변 사람들에게 선한 영향력을 행사하고 사회를 다스리는 지도자의 역할을 맡는다.

## 점괘 漸

섬세하고 착한 여성의 손길로 집을 꾸려가니 길하고 이롭다. 점진적으로 실력을 쌓아가고 바르게 나아가는 시기이다. 성숙한 여인이 가정을 다스리고 덕성 있는 군왕은 조정에서 나라를 다스린다. 산처럼 침착하고 바람처럼 겸손하면 불리함과 가난함이 멀어져간다. 군자는 산이 나무를 키워내는 과정에서 깨달은 바가 있으니, 현명함과 덕성에 그 근본을 두고 사회의 제도를 세우며 그 책임을 다하는 데 꾸준히 노력하라.

女歸吉. 利貞. 漸之進也. "女歸吉"也, 進得位, 往有功也. 進以正, 可以正邦也. 其位剛得中也. 止而巽, 動而不窮也. 山上有木, 漸. 君子以居賢德善俗.

제7장

## 선택의 함정 陷穽

너무 빨리 앞서가면 크게 실패하고

너무 느리면 성공해도 얻는 바가 없다.

이때 변해야 할 것과 지켜야 할 것을 구분해야 한다.

중심이 있어야 변화도 가능하다.

**49편**

# 적어도 두 번은
# 멀리 떠나야 할 여행

낯선 세상으로 나서야 할 때

나를 떠나간 사람은 도대체 어떤 여행을 꿈꾸었을까?

인생은 나그넷길, 누구에게나 운명을 바꾸는 여행의 시기가 두 번 찾아온다. 원점으로 돌아가지 못하는 길고 긴 여정이기에 이별의 슬픔과 한밤의 배고픔을 동반한다. 이를 알고도 용감하게 떠날 수 있는 자에게 삶은 새로운 세상을 준비하고 있다.

주역의 여旅괘는 산 위에 불이 타오르는 형상이다. 산 같은 보금자리를 잃으니 나그네 신세가 됨을 의미한다. 옛집을 떠나 더 큰 세상으로 나아가야 할 시기. 모험과 위험이 따르지만 원칙을 지키고 바른 길로 걸어가면 좋은 사람을 만나 도움을 얻는다.

운명을 뒤바꿀 첫 번째 여행은 아직 성숙하기 이전에 찾아온다. 부모님과 살아온 집을 떠나 더 넓은 세상으로 나서는 시기이다. 자신을 키워준 따뜻한 보금자리는 유년 시절의 기억으로 남겨두고, 홀로 당당히 걸어가면서 내적인 힘을 다져가는 과정이다. 외롭고 허기지며 그리움으로 눈물 흘리지만, 이때부터 인생의 본격적인 스토리가 시작된다.

두 번째 떠나야 할 시기는 자신의 능력이나 사고방식이 시대에 뒤떨어짐을 느낄 때이다. 이미 이뤄놓은 일터에서 더 이상 의혹도 성취감도 없다면 짐을 꾸려도 좋은 때이다. 두 번째의 여행은 첫 번째와 달리 배우자나 동반자가 있어 외롭지 않다. 그러나 이들을 보살펴야 하는 책임이 따른다. 철저히 계획하고 준비한 후에 출발해야 하고 길 위에서도 시기를 살피며 앞으로 나아가야 한다. 용감하게 나서는 자에게 세상은 더 큰 보물을 준비하니, 새로운 세계로 떠나면 사랑하는 사람과 더불어 인생이 아름다운 절정의 시기를 맞는다.

인생에서 여행이 소중한 이유는 그 시간을 통해 과거에 지녀왔던 환상에서 깨어나기도 하고 때로는 환상보다 더 근사한 공간을 직접 발견하기 때문이다. 편견을 버리니 진정 자신에게 소중한 사람이 눈에 들어오고, 욕심을 버리니 순수한 사랑의 감정이 마음에 깃든다. 가식 없는 현실과 진실한 사랑에 더욱 가까워지는 셈이다. **낯선 세상으로 떠나는 일은 두렵고 무섭지만 반드시 얻는 것이 있다.** 이미 당신은 살면서 얻은 자잘한 경험들이 있어 세상을 사는 웬만한 요령은 갖추고 있다. 여행은 이를 하나로 묶어주는 새롭고 묵직한 인생관을 선물할 것이다. 이제까지는 자잘한 경험들로 지네 발처럼 움직였다면, 여행에서 얻은 인생관은 그 몸통이 되어 당신의 삶에 의미 있는 흔적을 남겨줄 것이다.

여행하는 동안은 불편함투성이이다. 낯선 길 위에서 낯선 날씨와 낯선 음식을 접한다. 여기에 낯선 언어를 쓰는 사람들로 사방이 둘러싸이다 보니 눈만 끔뻑거리는 바보가 된다. **그런데 이 낯섦을 파고들려 하는 순간, 당신의 삶에는 어마어마한 가능성과 에너지가 솟아난다.** 스스로 이방인이 되어 낯선 환경을 극복하는 과정에서 어려운 일을 쉽게 배우는 요령과 쓸모 있는 것을 남에게 가르치는 능력도 생겨날 것이다.

물론 커다란 가방을 짊어지고 험한 길을 떠돌면서 예상치 못한 위험이 찾아올 수 있다. 출발하기 전에 신중히 계획하고 충분한 식량과 여비를 마련해야 한다. 일단 여행을 떠났다면 바른길을 택하고 장애물을 만나면 부드럽고 융통성 있게 대처하라. 여행 자체가 불안정한 상황이기 때문에 정도를 따르는 것이 어느 때보다 중요하다. 긴 안목으로 목적지를 바라보되 안전하게 도착할 수 있는 세세한 경로를 찾아 나서야 한다. 전혀 다른 세상으로 걸어가는데 자신의 오래된 습관을 고집한다면 스스로를 위기로 몰고 갈 것이다.

인생에서 두 번, 더 큰 세상으로 떠나야만 한다. **처음이 성장을 위해서라면 두 번째는 완성을 위해서이다.** 지금 앉은 의자가 편안하고 안주하고 싶다면, 이제 그 자리에는 더 이상 당신의 몫이 남아 있지 않다. 편안함이 늪이 되어 당신의 재능을 질식시키기 전에 여행을 통해 바로잡아라. **지금보다 한 단계 더 발전하고자 한다면 오래된 의자에서 일어나 산뜻한 여행 신발로 갈아 신어야 한다.**

### 여괘 旅

작게 형통하다. 여행을 떠나는 자만이 이로움을 얻는다. 산 위에 불이 붙은 형상으로, 거처를 잃고 야산에서 숙식하는 나그네가 된다. 어렵더라도 바른길을 택하면 강자의 도움을 받는다. 정직하고 높게 솟은 산이 태양의 빛과 보살핌을 받는 격이다. 여행길에서 바른 목표를 지니고 행하면 어려움 속에서 결국 커다란 보물을 발견한다. 군자는 이 괘에 달하면 형벌 제도를 바로잡고 신중하게 판결하라. 작은 죄를 가혹히 벌하거나 큰 죄를 눈감아주면 세상을 어지럽게 하므로 엄격히 금한다.

小亨. 旅貞吉. "小亨", 柔得中乎外, 而順乎剛, 止而麗乎明, 是以 "小亨, 旅貞吉"也. 旅之時, 義大矣哉. 山上有火, 旅. 君子以明慎用刑, 而不留獄.

# 50편

## 악인이 되거나
## 자신을 지키거나

나쁜 사람으로부터 스스로를 보호하는 방법

폭풍우가 몰아치는 험한 날씨는 예측이 가능하기 때문에 대비할 수 있다. 그러나 뱃속에 칼을 숨기고 접근하는 사람은 피할 도리가 없다. 흉악한 사기꾼일수록 양의 얼굴을 하고 순진하게 웃으며 다가오기 때문이다. 굳이 사기꾼까지는 아니더라도 만나면 어쩐지 불편한 사람이 있다. 만나고 돌아오면 괜히 당한 것 같고 마음 한구석이 찜찜해지는 사람들. 이들로부터 자신을 지키는 방법은 한 가지다. 더욱 각듯이 예의를 차리되, 될 수 있으면 가까이하지 않는 것이다.

둔屯괘는 하늘 아래 산이 솟은 형상이다. 하늘이 점점 멀어지고 산이 그 위엄을 침범하는 모습이다. 여기서 하늘은 군자를 상징하고 산은 소인을 뜻하는데, 소인이 창궐하여 군자를 쫓아낸다는 의미이다.

경거망동하면 소인으로부터 화를 입을 수 있으니 은둔해야 할 시기이다. 잠시 뒤로 몸을 숨기고 조신하게 행동하면 장차 이롭다.

주역에서 말하는 소인이란 일단 계산기부터 두드리는 사람을 말한다. 그들은 당신에게서 빼앗아 갈 것을 치밀하게 계산한 뒤 주도면밀하게 접근해 온다. 이들은 누구보다도 처세에 능하므로 낯선 사람을 만나도 쉽게 사귀고 도리와 의리를 자신의 말솜씨에 적절하게 버무릴 줄도 안다. 그러다가 자신이 깔아둔 올가미에 먹잇감이 걸려들면 그 순간을 놓치지 않고 상대를 벼랑 끝으로 몰아세운다.

이런 소인들과는 멀리 지내는 것이 최우선이다. 그러나 일단 얽혀버렸다면 어떻게 대처해야 할까? 우선 절대 이들에게 미움을 사서는 안 된다. 착한 사람들의 경우는 그들을 아무리 서운하게 해도 화로 이어지지 않지만, 소인에게 미움을 사면 일생일대의 악재로 이어진다. 그들은 사람을 해치는 데 고도의 기술을 지녔기에, 자신을 무시하거나 기분을 상하게 하는 사람이 있다면 훗날 몇 배로 앙갚음할 것이다.

행여 소인과의 다툼이 생긴다면 일단 자리를 피하는 게 상책이다. 이들과 맞서 싸우다 보면 자신도 똑같은 사람으로 추락하기 마련이다. 사기를 당하면서까지 좋게 처신하라니 억울하고 울화가 치밀 수도 있다. 그럼에도 자신의 덕성을 지키는 편이 결국에는 유리하다. 소인과 휘말린 싸움에서 '눈에는 눈, 이에는 이' 격으로 이기려 든다면, 자세한 정황을 알지 못하는 주변 사람들은 당신도 그들과 같은 부류라고 여기기 마련이다. 구더기를 죽이려고 몽둥이를 휘둘렀다간 오랜 시간 지켜왔던 장독마저 산산이 부수어 버리게 된다.

소인들은 인간의 도리나 덕성을 몸에 걸치는 장신구쯤으로 여기기에, 싸움에서 이기기 위해 가장 비열하고 치졸한 방법을 선택할 것이다. 그들과 싸우면서 자신의 본성을 지키기란 불가능하다. 그럴 바에는 조금 손해를 보더라도 그것으로 끝내는 것이 낫다. 그리고 그 악연과 하루빨리 작별하라.

반면에 소인을 군자의 도로 대할 때 얻을 수 있는 이점은 두 가지가 있다. 우선 소인마저 가슴으로 품는 당신을 다른 사람들이 다시 평가하게 된다. 더 많은 군자들이 당신 편이 된다면 이는 소인에게 당한 손해를 구하고도 남음이다. 나아가 소인이 그동안 몰래 저질렀던 악행과 비열함이 온 세상에 폭로될 것이다. 이로써 사람들이 소인과 군자를 명확하게 판단할 수 있는 결정적인 계기가 마련되는 셈이다. 양의 탈을 쓴 소인들은 이때 많은 사람들에게 자신의 존재가 발각되어 꼬리를 감추고 스스로 사라지게 되어 있다.

**평생 좋은 사람들하고만 살아갈 수는 없으니 나쁜 사람들로부터 자신을 지키는 법을 알고 있어야 한다.** 일단 소인과 알게 되면 될 수 있는 한 멀리하고 그들로부터 이용당하지 않게 거리를 두라. 소인이 당신에게 전화를 걸고 당신을 불러들이려고 적극적인 태도를 보여도 그들의 연락을 무시하라. 거리를 두면 일단 소인의 목표물에서 제외된다. 일단 그들의 사정거리에 들어서면 당신의 의지와는 상관없이 손해를 보거나 나쁜 일로 빠져들게 된다. 당신의 작은 실수와 언행도 그들에게는 커다랗게 확장되고 재해석되어 당신을 묶을 올가미로 이용된다.

**둔괘는 소인들이 득세하는 시절이니 현명한 자가 자리에서 쫓겨나며 상황이 안 좋게 변한다.** 소인과 가까이 있으면 자신도 모르는 사이에 그들에게 물들기 쉽다. **모든 복과 화의 근원은 사람이니, 소인과 멀리하고 덕이 있는 사람과 한 팀을 이루어라.** 소인에게 당했다고 같은 악인이 되어 싸우는 것보다 거리를 두면서 자신을 지키는 편이 훨씬 현명하다.

---

### 둔괘 屯

소인이 안주인으로 득세하는 상황이니 군자는 물러나야 형통하다. 군자는 야산에 있고 소인이 조정을 차지하여 혼란스러운 시절이다. 세상에 나서기보다는 조용히 은둔하며 몸과 마음을 보호해야 이롭다. 군자는 소인과 싸워 이기려 들지 말고, 냉철한 분별력을 유지하여 싸움에서 벗어나라. 소인에게서 멀어지는 것이 가장 현명하다.

亨. 小利貞. 遯而亨也. 剛當位而應, 與時行也. 小利貞, 浸而長也. 遯之時義大矣哉. 君子以遠小人, 不惡而嚴.

# 51편

# 변할 것인가
# 만족하고 살아갈 것인가

충고를 듣고 새롭게 태어나는 시기

기대고 싶어 찾아간 사람에게서 냉정한 충고를 들으면 오래된 건전 지처럼 방전된다. 사람이 변해야 하는 순간은 피곤하다. 예전과 다름 없이 살아도 아무도 당신을 나무라지 않으며 군이 변화했더라도 별 다른 이득이 없을 수도 있다. 엄살을 부리고 싶어서 찾아갔던 사람이 오히려 많은 것을 제안하고 변할 것을 요구하니 돌아오는 길에 피곤 이 몰려왔다. 육체적인 피로감은 아무것도 느낄 수 없게 했다. 사람에 대한 감정도, 나에 대한 열정도, 모자람에 대한 애틋함도.

그런데 신기한 것은, 그 당시는 힘들지만 어느 정도 시간이 지난 후에 나도 모르게 그 충고대로 변해간다는 점이다. 아침에 일어나 씻 을 때도, 옷을 입을 때도 그리고 새로운 사람을 만나서 이야기할 때도 나는 이전과 확실히 달라져 있었다. 어느 사이에 그 충고가 마음속 거울이 되어 있었고 나는 그 거울에 스스로의 과거를 비춰보며 이전과 다른 행동을 하고 있었다. 딱딱하고 어려운 내용이어서 구석으로 치워두었던 책들이 결정적인 문제에 닥친 순간 좋은 참고서로 활용되는 것처럼 말이다.

주역에서는 세상의 만물이 모두 변화하는 과정에 있다고 말한다. 누구에게나 옛것을 버리고 새롭게 태어나는 시기가 찾아온다. **적절한 시기와 조건을 만나면 껍데기를 벗고 새롭게 태어나야 꾸준히 성장할 수 있다.**

혁革괘는 연못 가운데에 불이 있는 형상이다. 불은 뜨겁고 성질이 급하여 위로 상승하는 반면, 연못의 물은 차갑고 성질이 부드러워 아래로 스며든다. 상극의 것이 한자리에 처하면 그 자리에는 변화가 생겨난다. 반드시 변해야 사는 시기인 것이다. 이 시기를 만나면 과감하게 판단하고 행동하는 것이 중요하다. 변화의 동기가 바르고 행동이 정당하다면 많은 사람들이 이를 지지해줄 것이니 변화는 성공으로 이어진다. 극단적인 변화에는 후회할 일이 생길 수 있지만 시간이 지남에 따라 자연스레 치유된다.

변화와 혁신이 필요한 시기가 있다. 변화에도 원칙은 존재한다. **우선 모든 일은 마음가짐에서 시작하니 자신의 각오를 새로이 하는 것이 중요하다.** 그다음에는 주변 상황이 성숙하기를 기다려라. 변화하기 적절한 시기에 달하면 순리에 따라 행동해야 많은 사람들의 지지를 받을 수 있다. 또한, 변화는 과거를 거스르는 극단적인 시도이기 때문에 행동 하나하나를 신중히 하고 눈앞의 이익에 흔들리지 말아야 한다. 조직의 변화를 이끄는 지도자의 역할을 한다면 강함과 부드러움의 힘을 동시에 발휘해야 한다. 성심성의껏 사람들을 대하고 신뢰를 지키며 변화의 동기를 순수하게 하되, 수단과 방법은 정당해야 한다. 나아가는 것을 망설이지 않으면서도 무모하게 행하지 않는 중용의 자세가 요구된다. 변화와 혁신이 성공 단계에 이르면 힘차게 나아가던 몸과 마음을 깨끗이 씻어내고 함께했던 사람들과 편하게 휴식하며 새로운 시대를 이끌어 갈 준비를 하도록 한다.

혁革이라는 글자는 짐승의 껍질을 다듬고 무두질하여 부드럽게 한다는 의미를 포함하기도 한다. 그리고 보면 진정한 변혁이란 일순간의 파격적인 변화가 아니라 꾸준히 변화하고 나아감을 의미하는 것이 맞다.


이제까지 해오던 일에 있어 변화를 주는 것은 지금까지의 이익 구조를 조정하고 그 가운데 발생하는 문제점을 바로잡는 일이다. **올바른 혁신이 이루어져야 지속적인 발전이 가능하다.** 군자는 시대의 변화에 맞게 뜻을 바로잡고 자신을 철저히 수정해 나가는 반면, 소인은 기회에 따라 이익이 되는 행동을 쫓을 따름이다. 대인은 새로운 세상을 열어나가지만 소인은 지도자를 따를 수밖에 없다.

발전과 번영이 극에 달하면 쇠락의 시기가 찾아오고 부유함 속에 부패가 만연하는 법. 화려했던 가죽 틈새로 하나둘 고름이 터져 나온다. 올바른 변화와 혁신을 위해서는 무엇보다 생각의 전환이 최우선이다. 생각은 시대와 함께 변화시키되 과거에 근간하여 현재를 판단하고, 미래를 감지하는 날카로운 안테나를 달도록 한다. 사람이 혁의 시기를 맞으면 가장 필요한 것은 많이 보고 배우는 일이다. 아는 분야가 많을수록 선택의 여지와 폭이 넓어진다.

그다음 중요한 것은 시대와 맞물려 변화하는 것이다. 너무 빨리 앞서가면 크게 실패하고 너무 느리면 성공해도 얻는 바가 없다. 이때 변할 것과 지킬 것을 구분해야 한다. 중심이 있어야 변화도 가능하다. 시대가 변했다고 해서 그 중심인 도덕과 정의가 무너져서는 안 된다. 시대의 트렌드, 중심이 되는 사상에 주목하라. 머리는 높이 들어 미래를 예측한다. 예상했던 현실이 이미 내 앞에 다가와 있다면 준비할 시간이 없다. 앞으로 진행될 미래에 대해 예견하고 예측하며 오늘부터 준비해 나가도록 한다.

## 혁괘 革

형통하고 길하다. 후회가 없다. 물과 불이 함께 놓이니 뜻이 하나가 되지 못하고 변화를 일으킨다. 물과 불은 서로 상극이어서 쌍방에 모순이 생기고 서로 이기려고 든다. 왕이 좋은 정치를 펼치고자 하면 우선 제사를 지내 조상에게 이를 고해야 적합한 정책을 시행할 수 있었다. 왕의 덕성이 위대하고 바른길을 가기에 백성들이 한마음으로 따랐다.

옛것을 없애고 새로움을 꾀하되, 개혁의 행위가 정당하면 깔렸던 악재들이 말끔히 사라진다. 천지간의 변혁은 올바른 시기에 이루어져야 한다. 하늘의 뜻을 받들어 제 시기에 변혁을 꾀하면 하늘과 땅이 새롭게 열리고 위대한 힘을 발휘할 수 있다. 군자는 혁의 괘에 달하면 연못에 불이 떨어지는 것과 초목이 자라고 꽃피는 시기를 살펴서 1년을 다스리되, 각 시점에 맞는 정책을 시행하라.

巳日乃孚, 元亨, 利貞. 悔亡. 水火相息, 二女同居, 其誌不相得曰革. "巳日乃孚", 革而信之. 文明以說, 大 "亨" 必正. 革而當, 其 "悔" 乃 "亡". 天地革而四時成, 湯武革命, 順乎天而應乎人. 革之時, 大矣哉. 君子以治麻明時.

# 52편

## 두 개의 태양은
## 공존할 수 없다

### 탁월하게 강하다면 물러서서 양보하라

모처럼 나에게 좋은 기회가 찾아왔는데 탁월한 경쟁자가 앞을 가로막는 경우가 있다. 이때 오기로 나섰다가는 싸움에 휘말리거나 치명적인 상처를 입을 수 있다. 땅에 엎드려 스스로를 보호할 시기이다. **변화의 물결이 거세니 차분히 가라앉기를 기다리며 함부로 나서지말 것.**

명이明夷괘는 태양이 지평선 아래로 침몰해 그 빛이 세상에 퍼지지 못하는 형상이다. 어둠이 천하를 점령하여 자칫하면 빛에 상처가 생길 수 있다. 상황이 극도로 어렵게 돌아가는 시기이다. 칠흑 같은 야밤에는 밖에서 서성이지 말고 집 안에서 제 몸을 보살펴야 한다. 함부로 나섰다가는 길을 잃을 뿐만 아니라 돌부리에 걸려 넘어져 치명적인 상처를 입게 된다. **자신을 지키는 유일한 방법은 맑은 덕성으로 자신의 부족함을 보충하며 소리를 내지 않고 인고의 시간을 견디는 것이다.**

일생일대의 좋은 기회를 만나더라도 탁월하게 강한 자가 있다면 뒤로 물러나라. 강자가 둘이면 세상이 뒤숭숭하다. 어둠과 빛은 공존할 수 없고 무림에는 두 마리 호랑이가 군림할 수 없는 법. 섣부른 자신감보다는 과감한 후퇴로 자신을 보호하는 것이 우선이다. 당장은 보탬이 없겠지만 싸움에 휘말리지 않으니 커다란 손해를 막는다. 이 시기를 잘 보낸 사람은 여태껏 쌓아온 재물을 오랫동안 지킬 수 있다.

반대로, 자신이 가장 높은 자리에 서 있다면 당신의 강한 빛에 아랫사람들이 화상을 입을 수 있다. 아랫사람들에게 각박하고 모질게 대하다 보니 따르던 마음들이 서서히 멀어진다. 이러한 상황을 막기 위해서는 이제까지의 성취를 일단락 짓고 자발적인 양보를 시작하라. 자신의 권한과 힘의 온도를 조절하고 빛이 필요 이상으로 낭비되는 것을 막도록 한다. 타인의 이로움을 앞세운다면 겉으로는 내어주는 모습이나 실속을 챙기는 시기가 될 것이다.

또한, 상대가 나보다 실력이 조금 낮거나 비슷한 수준의 상대일지라도 한 걸음 양보해야 결과가 좋다. 세상의 경쟁에서 모든 것을 독차지할 수는 없다. 이 시기의 핵심은 자신의 실질적인 이득을 지키는 데 있다. 다른 사람의 입장을 존중하고 뒤로 물러선다고 해서 특별한 비용이 들거나 자신에게 손해인 일은 하나도 없다. 거침없이 나아가기만 했던 지난날을 돌아보고 잠시 숨죽여 미래를 준비할 때이다. 사람들은 군림하는 강자에게 어쩔 수 없이 끌려가지만 마음으로는 지혜롭게 양보한 당신을 기다린다. 새로운 병에 오래된 술을 담듯 참신하게 변한 모습 안에 장기간 숙성된 연륜을 담는다면, 머지않아 사람들은 당신의 매력과 향취에 열광할 것이다.

주역의 명이괘는 천하가 어둠으로 덮이니 군자가 암중모색하는 시기이다. 칠흑 같은 어둠 속에서 다시 아침의 영광을 기다리도록 한다. 어렵고 힘든 나날을 맞아 자신의 부족함과 어리석음을 보충하는 시간으로 삼는다. 세상에 불의가 전염병처럼 번질 때는 제아무리 밝고 깨끗한 빛이라도 상처를 입기 마련이다. 이때 유일하게 자신을 지키는 방법은 겉으로 유연하고 부드럽게 대처하되 안으로 밝음과 정도를 지키는 일이다.

위험에 노출된 곳이 가장 안전한 곳이 될 수도 있으며 가장 위험한 시기가 크게 일어설 수 있는 가장 좋은 기회가 되기도 한다. 상처는 최대한으로 피하되 안으로 실질적인 힘을 모아 좋은 시기를 기다려라. 바른 뜻을 저버린 사악함은 머지않아 실패의 국면으로 치닫기 마련이다. 불의는 절대로 오래 버틸 수 없으니 정의가 결국은 세상을 다스릴 것이다. 조급함은 금물, 아침이 충분히 밝아온 후에 길을 나서도록 한다.

## 명이괘 明夷

태양이 땅 아래로 떨어지니 세상을 밝히지 못한다. 어려운 세상이지만 그 가운데 이로움이 있는 시기. 내면으로는 희망의 빛을 품되 밖으로는 부드럽고 유연하게 대응하는 품성이 중요하다. 태양이 어두운 땅 아래 묻혔으나 그 빛이 사라지지 않고 결국은 세상을 훤히 비출 시기가 다가온다. 바깥세상이 아무리 힘들지라도 목숨을 다해 정의를 지키면 결국은 이롭다. 군자는 나라를 다스림에 모질게 책망하고, 군림하기보다 어리석음을 가장한 내면의 지혜로 만물을 포용하며 백성과 친해져라.

利艱貞. 明入地中, 明夷. 內文明而柔順. 晦其明也. 內難而能正其誌, 箕子以之. 明入地中, 明夷. 君子以蒞衆用晦而明.

# 53편

## 다름을 문제 삼지 않는다

의견 대립으로 마음고생을 하는 시기

고민이 생겼다. 아주 착실하고 유순해서 맡은 일에 최선을 다하는 후배가 있는데, 최근에 그가 책상에 엎드려 있는 모습이 많아졌다. 아마 그날 이후였던 것 같다. 내가 조용히 그 후배를 불러내서 이야기한 날. 이제는 혼자만 열심히 하지 말고 다른 사람을 이끄는 모습을 보여야 할 때라고…. 애정이 가는 후배였기에 조금 더 나아지기를 바라며 조언을 쏟아냈었다. 그 말 때문인지 점차 후배는 내 시선을 피하기 시작했다.

나에게 등을 보이는 사람, 나와 이별하려는 사람은 당장 손 내밀지 않으면 영영 타인으로 돌아설 수밖에 없다. 우리는 공통된 관심사로 만나지만 입장이 서로 다르기에 갈등이 생겨난다. 내 마음을 몰라 주어 서운함이 앞서고 생각이 크게 달라 속상할지라도 소중한 인연의 끈을 놓지 말 것. 공통점에 기뻐하되 서로 다른 점도 존중한다면 오랜 친구로 함께할 수 있다.

주역의 규睽괘는 연못 위에 불이 있는 형상이다. 불꽃이 위로 타오르고 물은 아래로 스며드는 것처럼 두 가지 성질이 상반됨을 의미한다. 서로 다른 모습에서 보이지 않는 공통점을 발견해야 하는 시기. 하늘은 높고 땅은 낮게 자리하나 생명을 키우는 속성은 같다. 남자와 여자는 너무도 다르기에 그 사랑이 위대하여 생명을 태어나게 할 수 있다. **섬세하고 부드러운 눈길로 서로의 공통점을 찾아라. 이별하고 헤어질 수 있으나 통할 수만 있다면 완벽한 짝을 이룬다.**


그러고 보니 내가 이전 회사를 퇴사하게 된 이유가 문득 떠올랐다. 우리 팀에는 아주 능력 있는 상사가 있었다. 그는 자기 계발서 마니아였다. 『아침형 인간』을 읽으며 5시에 기상했고 『칭찬은 고래도 춤추게 한다』가 유행할 때는 뜬금없는 칭찬으로 후배들을 당황하게 만들었다. 그가 후배들을 불러 자주 하던 말이 '나처럼 돼라'였다. 어찌 보니 그 상사의 모습이 지금의 나와 겹쳐지는 게 아닌가….

무인도에서 혼자 사는 게 아니라면, 사람들과 의견 차이로 갈등하는 일이 반드시 생겨난다. 각자 나고 자란 곳도 다르고 생활 방식과 문화적 가치관이 다르므로 똑같은 상황에 처하더라도 서로 다른 입장에 설 수밖에 없다. 의견 차이로 싸우거나 돌아설 일이 생기지만 이때야말로 서로를 한층 더 깊이 이해할 기회이다.

내가 이전에 다니던 회사에 아무런 불만이 없음에도 사직서를 낸 이유는 어찌 보면 그 상사 때문이었다. 나도 열심히 일해서 상사의 마음에도 들고 승진도 하고 싶었다. 그런데 그 상사는 지시대로 하면 "왜 시키는 것밖에 못 하느냐"다그쳤고, 다음번에 조금 아이디어를 덧붙여 보고하면 "왜 시키지도 않은 것을 해서 일을 복잡하게 만드느냐" 하며 핀잔을 주었다. 나는 아무리 노력을 해도 '그처럼 할 수 없다'는 것을 깨달았고 머지않아 사표를 제출했다.

당신이 승진했거나 이미 높은 자리에 올랐다면 가장 중요한 것은 서로의 다름을 포용하는 일이다. 서로 다르게 생긴 사람들을 찰흙처럼 한 덩어리로 뭉칠 수 있어야 한다. 다른 사람의 장점은 고맙게 취합하고 조언은 긍정적으로 받아들여라. 그들의 단점이나 실수는 다행이라 여기도록 한다.

위의 두 가지는 교과서 같은 말이지만 마지막 한 가지에는 고개를 갸우뚱거릴 수도 있다. 왜 다른 사람의 실수를 다행이라고 여겨야 할까? 곰곰이 생각해 보면 타인의 부족함이 나에게는 이득이 될 때가 많다. 그들의 실수와 부족함이 있기에 자신의 역할이 빛을 발할 수 있기 때문이다. 부하의 실수라면 미리 예감하고 보완함으로써 피해나 손실을 볼 염려도 없다. 그리고 무엇보다 다른 사람을 포용하기 위해서는 우선 스스로에 대한 믿음이 필요하다. 자신에 대해 불안한 마음을 갖고서는 아무리 좋은 사람이 손을 내밀어도 그들을 온전히 받아들일 수 없으니까.

같은 뜻으로 만났지만 서로 다른 성격 때문에 헤어지기 직전이라면, 갈라서기보다는 서로를 이해하는 기회로 삼도록 한다. **다른 사람을 포용할 수 있어야 바라보는 세상이 넓어진다.** 나를 향해 웃음을 짓는다 해서 모두가 나처럼 되기를 바랄 수는 없다. 그들은 그들의 세상에서 살아갈 뿐이다. 때로 그들이 나에 대해 나쁜 말을 하거나 함정에 밀어 넣기 위해 작당을 할 수도 있다. **나와 다른 사람들과 함께 지내는 법을 배우는 과정에서 우리가 얻는 것은 내 마음을 지탱하는 진지함과 성숙함이다.**

---

### 규괘 睽

작은 일에 길함이 있다. 불꽃은 위로 타오르고 연못은 아래로 스며든다. 두 여자가 한 남자를 두고 서로 시기하고 싸우니 한집에 살 수 없다. 그러나 신하가 존귀한 군주를 만나면 부드럽게 보완되어 영광을 누린다. 하늘과 땅이 서로 반대의 성질이나 둘이 만나야 만물이 생겨나듯, 남자와 여자가 서로 다르지만 사랑하므로 후손이 생겨난다. 만물에는 자체적인 성질이 있어 서로 다르게 존재하지만, 다름 가운데 공통된 부분이 있고 같음에 또한 다름이 있는 법. 군자는 만물의 공통된 성질을 종합하고 서로 특징을 분석하여 조화를 꾀하라.

小事吉. 火動而上, 澤動而下; 二女同居, 其誌不同行. 說而麗乎明, 柔進而上行, 得中而應乎剛, 是以小事吉. 天地睽而其事同也, 男女睽而其誌通也. 睽之時, 用大矣哉. 君子以同而異.

# 54편

## 피곤할 땐
## 휴식이 보약이다

열정에 대한 자기 절제가 필요할 때

퇴근 후 집으로 가는 길에 가슴속으로 외로움이나 허전함이 밀려오는 때가 있다. 몸이 아프지는 않은데 손끝의 말초신경까지 저리는 피곤함. 이들은 불행의 신호가 아니라 몸이 지쳐서 좀 쉬고 싶다는 일종의 경고다. 잠깐이라도 복잡한 마음과 고민을 훌훌 털어버릴 수 있다면 뜻밖에 간단히 아물 통증이다.

열심히 사는 것도 좋지만 스스로를 너무 피곤하게 만들 필요는 없다. 일에 파묻히고 온몸이 피곤해지면 사는 것 자체가 불행해지므로 다른 사람들에게 쉽게 짜증을 부리게 된다. 가까웠던 사람들조차 하나둘 떠나가니 마음이 공허하고 불안해지기 마련. 이런 상태로는 지금까지 잘해왔던 일들도 오래가거나 꾸준할 수 없다.

주역의 간艮괘는 위아래가 산의 형상으로, 우뚝 멈춰 서야 할 때를 의미한다. 하지 말아야 할 말은 입안에서 삼키고 열정적으로 꾸려왔던 일들도 잠시 제어장치를 걸어두도록 한다. **과거에 힘을 내서 나서야 했다면, 지금은 조용히 침묵하고 멈춰 서야 할 때이다.**

우선 일을 본격적으로 시작하기에 앞서 한번 멈추는 시간이 필요하다. 무작정 열심히 하기보다는 잠시 생각하는 이 시간을 귀하게 여기도록 한다. 이때 전면적인 진행 상황을 가늠해 본다면 앞으로 하는 일에 무리가 없을뿐더러 원치 않는 일을 해야 하는 상황이 줄어들 것이다. 이 과정을 무시한 채 서둘러 시작한 사람들은 일을 진행하는 과정에서 다른 사람에게 불편하거나 원치 않는 일들을 요구해야 하니, 자연스럽게 사람과 섞이지 못하고 갈등과 불화를 일으킬 수 있다.

**시간의 흐름에 따라 페이스를 조절하는 것은 열심히 사는 것 이상으로 중요하다.** 절제를 모르고 혼자 너무 열성적으로 일하거나 멈추어야 할 때도 계속 나아가기만 한다면, 친했던 사람들도 점점 멀어지기 마련이다. 주변 사람이 떠나가면 마음이 공허해지면서 앞날에 대한 불안감이 싹트기 시작한다. 주변 상황이 잠시 주춤한 상태에 있다면 질주하던 자신의 열정에도 속도를 줄여본다. 주변 상황에 따라 적절히 나아가고 적절히 멈출 수 있다면 하는 일에 손해됨이 없다. 열심히 일할 때도 자신을 너무 혹사하지 않도록 한다.

살아가면서 일은 필요하고 중요하지만 인생의 전부는 아니다. 고요하게 자리해도 시간과 사물과 사람이 움직이도록 하고, 욕심을 부리지 않아도 타인이 다가와 내 부족함을 채울 수 있도록 하는 것이 자신을 스스로 절제할 수 있는 경지에 오른 사람들이다. 이들은 조용한 행동으로 자신이 뜻한 바를 이루어나간다.

또한, 기쁨과 슬픔이 극으로 치달을 때도 주역의 간괘를 떠올려야 한다. 욕망을 허락하되 탕진하지 말고, 쾌락을 즐기되 향락으로 빠지지 않는다. 욕망이 극으로 치달으면 몸과 마음의 건강을 빼앗아 간다. 돈과 재물을 활용하되 사치는 경계한다. 다른 사람에게 자랑하기 위해 비싼 물건을 사들인다면 이들이 가져다주는 만족과 행복은 환상일 뿐이다. 주변에 아직 쓸 만한 물건이 있으면 다시 고쳐 쓴다. 물건이 짐이 되는 시기가 찾아오니 너무 많은 것을 소유하지 않도록 한다. 사람을 사귐에도 너무 도리를 내세우거나 각박하게 대하지 않는다. 다른 사람을 너그럽게 수용하면 평생 외롭지 않다.

조용히 돌이켜 보면 나는 참 많은 것을 가진 사람이었다. 간괘의 하루는 지금 열심히 일하는 이유도 혼자만의 욕심을 채우기 위함이 아니라 내가 사랑하는 사람들을 더 소중히 여기고 아껴주기 위한 과정이라는 것을 알게 해주는 시간이다.

**나아갈 때 과감히 나아가고 멈추어야 할 때 명쾌하게 멈추면 앞날이 순조롭다.** 선한 결과를 위하여 마지막 순간까지 자신을 지켜낼 수 있는 자는 타인과 더불어 위대해진다.

## 간괘 艮

산은 몸을 숨기거나 행동을 멈추고 진중하게 심신을 수양하는 곳이다. 이제까지는 앞으로 나아갔지만 후퇴를 고려해야 하는 시점이 다가온다. 적절하게 시작한 일일지라도 좋지 못한 시기에는 과감히 멈출 수 있는 자가 지혜롭다. 관직을 버리고 깊은 곳으로 들어가 휴식을 취해도 좋을 시기. 주위에 적들이 깔렸으니 사람과 협력하기가 어려울 뿐만 아니라 자신도 위태로워진다. 제때에 멈추고 조용히 은둔하는 자는 조정에서도 집에서도 찾을 수 없으니, 그 현명함으로 인해 재앙이 멀어진다. 군자는 간괘에 달하면 멈춤으로써 위험을 경계하고 권력을 탐하지 않는다. 깊은 곳으로 들어가 마음의 거울을 맑게 닦아내고 휴식으로써 몸을 보호하라.

艮其背不獲其身, 行其庭不見其人. 無咎. 艮, 止也. 時止則止, 時行則行, 動靜不失其時, 其道光明. 艮其止, 止其所也. 上下敵應, 不相與也. 是以不獲其身, 行其庭不見其人, 無咎也. 君子以思不出其位.

# 55편

## 되는 사람은
## 천사의 미소를 지닌다

천사와 악마가 내미는 손에 갈등하는 시기

욕심이 마음을 흔들 때 나는 천사와 악마의 목소리를 이중창으로 들었다. 그중 화려하고 달콤하며 웅장하게 시작하는 소리에 순간 미혹되어 따라가다가, 잠시 숨을 돌릴 때 우연히 나지막하게 속삭이는 소리를 감지할 수 있었다. 그 소리는 나에게 침착하라고 그리고 바른 길로 가라고 꾸준히 다독이고 있었다. 하마터면 악마가 던진 미끼에 넋이 나가서 어렵사리 찾아온 수호천사를 무참히 짓밟을 뻔했다.

무망無妄괘는 번개 위에 하늘이 자리한 형상이다. 번개가 내리쳐도 하늘은 여전히 흔들림이 없고 현혹되지 않음을 의미한다. 하늘 아래 세상에는 날카로운 번개가 내리치니 만물이 경거망동하지 않는다. 욕망이 드리운 환상과 유혹이 혓바닥을 날름거려도 영혼을 팔지 마

라. 보편적인 규율과 정의를 따르면 결국은 이롭다.

어떤 일을 시작하는 과정에서 시의적절하게 나아가고 순리에 맞게 판단하면 실수가 없는 법이다. 욕심에 들떠 과속하고 편법을 쓰다 보면 머지않아 돌이킬 수 없는 사고가 발생하니, 발전할 수 있는 여지가 사라진다. 설사 급하게 시작했더라도 아직 사고가 생기지 않았다면 속도를 한 단계 늦추고 엇나간 부분은 제자리로 되돌려 놓도록 한다.

아직은 일의 시작 단계이므로 다양한 사람들의 의견을 수용하면 앞날에 도움이 된다. 물이 아래로 흘러 세상을 있는 그대로 수용하듯이, 현실을 부정하거나 고치려 들지 말고 그대로를 받아들인다. 당장은 경제적으로 어려울 수 있지만 이는 잠시 동안의 과정일 뿐이다. 단출한 식사와 한 잔의 물, 추위와 더위를 피할 수 있는 방 한 칸이 있다면 감사하는 마음이 우선이다.

무망괘에 달한 시기에는 천사와 악마를 만나게 되는데, 이 둘이 선과 악을 두고 끊임없이 갈등을 일으킨다. 이 중에 천사와 사귀는 사람은 마음에 선한 메시지를 품고 정직하게 살아간다. 올바른 규율이 자신의 내면에서 근간이 되어주니 욕심에 흔들리지 않고 안정적으로 꾸준히 쌓아 올릴 수 있다. 지혜로운 자들은 자신의 부족함까지 잘 알고 있기에, 타인에게 겸손하며 부족한 자신을 스스로 안아 키운다. 그리고 미약한 자신을 보듬어 주는 세상이 고마워서 감사하는 마음으로 하루를 보낸다. 천사와 친하게 지내는 사람들은 조금 부족하고 미련해 보일지도 모른다. 그러나 이들이 체득한 은근함과 끈기는 밝은 미소로 퍼져 나가 주위 사람들에게 온기를 더한다.

반면 악마와 사귀는 사람은 마음이 허황하다. 우리 안으로 들어온 악마는 욕심이라는 자양분을 먹고 자라며 초조함이라는 비타민과 불안감이라는 자양강장제를 먹고 암세포처럼 번식한다. 몸뚱이가 커진 악마는 선한 마음을 구박하여 점차 그것을 쫓아내고 사람의 근원을 사정없이 뒤흔든다. 악마에게 지배당하는 사람은 마음속에 불만이 가득하고 불안한 표정이 얼굴에 고스란히 드러난다. 마음속에 든든한 버팀목이 없어 주변의 평가와 허상에 자신을 세워놓고 결국은 스스로를 멸망으로 몰아간다.

우리는 이미 많은 것을 누리고 있다. 든든한 땅에 발을 붙이고 한 걸음 한 걸음 나아가면 내일은 오늘보다 훨씬 나아지고 결코 쓰러지지 않으리라. **그러나 환상에 현혹되어 자신의 본분을 잊어버리면 앞으로 좋은 기회가 찾아들지 않는다.**

살다 보면 내 속에 악마와 천사를 함께 품을 때가 있다. 달콤하고 화려할수록 이는 악마의 유혹이다. **무망괘의 하루에는 헛된 욕심을 버리고 현실에 직면하라. 내면에 선한 뜻을 품고 있으면 내 웃음도 천사의 미소를 닮아간다.**

## 무망괘 無妄

원래는 크게 이롭고 형통한 시기이나 행동이 정당하지 못하면 내 앞의 보물을 품지 못한다. 강한 힘이 밖에서 든든하게 버티고 역동적인 일들이 안에서 생겨나니 큰일을 이루어 가는 시기이다. 바르게 행하면 하늘의 뜻을 얻고 커다란 성과를 이루어 낼 수 있다. 그러나 행동이 부정하거나 허황한 욕심을 부리면 하늘이 그 뜻을 저버리니, 이로움은커녕 커다란 재앙이 뒤따른다. 선왕은 이 괘를 보면 부지런히 국사에 임하며 하늘의 뜻을 받들어 만물을 키워내는 데 힘을 쏟으셨다.

元亨, 利貞. 其匪正, 有眚, 不利有攸往. 剛自外來而為主於內. 動而健, 剛中而應. 大, 亨以正, 天之命也. "其匪正, 有眚, 不利有攸往." 無妄之往何之矣? 天命不祐, 行矣哉? 先王以茂對時育萬物.

# 56편

## 물러설 때와
## 나아갈 때를 바로 안다

어려움을 다스리는 방법

러닝 머신에 올라서서 타이머를 60분으로 맞추었다. 시작 버튼을 누르자 속도를 알려주는 숫자가 성큼성큼 올라갔다. 심장이 두근거리기 시작했다. 줄기차게 돌아가는 모터 위에서 멈추지 않고 이 시간을 견뎌낼 수 있을까?

어려움은 내가 제대로 준비도 되기 전에 성큼성큼 다가온다. 건蹇괘는 산 위에 물이 있는 형상으로, 어두운 산속에서 험한 물까지 겹치니 지나가는 사람이 위험하다. "산 넘고 물 건너 바다 건너서 뗏목을 타고 가다 뒤집어져서…"라는 노래처럼 사건과 사고가 연이어 발생하는 시기이다. 어려움을 다스리는 능력이 필요하다.

**주역에서는 어려움을 다스리는 방법으로, 나아갈 때 나아가되 물**

러설 때 물러서라고 말한다. **혼자서는 극복할 수 없으니 나보다 더 강한 사람의 도움도 필요하다. 여럿이 함께하되 그들의 힘을 하나로 모을 수 있어야 한다.** 윗사람과 아랫사람이 정도를 벗어나지 않으며 힘을 모아 뗏목을 저어 갈 때, 뒤집어지지 않고 순탄한 방향으로 앞날을 이끌어 갈 수 있다.

어려움을 극복하는 첫 발걸음은 스스로에 대한 반성에서 시작된다. 어려우면 포기하고 회피하는 과거의 모습에서 나는 조금 달라지고 싶었다. 러닝 머신의 속도가 올라가자 몸이 뒤처지지 않기 위해 본능적으로 안간힘을 다했다. 어려운 문제가 발생하면 본능적으로 갖은 애를 써보는 것처럼 말이다.

이렇게 힘들여 한고비를 넘기니 러닝 머신의 속도가 조금씩 느려져 갔다. 릴렉스 타임이다. 호흡을 가다듬고 마음을 침착하게 안정시킬 수 있도록 느리게 걷는 시간을 가졌다. 전력을 다해 어려운 일 하나를 넘긴 뒤에는, 주위 사람들을 번거롭게 하지 말고 평온한 대지처럼 주변을 평화롭게 바라보는 데 주의를 돌린다.

나에게 다가온 문제를 두고 '너는 내 탓이 아니야. 내 뜻과는 무관해' 하고 응대하다 보니 어려움은 이곳저곳에서 들이닥쳤다. '힘드니까 그만해. 다음에 잘하면 되지'라고도 해봤는데, 머지않아 이런저런 문제 하나 해결하지 못하는 다중 실격자가 되어 있었다. 그래서 오히려 자신을 돌아보는 기회라 여기고 마음을 비운 채 고난의 레이스를 즐기기로 했다. 이제껏 가진 것들이 하나둘 빠져나갈 때도 내가 성급했거나 대충 보고 지나치지 않았는지, 의욕과 열정에 들뜬 나머지 차갑게 칼을 대야 할 시기에 냉정하지 못하진 않았는지, 레이스의 중간을 넘겼다고 자만하여 설렁설렁 뛰지 않았는지, 이익을 앞에 두고 혼자 먹겠다고 욕심을 부리지 않았는지 말이다.

신이 아닌 이상 앞날의 문제들을 알아낼 방법은 없다. 다만 나의 오늘에 불거진 문제에 비추어 자신을 반성할 뿐이다. 고난과 어려움은 자신의 부족함에 드리워진 그림자일 뿐이다. 공자는 하루를 마무리하며 세 번 반성했다. 안으로 부단히 제련하고 부족한 점을 보완하며 품격과 덕성을 쌓는 일에 부지런했다. 인류의 성인인 공자도 이런 노력을 게을리하지 않았는데 보통 사람이라면 어떨까. 내면에 초점을 맞추고 부족한 점을 보충해 나간다면 앞으로의 위험들은 자동으로 하나둘씩 사라져갈 것이다.


러닝 머신 위에 선 처음 20분까지는 심장박동이 급격해지더니 30분을 넘어서면서 이마와 등에 진땀이 흘러내렸고, 40분이 넘어가자 몸은 도리어 가벼워지고 있었다. '그만하고 싶어' 하는 고비를 딱 세 번 참고 넘으니 어느새 전광판에는 타임아웃 메시지가 떴다. 레이스를 가득 채운 불빛이 영광스럽게 반짝거리고 있었다.

어려움이 닥쳐올 때 당황하거나 두려워할 필요 없다. 더군다나 절망할 필요도 없다. 삶의 태도를 바꾸면 어려움은 결코 위기가 되지 않는다. 스스로 향상되는 기회라 여기고 반갑게 맞이하면 그만이다. 극복하는 과정에서 깊은 소용돌이에 휩싸이더라도 자신만 살기 위해 몸부림치지 않으며 서로를 구하려 애쓸 때 모두 살아남을 수 있다. 이때는 마음의 힘만으로는 부족하다. 실제적인 역량을 키워내고 적극적으로 대책을 마련하는 것이 필요하다.

어려움이 닥치면 자신을 강하게 단련하고 바르게 세우는 시기로 삼는다. 다시 세상을 향해 궁금증을 가지고 스스로를 반성하며 하나씩 고쳐 나간다면, 어떠한 위험에도 탈출구는 반드시 있는 법이다. 행여 반성을 해도 문제가 나아지지 않아도 인내심을 가지고 기다린다. 어려움을 이겨내기 위해서는 긴 시간이 필요하다. 거대한 산에 직면해도 회피하지 않으면 뜻하지 않은 조력자를 만나게 되니 좋은 징조이다.

힘들었던 어느 날 러닝 머신에서 한 시간을 달렸다. 심장이 터질 듯 힘들어도 결국엔 끝이 있으리라. 비록 제자리에서 1미터도 나아가지 못했지만, 흘린 땀으로 인해 몸은 더 유연하고 강해져 있었다.

### 건괘 蹇

건괘의 시기에 서남 방향은 이로우나 동북 방향은 불리하다. 조력자를 만나니 앞으로 길하다. 장애물이 앞에 산적하니 고난의 시기이다. 위험이 있을 때 물러설 줄 아는 것도 현명한 지혜이다. 서남쪽은 평지의 방향이니 서남행은 정도를 뜻한다. 동북쪽은 험준한 산의 방향이니 악재로 막혀 있다. 군왕과 신하가 제자리를 지키고 나아갈 때와 멈춰 설 때를 알면 나라의 어려움이 다스려지니 길한 징조이다. 군자는 이때를 자신을 반성하는 기회로 삼고 심신의 수양과 덕행에 힘쓰라.

蹇. 利西南, 不利東北. 利見大人. 貞吉. 蹇, 難也, 險在前也. 見險而能止. 知矣哉. 蹇 "利西南", 往得中也. "不利東北", 其道窮也. "利見大人", 往有功也. 當位 "貞吉", 以正邦也. 蹇之時, 用大矣哉. 君予以反身修德.

제8장

**사랑의 인연**因緣

일생의 가장 커다란 만족감과 행복은

재물을 통해서가 아니라 사람을 통해 찾아온다.

남녀 간의 사랑, 부모와 자식 간의 사랑, 친구 간의 사랑,

형제자매 간의 사랑. 오늘 이 네 가지 사랑을 함께

느끼고 있다면 당신은 이 세상이 선택한 사람이다.

**57편**

## 사랑스러운 애인 되기

호감은 약이지만 완벽은 독이 된다

아침에 배달된 우유로 배를 채운다. 기분이 울적해서 잠든 날에는 어김없이 힘든 꿈을 꾸었다. 혼자 있을 때의 외로움보다, 사랑하는 사람이 저편에 있을 때 두 사람 사이에 놓인 언덕이 높아서 느끼는 감정들은 아픈 것보다 더 견디기 어려운 허전함이다. 그 언덕을 무시하거나 없애려 하지 않고 고즈넉이 기다릴 수 있으려면 어느 정도의 연륜이 쌓여야 할까? 그때가 되면 오히려 언덕의 그늘을 베고 눕는 여유를 가질 수 있을까? 아직도 나는 사랑한다면 불같이 타올라야 한다고 믿는다. 그러나 나보다 성숙하게 세상을 살아가는 이들은 땅과 물의 사랑을 시작한다.

비比괘는 가뭄으로 메마른 땅에 물이 스며드는 형상이다. 이는 사랑하는 사람들이 만나 서로 어깨를 기댄 모습을 뜻한다. 땅으로 스미는 물은 맑은 샘으로 고이기도 하고 졸졸 강물로 흐르기도 한다. 너른 대지도 물을 머금어야 윤택해질 수 있으니 땅과 물은 서로에게 없어서는 안 될 인연, 즉 사랑하는 연인이다. 땅과 물은 서로에게 긴밀하게 의지하고 힘을 보태니 둘 사이에 시끄러운 싸움이 없다. 예로부터 이 괘에 처한 사람은 자신의 나라를 건설하고 현명한 사람들이 모여들어 일에 크게 성공하며 사랑도 얻는다고 하였다. 서로 의지하고 도우며 사랑하는 인생의 아름다운 시절이다.

우유와 함께 딸기 타르트 하나를 집어 입에 물었다. 혀에 닿자마자 순식간에 사르르 녹아버리는 달콤함. 그 순간이 너무 짧아 두려울 정도였다. 기쁨과 설렘이 사라진 후에 사랑도 이렇게 사라져 버릴까. 주역은 끝을 두려워하는 연인에게 사랑이라는 지속적인 관심과 친절함이 중요하다고 이야기한다.

딸기 타르트는 달콤하고 화려하다. 하지만 사람을 흥분시키고는 더 큰 허탈함을 가져온다. 다시 사랑을 시작하기 위해서 우리는 화려한 화장을 하거나 근사한 옷차림으로 자신을 가꾸려 하는데, 어쩌면 다소 허술한 상태에서 더 멋진 사랑이 찾아올지도 모른다. 그에게 혹은 그녀에게 기대거나 마주 보고 이야기하며 따뜻한 웃음을 지을 수 있다면, 아주 오랜 밤을 혼자 지냈을지라도 새로운 사랑이 찾아올 것이다. 아침에 배달되는 우유처럼 건강하고 신선하게 말이다.

스쳐 가는 만남이 아니라 오래가는 사랑의 인연은 서로의 부족한 부분을 메워주는 일로 시작된다. 서로에게 의지하는 시간이 길어지면 가슴속 이야기를 나누게 되고 둘만의 믿음이 싹튼다. 그러므로 무엇보다 사랑하는 데 가장 중요한 것은 어떠한 상대를 선택하는가에 있다. 바르고 선한 마음을 가진 이와 사랑에 빠지되 착한 마음으로 상대를 돕는다면 두 사람은 함께 오래오래 행복하리라.

**비괘의 하루를 맞이하면 당신은 사랑하고 아끼는 사람을 품에 안고 상대의 부족한 부분을 인정하라. 서로 의지하고 어깨를 맞댈 수 있으니 두 사람은 부드러운 날개를 얻고 하늘로 비상할 것이다.** 남자는 여자를 아끼고 여자는 따뜻한 품으로 남자를 보듬어 안는다. 윗사람은 아랫사람을 보살피며 아랫사람은 그를 믿고 따른다. 사랑의 시간이 지속되면 앞날에 길한 일들이 생겨난다.

세상에서 가장 고약한 악재는 고독이다. 혼자만의 세상에 갇힌 사람들은 조그만 일에도 울컥 화를 내는데, 이 상태가 길어지면 자신을 제외한 이 세상 모든 사람들이 이상하다고 믿는 정신병까지 얻게 된다. 이 재앙을 물리치는 가장 적극적인 방법이 사랑이다. 사람과의 관계가 피곤하다고 모임을 회피하거나 상처받을까 두려워 자신을 외딴 방에 가두면 사람이 와야 할 자리를 외로움이라는 악마가 차지해 버린다. 그 악마는 당신을 외딴 방에 가두고 두꺼운 벽으로 빛까지 차단하니, 머지않아 당신의 주변에 고독의 곰팡이가 피어난다.

비괘의 하루에는 지금 내 옆에 있는 사람에게 물처럼 스며들어 같은 곳으로 나아가라. 같은 시간, 한 공간에 서 있다는 것만으로도 소중한 인연이다. 내가 필요한 사람, 내게 필요한 사람과 의지하다 보면 사랑은 소리 없이 찾아오며 혼자서는 꿈꾸지 못했던 행복한 일들이 겹겹이 쌓인다.

### 비괘 比

길하고 이롭다. 곁에 있는 사람이 마음으로 돕고 아랫사람들이 순종하니 재앙이 없다. 군왕의 덕이 하늘 높이 자리하니 이 나라에 제때 모이지 않는 제후들은 손해를 본다. 선왕은 비괘를 보면 대지가 물을 흡수하여 강을 내듯이 나라를 더욱 윤택하게 다스리고, 멀리서 온 제후를 문밖에 친히 나가 맞으셨다.

吉. 原筮, 元永貞. 不寧方來, 後夫凶. 比, 吉也. 比, 輔也, 下順從也. "原筮, 元永貞, 無咎也." 以剛中也. "不寧方來", 上下應也. "後夫凶", 其道窮. 先王以建萬國, 親諸侯.

# 58편

## 불꽃은
## 서로에 기대어 타오른다

사람에게 의지하는 법을 배우는 시기

여름은 더 뜨거워지는데 지독한 감기에 걸렸다. 체온이 40도까지 오르니 약의 힘을 빌려야 했다. 이렇게 부담 없이 꺼내 먹는 약봉지처럼 가끔은 내가 많이 힘들 때 스스럼없이 의지할 수 있는 사람이 있으면 좋겠다. 힘들다는 내 하소연을 내치지 않고 들어 주면서 바른 방향을 보여주는 사람. 나는 약하지만 바깥세상은 험하므로 상대의 힘을 빌려 더불어 살아가고 싶다. 나 또한 상대가 힘들 때나 아플 때 함께 있기를.

이離괘는 위아래가 온통 불의 형상으로, 서로 의지하여 타오름을 의미한다. 머지않은 미래에 큰 사고가 생길 수 있으니 사람에게 의지하는 법을 배우는 시기이다. 이때 주위의 힘을 빌려야 다시 회복할 수 있다.

지금 사랑하는 사람이 내 욕심을 채우기 위해 만난 사람이 아니라면 그 사람에게 무엇을 해줄 수 있을까 안타까워하게 된다. 지금 내가 힘들어하면 상대가 나를 지탱해 주듯이, 상대가 약해질 때 환하게 웃으며 옆에서 안아줄 수 있기를 기도한다.

뜨거운 여름에 코를 훌쩍이며 미열로 고생하는 사람이 나 말고 또 있었다. 오랜만에 전화를 걸어 온 후배는 먼 길을 마다치 않고 우리 집까지 찾아오더니 나를 보자마자 탁자에 스러지며 울먹였다.

"언니, 저 그 사람과 헤어졌어요."

"어머…."

순간 나는 무슨 말을 해야 할지 몰라 멍해져 있었다.

"그 사람이 서른다섯 살이었는데요, 집도 없고 차도 그저 그랬지만 그냥 사람이 좋아서 사귀었거든요. 그런데 요즘 자기 일이 조금 힘들다며 그만 만나재요."

"죽일 놈."

나는 짧은 말로 후배의 하소연에 맞장구를 쳐주었다.

"제가 좀 싫은 소리를 하긴 해도 그게 본심은 아니었는데… 한번 화내고 나가버리더니 그 후로 돌아오질 않아요."

후배는 심하게 울먹였다.

"그런 놈은 그냥 보내. 그 나이가 되면 자기 사람을 챙기고 배려하는 게 맞는 거야. 자기가 힘들다고 떠나가는 남자라면 네가 아까워도 백 배는 아깝지."

나는 일면식도 없는 남자를 "놈"이라고 하려니 조금 미안한 감이 있었지만, 후배에게 적어도 네가 의지할 만한 사람이 아니라는 것을 콕 집어 말하고 싶었다.

"마음이 정리될 줄 알았는데 그게 쉽지가 않아요."

나는 후배에게 다시 일상으로 돌아올 수 있을 때까지 아무 생각 없이 잠시 쉬라고 했다. 이별의 힘을 빌려 성숙해지면 더 근사하고 착한 상대를 만난다고 위로도 했다. 세상에는 후배의 남자처럼 힘들면 떠나가는 사람이 있고, 힘들어할 때 다가와 위로해 주는 사람이 있다. 어두울 때 지는 해는 과거에 묻어두고 어둠을 밝히는 해를 새벽빛으로 삼을 수 있기를. 나는 그런 새벽 같은 남자와 다시 사랑에 빠질 거라고 후배를 위로했다. 다행히도 그 후배는 성격이 명랑하고 밝은 편이어서 실연의 아픔도 드러내 놓고 슬퍼할 수 있었다. 나라면 아마 가슴에 묻어두고 혼자 끙끙 앓고 있었을 텐데. 많이 아프고 힘들어질 때 자신의 힘보다 다른 사람에 의지해야 삶이 편안한 것을 그 후배를 통해 알게 된 셈이다.


주역에서는 앞날의 어려움을 대비하며 타인에게 도움을 요청하는 연습도 꼭 해두라고 말한다. 적절히 의지하기 위해서는 믿을 만한 사람을 선택하는 기준도 배워야 한다. 마음이 선하고 바른 사람에게 의지해야 앞날에 이로움이 있으니, 이와 더불어 내면에는 부드럽게 그들을 따르는 유연함도 갖추어 나가라.

맹렬했던 여름 감기는 일주일을 괴롭히다 사라졌다. 정확히는 모르지만 약봉지에 담긴 동그란 알약과 캡슐 그리고 갈색 시럽이 힘을 모아 기침, 미열, 콧물을 동시에 치료해 주었으리라. **이처럼 살아가며 만나는 크고 작은 많은 어려움들도 내 곁에 있는 많은 사람들과 서로 돕고 의지하는 가운데 이겨낼 수 있다. 조용히 내면에 쌓아둔 착한 마음과 지혜도 위기에는 든든한 버팀목이 되어줄 것이다.** 우리가 먼 길을 갈 때 나무 그늘에 의지하듯이, 타인이 힘들어할 때는 자신의 품에서 쉬어가게 할 수 있는 미덕도 필요하다.

살다 보면 홀로 감당하기 어려운 위험을 만날 수 있다. 그럴 때는 타인에게 의지하는 길을 선택하라. 오늘을 불사른 태양이 떨어지고 내일의 태양이 뜨기 전까지는 어둠의 한가운데에 서 있게 된다. 이때 혼자 할 수 있는 일은 아무것도 없다. 다만 서로의 어깨에 기대 잠을 청할 뿐이다. 서두를 필요는 없다. 힘이 들면 잠시 쉬어가고 서로에 의지하며 살기로 한다.

---

### 이괘 離

길하고 이롭다. 유순하고 성실한 암소를 키우는 형상이다. 해와 달이 아름다운 하늘을 가득히 채우고 오곡백과가 땅에 풍성하게 쌓여간다. 태양은 동쪽에서 떠올라 서쪽에서 저무니 자연의 순환과 만물의 질서가 생겨난다. 부드럽고 겸손한 사람이 정도를 행하니 형통하다. 대인이 우리 주변에서 따뜻한 빛을 사방에 비춘다.

利貞, 亨. 畜牝牛, 吉. 離, 麗也. 日月麗於天, 百谷草木麗乎土. 重明以麗乎正, 乃化成天下. 柔麗乎中正, 故亨. 是以 "畜牝牛, 吉"也. 明兩作, 離. 大人以繼明照於四方.

**59편**

# 진정으로 사랑에 빠진 적이
# 한 번도 없다면

### 자신이 부족하다고 느낄 때 사랑은 찾아온다

살면서 누군가를 진심으로 사랑해 본 적이 한 번도 없었다면, 인생의 가장 중요한 숙제를 남겨둔 셈이다. 사랑이 찾아올 무렵은 바로 당신이 이 글을 읽는 순간이다. 인생을 살아가면서 가장 아름다운 시절이 다가오니, 사랑하는 연인을 만나 행복을 나누며 평생 함께할 친구를 얻는다.

함咸괘는 산속에 물이 흐르는 형상으로 생명의 교감을 의미한다. **사람에게는 사랑이 시작되는 시기이다. 운명의 연인을 만나 몸과 마음을 나누고 오랜 시간을 함께 살게 된다. 이때는 사랑하는 연인에게뿐만 아니라 주변 사람들과 순수한 마음을 나누라.** 부모님께 성심껏 효도하면 하늘이 감동하고, 신뢰로 사람을 사귀면 평생을 함께할 친구를 얻게 된다.

　사랑이 시작되려면 무엇보다 끌림이 중요하다. 얻으려 하기보다는 목적 없이 순수하게 나누어 주고 싶은 마음, 끌림이 있은 다음에야 서로에 대한 존중을 말할 수 있다. 서로 아끼고 존중하다 보면 사랑이 피어올라 상대를 위해 살고 싶다는 겸허한 마음이 생긴다. 연인에게 감동하고 연인을 감동시키고자 노력하는 삶을 살게 되니 인생의 가장 좋은 동반자가 되어가는 과정이다.

　이미 결혼한 사람이라면 평생을 함께하는 귀한 친구를 얻게 되는 시기이다. 순수하게 좋아하는 감정으로 사람을 대하고 성실하게 만남을 이어가면 평생을 함께할 든든한 친구를 얻게 된다. 성숙한 사람은 아끼는 친구에 대한 일종의 책임감도 껴안는다.

　사랑하여 가까워졌다고 그 사람을 함부로 대해서는 안 된다. 부부처럼 가까운 사이가 되어서도 서로에 대한 예의를 지킬 때 귀하게 찾아온 사랑이 퇴색되지 않는다. 조금 더 부지런해져서 서로 존경하고, 존중하는 방법을 찾아내고, 지켜낸다. 남녀가 예절과 성실함으로 사랑한다면 만물을 거둬 먹일 수 있는 위대한 힘을 발휘한다.

　끌림과 교감으로 시작된 사랑은 위대한 힘을 지니며 새로운 생명을 태어나게 하는 근원이 된다. 예로부터 하늘과 땅이 교감하며 세상의 만물을 키워냈고 임금과 백성이 교감하며 나라를 평온하게 다스리니, 함괘에 달하면 천하가 따스하고 태평했다.

　서로 끌리는 한 남자와 여자가 오랜 시간을 같이하며 부부가 되고 사랑하는 마음이 지속되면서 자식이 생겨나는 과정이 모두 자연의 이치이다. 우연히 만난 타인에게 마음이 끌린다는 것은 당신이 그 사람을 사랑하게 될 수 있다고 자연이 보내는 신호이다. 혼자서는 끌림이라는 에너지가 생겨나지 않는다. 당신이 그 사람에 대해서 우호적인 감정을 갖는다면 상대방도 동시에 당신에게 강한 끌림을 느낀다는 증거이다.

사람에게 이끌리는 시기는 인생에서 자주 찾아오지 않기에 보석처럼 소중한 순간이다. 맹목적으로 상대를 좇아가기 전에 잠시 멈춰서서 그 힘을 느껴본다. 그 끌림이 마음 깊이 닿으면 조용히 그 사람의 문으로 다가가 노크를 해본다. 서로의 마음이 닿아 사귐이 시작되면 사심과 욕심은 말끔히 씻어내도록 한다. 순수한 만남만이 좋은 인연으로 이어지기 때문이다. 달콤한 말과 화려한 선물로 상대방을 유혹한다면 그것은 끌림이 아닌 저당을 잡는 것과 같다. 빌려 온 마음은 오래 머무르지 않는다.


함께의 하루에는 산이 있고 맑은 샘물이 흐른다. 산처럼 든든한 사람들과 함께 살게 되니, 마음속의 사랑을 물처럼 깨끗하게 씻어내고 유유하게 흘러보낸다. 깊은 산속에서 어두운 밤이 되면 산속의 물을 찾아 연인이, 친구가, 혹은 가족이 다가와 내 귓가에 도란도란 속삭여줄 것이다.

일생의 가장 커다란 만족감과 행복은 재물을 통해서가 아니라 사람을 통해 찾아온다. 남녀 간의 사랑, 부모와 자식 간의 사랑, 친구

간의 사랑, 형제자매 간의 사랑. 오늘 이 네 가지 사랑을 함께 느끼고 있다면 당신은 이 세상이 선택한 사람이다. 비가 올 때 우산을 같이 쓸 수 있는 친구, 추운 겨울에 담요 하나를 같이 덮을 수 있는 연인이 있다면 평생을 따뜻하게 보낼 것이다. 물론 한 사람과 평생을 함께할 수는 없다. 다만, 인생의 한고비 한고비에서 소중한 사람을 만나며 연인 혹은 친구라는 이름으로 같은 길을 걷게 될 것이다.

## 함괘 咸

형통하고 이롭다. 남편이나 부인을 얻게 되는 시기. 부드러운 힘이 위를 감싸고 강한 힘이 바탕에 자리하니 두 기운이 하나로 섞이며 희열을 느낀다. 하늘과 땅이 교감하며 만물을 태어나게 하고 성인은 덕행으로 백성을 감동시키니 나라가 평화롭다. 끌림을 느낄 수 있고 조화로운 섞임을 관찰한다면, 만물이 태어나고 성장하는 이치를 알 수 있다. 군자는 함괘에 달하면 깊은 산 속 옹달샘이 생명의 목마름을 달래듯 깨끗하고 겸허한 마음으로 사람들을 사랑하라.

亨, 利貞. 取女, 吉. 咸, 感也. 柔上而剛下, 二氣感應以相與, 止而說, 男下女, 是以 "亨利貞, 取女, 吉"也. 天地感而萬物化生. 聖人感人心, 而天上和平. 觀其所感, 而天地萬物之情可見也. 君子以虛受人.

# 60편

## 급하게 내 사람으로 만들지 않는다

### 우연일수록 위험한 만남

친구의 소개로 우연히 한 남자를 만났는데 첫눈에 반했다. 예상하지 못했던 만남이기에 어찌나 가슴이 설레던지. 일하다가도 메신저로 서로의 근황을 나누었고 퇴근 후에는 레스토랑에서 마주 앉아 늦은 저녁을 먹었다. 그 사람의 배웅을 받으며 집으로 돌아가는 길은 산들 바람이 불었다. 아마 시절로 보면 초봄이었나 보다. 불어오는 바람에서 개나리 향기가 났다.

인연이란 살아가면서 주어지는 선물 같은 기회이다. 나는 처음 본 날부터 가슴 떨리던 그 사람을 운명이라 생각했다. 그 사람은 침착한 운전 습관을 지니고 있었고 이탈리안 레스토랑에 대해서 아는 것이 많았으며, 돌아오는 길에는 스타벅스에 들러 커피와 디저트를 챙겨

주는 남자였다.

그런데 만남이 이어지던 어느 날, 그 인연에 반전이 찾아왔다. 후배 하나가 그 남자의 이름을 듣더니, 그가 한 번에 네다섯 명의 여자를 능숙히 다루는 바람둥이라고 했다. 취미가 더욱 가관이었다. 후배의 말로는 밸런타인데이에 여자로부터 받은 초콜릿을 수집하는 거라고 했다. 시절이 아름다운 탓에 사람에게 쉽게 취했었나 보다.

구姤괘는 하늘 아래 바람이 살랑살랑 부는 형상으로, 하늘과 땅 사이에 아름다운 온기가 흐름을 의미한다. **우연히 남자와 여자를 소개받는 시기. 사랑하는 인연을 만날 수도 있으나 자칫하면 잘못된 사람과 골치 아프게 엮이기도 한다.** 소개로 만난 사람과는 성급하게 진도를 나가지 않는다. 나쁜 사람과 인연으로 얽히지 않으려면 스스로 화려하고자 하는 욕심을 버려야 한다.

아니나 다를까, 봄이 지나고 여름이 다가올 무렵 그 남자에게서 어이없는 연락이 왔다. 자기의 결혼식에 와서 신랑 하객으로 자리를 채워줄 수 있느냐는 거였다. 나는 다른 일이 있어 가지 못할 거라며 조용히 전화를 끊었다. 그리고 나 혼자 바보가 된 것 같아 피식 웃고 말았다. 그 이후로 나는 화려한 소개팅을 믿지 않는다. 우연이라면 그 만남이 소박할수록 길게 간다.

물론 그 남자와의 인연처럼 빨리 꽃피어서 한철이 가기도 전에 저무는 사이도 있었지만, 내 곁에는 우연한 기회로 만나 평생을 함께하는 사람들도 있다. 하늘은 사람의 만남을 위해서 정성을 들여 치밀한 시나리오를 구성하는데, 우선은 두 사람이 살아가는 시공간에서 가장 아름다운 접점을 섭외한다. 그리고 두 주인공이 가장 자연스러우면서도 극적으로 만날 수 있도록 하늘은 '우연'의 장치를 끌어들인다. 우연한 만남은 하늘의 뜻이지만 이를 인연으로 이어가는 것은 사람이다. 어찌 보면 인연도 일생일대에 몇 번 안되는 소중한 기회인 셈이다. 애써 준비하지 않고 붙잡지 않으면 홀홀 떠나가기 마련이다.

한배를 타고 강을 건너는 사람들을 우리는 인연이라 부른다. 언덕에 도착해서 각자의 길로 뿔뿔이 흩어지면 그 인연은 끝을 맺는다. 같은 목적지를 향해 한배를 타고 가는 동안은 맑은 하늘과 불어오는 바람에 함께 즐거워하고, 소중히 준비해 온 먹을 것과 마실 것을 함께 나눈다. 사나운 풍랑도 함께 겪고 사정없이 쏟아지는 비에 함께 옷이 젖는다. 예로부터 수백 년의 인연으로 연결된 사람들은 한배에 올라타고, 수천 년의 인연으로 맺어진 남녀는 한 베개를 베고 잔다 했다.


순수하고 멋있는 사람들과 인연이 이어지기 위해서는 우선 자신의 내면에 덕성과 재능이 필요하다. 사람은 자신의 수준과 비슷한 사람과 어울려 살아가기 때문이다. 이 시기에 만나 이성 간의 사랑이나 친구 간의 우정으로 굳어진 사람들은 일생을 함께하는 동반자가 된다. 많은 사람들이 다가오는 시기이니 진정한 소울메이트를 알아보는 지혜도 필요하다.

우리는 태어나면서부터 부모와 자식이라는 인연을 맺게 되며, 어릴 때는 선생님과 친구를 만나고, 사회에 나와서는 동료나 선후배들과 함께한다. 하나같이 하늘이 오랜 시간 준비하고 정성스레 맺어준 소중한 인연이다. 만남의 시간이 있으면 보내기 싫어도 헤어져야 하는 순간이 다가오기 마련이니, 애써 멀어지려 하고 상처를 주기에는 주어진 시간도 모자라다.

### 구괘 姤

여인이 상처를 입기 쉬우니 부부의 연을 맺기 불리한 시기이다. 남녀가 서로 만나게 되나 한 여자와 다섯 남자가 관계를 맺는 상으로, 이들의 관계는 오래가기 힘들다. 하늘과 땅이 서로 교류하니 만물이 크게 성장하는 시기. 임금과 신하가 각자의 직분을 다하고 정도를 지키니 정의가 하늘 아래 가득하다. 천지가 교감하고 음양이 교류하며 만물이 순조롭게 자라나니 평화의 시기이다. 군왕은 구괘를 보면 하늘 아래 부는 바람이 만물을 쓰다듬듯 천하를 교화하고 사방을 다스리라.

女壮, 勿用取女. 姤, 遇也, 柔遇剛也, "勿用取女, 不与长也." 天地相遇, 品物咸章也. 剛遇中正, 天下大行也. 姤之时, 义大矣哉. 天下有风, 姤. 后以施命诰四方.

**61편**

# 한 베개를
# 베고 자는 인연

사랑이 결혼으로 이어지는 시기

"올봄에 만나서 내년 초에 결혼해. 너만 오케이 하면 다 될 분위기야."

오랜만에 어머니가 밝고 기쁜 목소리로 전화를 걸어 왔다. 모임에서 만난 어머니 친구분이 우연히 나를 봤는데 자기 아들과 짝을 맺어주고 싶다는 말씀을 하셨단다. 아들이 외국 유학을 준비 중인데, 부모님끼리는 결혼시킨 다음 함께 보낸다는 생각이셨다.

"네 나이에 어디서 그런 신랑감을 구하겠니? 게다가 시부모님 될 분들도 너를 많이 아껴주실 분위기고 경제적으로 그렇게 큰 부자는 아니지만 넉넉하고 맘 편하게 살 수 있을 거야."

일 년 일 년이 지나면서 혼자 늙어간다는 것에 겁이 나는 것은 사실이다. 그럴수록 결혼이라는 이야기가 나오면 눈빛이 흔들린다. 그렇지만 나를 '달라'는 집에 '주어'버리면 떨이 채소 팔아치우듯 아무 무게도 없고 하찮은 것으로 취급당하는 것 같았다. 그게 사랑인지 결혼인지 평생 씁쓸해하면서 살 바에는 잔인할 만큼 늦더라도 신중한 게 나으리라. 부모님께 아직은 시간을 더 달라며 전화를 끊었다.

찬란한 남자 뒤에는 현명하고 단정한 여인이 있고 화사한 여자 뒤에는 언덕처럼 육중하게 버텨주는 남자가 있다. **마음에 맞는 인생의 동반자를 만나 가정을 꾸리는 시기이다.** 사랑은 유려한 백자와 같아서 욕심으로 움켜쥐면 산산이 부서진다. **사랑으로 만난 한 남자와 한 여자가 비로소 부부의 연을 맺는 때이다. 하늘과 땅이 서로의 마음과 몸을 원하니 인생의 동반자로서 앞날을 함께한다.**

귀매歸妹괘는 연못 위에 벼락이 올라탄 형상이다. 연못은 잔잔하고 깊은 품성이 있으며 벼락은 강렬하고 동적인 성향을 지닌다. 벼락이 연못에 닿아 강하고 깊은 울림을 지니는 모습이니 남자와 여자가 만나 서로에게 순종하고 사랑을 다짐하며 앞날을 약속하는 시기이다. 하늘의 강렬한 에너지와 땅의 부드러움이 만나 생명을 품어내니 결혼하기 좋은 때이다. 이미 결혼한 남녀도 다시 귀매괘에 달하면 안정된 가정이 기반이 되어 회사에서 좋은 자리를 얻거나 그동안 준비해온 일에 좋은 열매를 맺는다.

연못은 작고 어여쁜 여자를 상징하고 천둥은 강하고 듬직한 남자를 뜻한다. 남자의 강렬한 목소리가 여자의 잔잔한 마음을 울려 자신의 아내로 삼고자 하니 여자는 결혼을 결심한다.

또한 귀매괘는 여자 위에 남자가 올라타 한 몸으로 뒤섞이며 희열을 느끼고 꿈틀거리는 형상이다. 욕망에 눈이 멀어 성급하게 탐하는 남녀는 결코 순탄한 결혼 생활을 유지할 수 없으니, 진정한 관계를 맺기 전 욕심과 유혹을 경계하라는 의미이기도 하다.

남자의 성공은 현명한 여자를 만날 때 비로소 시작된다. 여자를 아끼고 사랑하는 마음은 비단 부부 생활뿐만 아니라 인생의 모든 요소에 중요한 작용을 하기 때문이다. 여자도 든든한 남자를 배우자로 둘 때 비로소 명작 같은 인생을 꿈꿀 수 있다. 특히 감정을 나누는 데 익숙한 여자들은 혼자 살아가기가 더욱 힘든 법이다. 사랑하는 사람을 놓치거나 자신에게 관심을 가져주는 연인을 잃으면, 꽃으로 만발하던 삶의 화원의 빛과 숨이 차단되고 곰팡이가 서식하는 밀실로 변한다.

물론 독신으로 살아가면서 자신의 온전한 능력과 개성을 충분히 발휘하는 사람들도 적지 않다. 그러나 분명한 점은 사랑하는 연인이 삶에 보태지면 하루하루가 더욱 윤택해진다는 것이다. 자신의 몸뚱어리가 아닌 다른 숨결을 아끼고 보살피며 서로의 취향을 공유하기에, 일상은 계획한 것 이상으로 풍성하고 충실해진다.

그런데 결혼이 잘못 엮이면 남녀를 불문하고 앞길이 막막하다. 예로부터 혼인을 '인륜지대사'라 하는 이유는 앞날의 운명을 열어주는 결정적인 열쇠가 되어주기 때문이다. 행복한 결혼 생활을 위해서는 '내 사람'이라는 소유감을 갖기보다는, 다소 거리감을 두고 상대방이 고스란히 그 자신의 모습으로 살 수 있게 각자의 방식을 존중해

주어야 한다. 마주 앉은 두 사람 사이에도 공간이 자리해야 그곳에 사랑도 향기도 감돌 수 있다.

아직 미혼의 남녀인 경우 지금 주변을 맴돌며 자신에게 관심을 가져주는 사람, 진심으로 아껴주는 사람이 있으면 본격적으로 결혼을 생각해 볼 시점이다. 결혼 상대를 선택할 때 반드시 고려해야 할 점이 있다. 우선 무조건 잘해주는 사람은 피한다. 일방적인 호의보다 정신적으로 교감할 수 있는 사람이 오래감을 명심한다. 둘째, 일단 선택한 대상을 나와 상관없이 바라본다. 한 사람을 오랫동안 지켜보면 삶에 대한 태도가 고스란히 나타난다. 자신의 사업에 열심인 것은 좋지만 여유 없이 앞만 보는 사람들은 결혼 후 배우자에게도 소홀한 법이다.

자신에게 맞는 배우자를 찾아내기도 쉽지 않지만 결혼 후 그 사랑을 지켜내기란 더욱 어렵다. 사랑으로 가정을 이루고 그 울타리에 행복을 키우려면 서로에 대한 신뢰가 절대적으로 필요하다. 결혼은 미완성의 두 생명이 만나 어깨를 기대며 든든한 동반자가 되어주겠다는 약속이다.

## 귀매괘 歸妹

남녀가 짝을 이루니 이는 하늘과 땅의 위대한 뜻이다. 하늘과 땅이 제대로 섞이지 못하면 만물이 태어날 수 없으니 남녀의 결합은 인류가 발전하는 시발점과 같다. 잔잔하고 부드러운 여자 위에 천둥처럼 강하고 동적인 남자가 올라탄 형상. 남자가 사랑하는 여자를 취하고 여자가 남자의 집에 들어가니 이를 귀매라 한다. 사뭇 약하고 화려한 욕망이 강하고 건강한 취지를 덮어버리면 한 치의 이로움도 없고 앞날이 흉하다. 군자는 길고 긴 결혼의 생활에서 배우자와 함께하며 기뻤던 순간과 가슴 아프고 상처가 되었던 순간을 함께 보살피라.

征, 兇. 無攸往. 天地之大義也. 天地不交, 而萬物不興. 歸妹, 人之終始也. 說以動, 所歸妹也. "征兇", 位不當也. "無攸利", 柔乘剛也. 澤上有雷, 歸妹. 君子以永終知敝.

# 62편

## 먹는 것을 절제하고
## 부지런히 돌보라

### 가족이 짐처럼 느껴질 때

우리 집이 가난했던 시기는 아버지께서 가장 열심히 일하셨던 시기였다. 제비 새끼들처럼 종알거리며 입 벌린 식솔을 먹여 살리기 위해 아버지는 마루턱에 걸쳐 앉아 한낮의 끼니를 통팥 아이스크림으로 때우셨고 땀에 젖은 작업복을 갈아입을 틈도 없이 새벽부터 밤늦도록 현장에 나가계셨다.

살다 보면 가족을 먹여 살리기 위해 일에 부대끼며 땀나게 뛰어야 하는 시기가 있다. 혼자 먹을 밥만 지으면 되는 것이 아니라 여럿을 먹여 살릴 커다란 밥솥을 채워야 한다. 나이 드신 부모님과 어린 자식들을 위해 조바심을 내며 가족들을 돌보아야 할 시기이다. 아무리 절약해도 힘들고 곤란하지만 이 어려움을 절대로 회피하지 않도록 한다. 자신의 힘을 다해 이 시절을 충실히 보낸다면, 훗날 당신이 쇠약해지더라도 당신의 밥상에는 꽃 수저와 따뜻한 국밥이 정성스레 차려진다.

이頤괘는 산 아래 천둥이 자리한 형상이다. 멈추어 지그시 눌러주는 산이 위에 있고 활발하게 움직이는 천둥이 아래에 자리하니 위아래 이빨이 자근자근 음식을 씹어 삼키는 모습이다. 타인에게 밥을 주고 먹여 살리는 것을 이頤라고 한다. 다른 사람을 먹여 살릴 때는 우선 그 사람이 부족한 영양소가 무엇인지 알고 나서 보살펴라. 그리고 자신을 살리고자 할 때는 자신의 힘으로 일어나려 애쓰라.


아버지는 막내인 내가 태어난 해 사업이 풀리기 시작했다며 나를 복덩이라 부르며 안고 다니셨다. 작고 사악했던 복덩이는 까칠한 볼을 부비는 아버지의 애정 표현보다 양복 주머니에서 나는 동전 소리를 좋아했다. 밤늦도록 자지 않고 초인종 소리를 기다리면, 아버지는 두 손에 아이스크림을 사 들고 돌아오셨다. 우리는 다섯 개의 밥숟가락을 꽂고 한 입씩 나누어 먹었고, 오빠는 장남답게 아이스크림 통에 선을 그으며 '오늘은 여기까지만' 하고 신나게 먹고 있는 동생들을 달래었다.

아버지의 월급날은 우리 가족이 돼지갈비를 구워 먹는 날이기도 했다. 한 달에 딱 하루 돌아오는 외식 날, 우리 가족은 정답게 손을 잡고 단골 고깃집으로 향했다. 겨울바람이 숭숭 들어오는 허름한 가게였지만, 숯불에 지글지글 구워 먹는 갈비 맛은 지금 떠올려도 단

연 최고였다. 인심 좋은 주인아저씨는 아버지 옆에 앉아 함께 소주잔을 기울였고 어린아이들에게는 사이다에 당근을 갈아 만든 특이한 황색 주스를 서비스로 내어주셨다.

돌아오는 길에 오빠는 늘 아버지에게 야구 게임으로 도전을 신청했다. 녹색 그물이 쳐진 간이 야구장에 들러 부자간에 치열한 배팅 시합이 붙었는데, 해가 갈수록 오빠는 강하게, 또 멀리 공을 쳐냈다. 어느덧 자신의 키를 훌쩍 넘기는 아들을 보면서 아버지는 누구보다 신기해하며 웃고 계셨다. 가난한 시절이었지만 식구들을 어깨에 짊어지고 절망하지 않았던 아버지는 어린 자식들에게 더욱 높이 볼 것을 가르치며 인생의 행진곡을 멋지게 지휘해 내셨다.

**이괘에 놓인 하루는 자신의 재물이 넉넉하지 못하니 먹을 것을 절약하고, 자신의 실력이 충분치 못하니 열심히 갈고 닦아야 할 시기이다. 시간을 아껴 열심히 일하고 자신의 것을 아껴 가족을 부양해야 한다.** 자신의 거처에 대해서 책임을 지는 것은 물론이고 주변에 자신이 돌볼 사람을 빠짐없이 챙겨야 한다. 먹고 사는 문제로 24시간이 빠듯하게 굴러가지만 틈을 내어 주위를 둘러보아야 한다. 다른 사람을 위한다고 해서 부정한 방법을 취해서는 안 된다. 타인을 먹여 살리기 위해 애쓰는 과정을 통틀어 자신이 성장하는 절차로 볼 수 있다. 아랫사람들을 잘 돌보면 앞날이 풍족하고 길하다.

## 이괘 頤

자신이 정성껏 바르게 키운 곡식으로 타인을 먹여 살릴 수 있을 때 길하고 이롭다. 타인을 보살피기 이전에 상대방의 부족한 부분이 무엇인지 파악하라. 천지는 만물을 먹여 살리고 성인은 현명하고자 하는 백성을 보살핀다. 시기에 맞추어 타인의 성장을 도우니 이 얼마나 위대한 일인가. 산 가운데 천둥과 벼락이 치니 새 생명이 태동한다. 군자는 이괘를 보면 생명을 키우는 일의 중요성을 가슴에 새기라. 성실하고 배려 깊은 언행으로 재앙을 물리치고 음식을 아끼어 아랫사람을 보살핀다.

貞吉. 觀頤, 自求口實. 頤, "貞吉", 養正則吉也. "觀頤", 觀其所養也. "自求口實", 觀其自養也. 天地養萬物. 聖人養賢以及萬民. 頤之時大矣哉. 山下有雷, 頤. 君子以慎言語, 節飲食.

# 63편

## 따뜻한 온기 속에
## 산들바람이 불어온다

가족의 힘

오랜만에 휴가를 받아 고향 집에 가려고 전화를 걸었는데, 어머니가 선수를 치시더니 신나고 들뜬 목소리로 대화를 시작하셨다. 같은 아파트에 사는 갓난아기를 보는 육아 도우미 일을 시작하셨다는 것이었다. 아기 엄마 출퇴근 시간에 맞추어 아침 9시에 출근해서 저녁 6시에 퇴근하고 주말에는 쉴 수 있으며 월급도 꽤 된다고 좋아하셨다. 평생 집에서 살림만 하던 분이셨는데…. 환갑이 넘은 나이에 처음으로 정해진 시간에 출퇴근하고 매월 꼬박꼬박 월급도 받는다는 사실에 마치 처음 학교에 가는 아이처럼 설레하고 기뻐하셨다.

나는 집에 가고 싶다는 말을 꺼내보지도 못하고 그냥 보고 싶다는 말로 대신하며 전화를 끊었다. 어머니가 집 밖으로 나가자 가정이 사라진 것 같았다. 언제라도 내가 오기를 기다렸다가 맛있는 음식을 차려주시던 어머니. 그 덕분에 나는 언제나 자유로이 시간을 활용하여 고향 집을 방문할 수 있었다. 그런데 이제 어머니는 나를 기다리지도 않고 딸을 위해 시장을 볼 시간도 없다. 어머니가 집에 없다는 사실은 나에게 의외의 타격이었다. 고향길 계획을 취소하고, 그냥 어머니와 전화 통화를 자주 하면서 따뜻한 품에 대한 그리움을 대신했다.

가인家人괘는 불 안에 산들바람이 불어오는 형상으로, 마음이 따뜻해야 하는 일들에 신바람이 남을 의미한다. 가인家人은 사람이 편히 쉬는 가족과 집을 의미하는데, 가정을 다스리는 이치와 힘의 균형이 잘 나타나 있다. 남성의 강하고 동적인 힘이 밖을 감싸고 여성의 부드럽고 따스한 보살핌이 안에 고여 있다. **아버지와 어머니, 아들과 딸이 각자 제자리에서 건강하게 생활하면 그 집은 하늘 아래 바르게 터를 잡고 행복을 키워나가게 된다.**

가정은 사람이 모여 이루어지는데, 사람이 모이면 그 안에 규율이 필요하다. 부모는 부모답게 집안을 정비하고 규칙을 세워야 문제가 발생하지 않는다. 단정한 가풍 없이는 부모의 사랑이 자녀에게 해가 되는 법. 윗사람들은 실언을 삼가고 행동에는 지속됨이 있으라고 주역은 가르친다.


가만 생각해 보니, 우리 어머니만 일을 나가시는 게 아니었다. 전해 들은 이야기로는 그 집 아기 엄마가 병원 간호사 일을 하는데, 성격이 워낙 명랑하고 친절해서 병원 할머니와 할아버지들에게 인기

만점이라는 것이다. 내 어머니는 퇴근해서 피곤해할 아기 엄마를 위해 육아 일기를 대신 써주는가 하면, 두부로 만든 버거를 손수 요리하여 식탁에 두고 오시기도 했다. 그런 다음 날이면 '요리가 정말 맛있어요. 아기 잘 봐주셔서 감사합니다' 하며 하트가 그려진 쪽지를 받아 오셨다. 어머니의 첫 직장 생활은 다행히도 순조로워 보였다.

그런데 가만히 생각해 보니 그건 두 어머니의 기쁨이지 자녀들의 입장에서 보았을 때 '가정의 부재'라는 다소 힘 빠지는 상황이었다. 나는 이름도 모르는 갓난아기에게 나의 헌신적인 어머니를 양보해야 했다. 나는 이제까지 많이 받았다 쳐도, 이제 막 젖을 뗀 그 아기는 자신과 상관없는 할머니 할아버지들에게 자신의 다정다감한 어머니를 빼앗긴 셈이다.

그런데 어머니가 "보고 싶어. 언제 오니" 하시는 안쓰러운 목소리 대신에 "이번에 오면 엄마가 맛있는 호텔 뷔페 사줄게" 하는 당당한 메시지를 보내 오자, 여태까지의 허전함이 오히려 기쁨으로 바뀌었다. 이제 환갑이 넘은 나의 어머니는 그동안 신어왔던 헌 신을 벗어던지고 발걸음도 가벼운 플랫구두로 바꿔 신으셨다.

이제 어머니를 빌려 쓰는 시대이니만큼, 여성이 집 문을 잠그고 안살림을 지키기보다 여성이 자리하는 모든 곳에 보살핌이 필요한 사람들의 온돌방이 생기길 바란다. 우리가 아이를 맡기더라도, 우리가 세상에 맡겨지더라도 가슴 아랫목에 뜨끈뜨끈한 사랑이 있어야 힘들여 일해서 돈을 벌고 발전하려는 가치가 생겨난다.

## 가인괘 家人

여자에게 길하다. 여자가 안에 있어 정도로써 살림을 보살피며 남자가 밖에서 제 역할을 다하니 천지간의 대의를 실천하는 삶이다. 가정에서 가장은 존엄을 지키며, 아버지는 아버지답게 어머니는 어머니답게 아들은 아들답게 딸은 딸답게 제자리에서 충실하니 단정하고 화목한 가정이 만들어진다. 가정이 바로 서면 한 나라와 천하가 편안하다. 바람은 따뜻한 불에서부터 불어 오니 군자는 가인괘를 보면 언행에 실속을 다지고 선한 일을 실천함에 지속됨이 있어야 한다.

利女貞. 女正位乎內, 男正位乎外. 男女正, 天地之大義也. 家人有嚴君焉, 父母之謂也. 父父, 子子, 兄兄, 弟弟, 夫夫, 婦婦, 而家道正. 正家, 而天下定矣. 風自火出, 家人. 君子以言有物而行有恒.

# 64편

## 사랑과 더불어 길을 걸으며

종아하는 사람들과 나누는 행복감

외로우니 사랑했고, 배고프니 밥을 먹었고, 피곤하니 잠이 들었다. 우선 감각에 충실하니 만족스러웠다. 내가 선택한 일이었고 그 시간이 소중했다면 후회도 없다. 개인적인 행복감 이상으로 나의 영역을 넓혀주는 멋진 사람들을 만나 이들과 더불어 인생을 살아가는 시기. 함께하는 사람과 나눌수록 이익은 배가 되니, 보랏빛 추억으로 남을 진정한 행복이 찾아온다.

부모님과 형제자매를 제외하고 나를 잘 알아주는 사람이 있다는 것은 기쁜 일이다. 나보다 나를 더 잘 알아주는 사람이 있다는 것은 고마운 일이다. 욕심부릴 필요 없이 바라보고만 있으면 행복해지는 사람, 내가 대신 상처를 받더라도 보호하고 감싸주고 싶은 사람. 나보다 충분히 강해서 내가 잘못하더라도 돌아올 수 있도록 충분히 기다려 주는 사람. 사랑이 욕망이라고 생각하던 나를 믿음과 정의 깊은 바다로 데려다주는 사람. 같이 있으면 편안해지는 사람. 멀리 있으면 그리워서 눈가가 촉촉이 젖어드는 사람.

택澤괘는 위아래 모두 호수가 겹친 형상으로 좋은 사람들과 더불어 하루를 보내니 인생이 윤택하고 아름다워지는 시기이다. 안으로는 흙과 같은 단단한 기반이 있고 밖으로는 유유하게 물살이 흐르니, 서로 충돌하지 않고 시기하지 않으며 얼굴 붉힐 일 없이 살아간다. **아름다운 사람들과 함께하면 하는 일도 순조롭다. 사람을 대함에 있어 순수한 마음이 기본이 되고 타인의 기쁨을 내 일처럼 삼으면, 앞으로 더 큰 이로움이 있다.**


오늘은 사랑하는 사람과 가로수길에서 만났다. 지리에 아주 능숙한 사람이어서 그가 알고 있는 이야기에 귀 기울이며 골목 구석구석을 서성였다. 손을 잡고 길을 걷다가 테라스가 예쁜 브리세리에 들러 와인 한 잔에 점심을 먹었다. 뜨거운 햇살을 조명으로만 느낄 수 있게 만드는 성능 좋은 에어컨과 테이블에 둘린 화이트 리넨이 여름날 점심 상차림을 더 멋스럽게 만들어 주었다.

레스토랑은 사람에게 행복을 주는 공간이다. 사람들이 와서 쉬고, 문화의 향기를 느끼고, 영혼에 휴식을 줄 수 있는 훌륭한 요리들을 맛볼 수 있는 곳. 그중에서도 진짜 기쁨은 기본에 충실한 요리사의 솜씨와 만나는 일이다. 멋진 요리사들은 진짜배기 맛을 알고 지킬 뿐만 아니라 먹는 사람의 저변을 이해한다. 그들의 요리는 레스토랑에 앉아 있는 사람들의 허기짐을 달래고 영혼을 위해준다. 음식에 정성을 담는 요리사처럼 속 깊은 사람과 함께한다면, 내 인생의 모래시계가 그리 커다랗지 않아도 충분히 깊은 호흡을 하며 행복하고 환하게 살아갈 수 있으리라.

자신을 행복하게 할 수 있는 사람만이 타인과 기쁨을 나눌 수 있으니, 아무리 바쁘더라도 자신을 아끼는 시간을 마련하도록 한다. 내적인 힘이 강하고 부드러운 친화력을 지닌 사람은 원칙과 예의를 지키니 다른 사람과 친하게 지내면서도 자신의 본질을 잃지 않는다. 그러나 마음이 가난한 사람들은 자신의 이로움을 위한 수단으로 다른 사람들을 선택하므로 만남이 늘 불안하고 위태롭다. 다른 사람들을 위하는 것도 좋지만 나를 잃지 않아야 세상이 파놓은 함정에 빠지지 않는다.

매 순간의 행복을 마지막 행복인 듯 여긴다면, 매 순간의 만남을 마지막 만남처럼 여긴다면, 이별이나 고통 속에서도 숨겨진 보물을 찾아낼 수 있을 것이다.


맛있게 점심을 먹고 나니 헤이즐넛 아이스크림과 커피 한 잔이 디저트로 나왔다. 메인 요리와 산뜻한 디저트, 만남과 행복감의 완벽한 마리아주. 10년, 20년이 흐른 후 내 인생에서 가장 맛있고 행복했던 식사를 들라면 아마 오늘 점심이 될 것 같다. 인생의 품격은 얼마나 많이 버느냐가 아닌, 얼마나 행복한 사람들과 더불어 살아가는가에 따라 생겨난다.

## 택괘 澤

형통하고 이롭다. 든든하고 강한 힘이 기반이 되고 밖으로는 부드러우니, 하늘에 순응하고 사람과 잘 어울리는 형상이다. 군자는 마음에 강건한 덕을 지니고 밖으로는 온화한 표정과 부드러운 태도를 지니니, 다른 사람들의 힘을 모아 큰 뜻을 실현할 수 있다. 자신의 이로움으로 타인을 이롭게 하고 흔들림 없이 바른 길로 나아가면 대중 앞에 서는 리더의 자리에 오른다. 많은 사람들이 그를 믿으므로 힘들어도 피로해하지 않고 생과 사를 함께하고자 한다. 백성을 기쁘게 하는 일은 위대한 힘을 발휘하니, 다 같이 뜻을 모아 발전하고자 힘쓰는 가운데 질서와 성장을 동시에 꾀할 수 있다. 군자는 택괘를 보면 인간관계를 넓히는 가운데 타인의 의견에 귀 기울여 통찰력을 키우고 식견을 넓혀가라.

亨. 利貞. 兌, 說也. 剛中而柔外, 說以 "利貞", 是以順乎天而應乎人. 說以先民, 民忘其勞. 說以犯難, 民忘其死. 說之大, 民勸矣哉. 麗澤, 兌. 君子以朋友講習.

# 거대한 운명이라는 힘의 반대로 향할 때

운명을 따르고 거기에 순응해야 한다고들 하지만 그것은 오산이다. 오히려 운명과 거꾸로 가야 한다. 기쁜 일이 있다 해서 그 달콤함을 탐닉하고, 슬픈 일이 있다 하여 그 쓴맛에 괴로워하면 삶은 파국으로 치닫는다. 오히려 운명과 반대로 향할 때 성공은 지속적인 부로 이어지고 마음은 행복에 가까워진다. 잘나갈 때는 땅을 바라 겸손하고 절망일 때는 하늘을 바라 희망을 꿈꾸듯이 말이다.

나의 아버지는 유아기에 부모를 여의고 세상에 가난과 함께 덩그러니 남겨져 신문과 우유를 배달해야 했고, 가르쳐 주는 이가 없기에 닥치는 대로 책을 읽었다. 그래도 하루에 한 번 남을 도왔으며 잠잘 시간을 아껴 공부했다. 그 덕분에 가진 것 없는 한 남자를 그저 손길이 따스하다 좋아해 주는 사랑스런 여자를 만나 결혼했다. 30대에 자신의 사업체를 운영했고 성공과 실패를 거듭하면서도 행복한 가장을 자처했다. 그 남자의 막내딸로 태어난 나는 그 덕분에 모자람

없는 유년 시절을 보냈고, 사랑을 듬뿍 받으며 명랑한 아이로 자랄 수 있었다. 아버지는 기구한 운명 덕분에 지금은 탄탄한 다리로 서게 되셨고 평생 책을 읽는 습관을 지니게 되셨으며 늘 베푸는 마음으로 이웃을 대하신다. 나는 어쩌면 아버지의 운명에서 본능적으로 주역을 이해했는지도 모르겠다.

주역을 읽는다는 것은 중요한 약속을 두고 거울을 보는 일과 같다. 거울 속의 내가 꽤 멋있어 보일 때면 삶에 자신감 있는 악수를 건네게 된다. 그런데 거울 속의 내가 상당히 불쌍하고 못생겨 보일 때가 있다. 그러면 스타일을 바꾸고 아름다운 표정을 연습해 가며 변화하면 된다. 그 사람은 거울조차 보지 않는 사람과는 다른 삶을 살게 된다. 자신보다 더 나은 사람을 만나게 되며 주어진 능력보다 더 나은 자리에 앉게 된다. 주역을 곁에 두고 때때로 읽는다면, 거대한 운명의 힘이 당신을 위하여 움직일 것이다.

우리는 주역이라는 키워드를 통해 만났다. 당신은 이 책으로 주역을 처음 접했을 수도 있고 이미 읽어본 주역을 복습할 수도 있을 것이다. 주역은 신비한 역술서도 아니고 어려운 학술서도 아니다. 그저 삶의 또 다른 이름이다. 우리는 이미 만날 운명이었다. 그리고 좋은 에너지를 발산하여 서로를 빛내주는 소중한 인연이다. 이 책을 선택해 준 당신께 깊이 감사하며 당신의 삶이 새벽별처럼 빛나기를 기도한다.

2020년 7월, 임선영

위기를 기회로 바꾸는 주역의 64가지 비밀

# 운명이라는 힘

초판 1쇄      2020년 7월 20일

지은이      임선영
발행인      유철상
편집        이현주, 이정은, 남영란, 정예슬
디자인      조연경, 주인지, 최윤정
마케팅      조종삼, 윤소담

펴낸곳      상상출판
출판등록    2009년 9월 22일(제305-2010-02호)
주소        서울시 동대문구 정릉천동로 58, 103동 206호(용두동, 롯데캐슬피렌체)
전화        02-963-9891
팩스        02-963-9892
전자우편    sangsang9892@gmail.com
홈페이지    www.esangsang.co.kr
블로그      blog.naver.com/sangsang_pub
인쇄        다라니
종이        ㈜월드페이퍼

ISBN 979-11-89856-97-7 (03140)
ⓒ2020 임선영